Über die Autorin:

Catherine Derivery, geboren 1953, war für die Tageszeitungen *Le Monde* und *Libération* Korrespondentin in Lateinamerika, nachdem sie in den USA und Vietnam gelebt hatte.

Catherine Derivery
Befreit aus einer Hölle

Aus dem Französischen von
Cécile G. Lecaux

BASTEI LÜBBE TASCHENBUCH
Band 61461

**Hinweis: Die wichtigsten medizinischen Begriffe
sind im Anhang erläutert**

Der Abdruck der Zitate aus Sylvia Plath, *Die Glasglocke*,
Neuübersetzung von Reinhard Kaiser, Frankfurt/Main 1997,
erfolgte mit freundlicher Genehmigung des
Suhrkamp Verlages, Frankfurt am Main

1. Auflage: November 2000

Vollständige Taschenbuchausgabe

Bastei Lübbe Taschenbücher ist ein Imprint der Verlagsgruppe Lübbe

Deutsche Erstveröffentlichung
Titel der französischen Originalausgabe: *L'Enfer, Témoignage*
© 1999 by NiL Editions, S. A., Paris
© für die deutschsprachige Ausgabe 2000 by
Verlagsgruppe Lübbe GmbH & Co. KG, Bergisch Gladbach
Titelfoto: Image Bank, Frankfurt/Main
Umschlaggestaltung: Manfred Peters
Satz: hanseatenSatz-bremen, Bremen
Druck und Verarbeitung: Cox & Wyman, Ltd., Reading
Printed in Great Britain
ISBN 3-404-61461-5

Sie finden uns im Internet unter
http://www.luebbe.de

Der Preis dieses Bandes versteht sich einschließlich
der gesetzlichen Mehrwertsteuer.

Für meine Tochter Fanny,
für die ich dieses Buch geschrieben habe,
und für Abel, ohne den ich es nicht
hätte schreiben können.

INHALT

1. Die Badewanne 9
2. Das Enfant terrible 14
3. Das Getriebe 33
4. Der Absturz 62
5. Ganz unten im Loch 93
6. Wiederauftauchen 145
7. Von Äpfeln und Birnen 158
8. Warum ich? 171
9. Künstliches Glück 191
10. Die richtigen Worte 220
11. In Morpheus' Armen 246

Epilog 259
Ratschläg 264
Adressen 268
Nachwort 270
Danksagungen 276
Glossar 279
Bibliographie 285

Denn dieses Tier, das Schreie dir entlockt,
läßt keinen je des Wegs vorübergehen;
es widersetzt sich ihm, bis er getötet;

So ruchlos und verdorben ist sein Wesen,
daß niemals seine brünstge Gier sich sättigt,
und nach dem Fraß ist größer nur sein Hunger.

>Dante, *Göttliche Komödie*, Erster Gesang, Inferno,
>zitiert in der Übersetzung von
>Ida und Walther von Wartburg, Zürich 1963

1. KAPITEL

DIE BADEWANNE

Die innere Anspannung war unverändert unerträglich, trotz der langen Monate erbitterten Kampfes, der vielen eingenommenen Medikamente, der Krankenhausaufenthalte und dieser abschließenden Schlafkur in der Privatklinik – nichts hatte gewirkt. Also ließ ich die winzige Sitzbadewanne meines kleines Badezimmers bis zum Rand volllaufen, stöpselte mit Hilfe eines Verlängerungskabels den Fön ein, zog mich aus und stieg in die Wanne.

Es fiel mir sehr schwer, mir den Stromschlag zuzufügen; dabei war ich in Sachen Selbstmordversuchen kein unbeschriebenes Blatt. Aber diesmal hatte ich keine Vorstellung von dem, was passieren würde, darum stellte ich mir das Schlimmste vor, und das erfüllte mich mit panischer Angst. Ich zitterte wie Espenlaub und zögerte lange, bevor ich den Haartrockner ins Wasser fallen ließ, so lange, daß das Wasser inzwischen eiskalt war. Das war dann auch der eigentliche Anstoß, wenngleich ich weiterhin betete, es möge schnell gehen.

Mein Flehen wurde nicht erhört, ich fing an zu schmoren.

Ein wirklich unglaubliches, unbeschreibliches Gefühl: Ich wurde innerlich gegrillt, und es hörte nicht mehr auf. Ich war stocksteif, gelähmt. Der Schmerz war unvorstellbar; er hob mich langsam aus dem Wasser. Eine durch Schmerz hervorgerufene Levitation.

Ich weiß nicht, wie ich es geschafft habe, das Kabel zu greifen und den Stecker aus der Steckdose zu ziehen. Nicht mal die Sicherung war durchgebrannt. (Ich wohnte in einem sehr alten Haus. Was für Kleinigkeiten manchmal über Leben und Tod entscheiden ...)

Halb betäubt fiel in die Wanne zurück. Nachdem ich mich halbwegs erholt hatte, trocknete ich mich ab und legte mich ins Bett. Das war mein letzter Selbstmordversuch. Das war vor acht Jahren.

Eines Tages bin ich, als ich auf der Suche nach einer verlegten Rechnung auf meinem Schreibtisch einen Stapel Papiere durchwühlte, zufällig auf Paßfotos aus dieser Zeit gestoßen. Die Aufnahmen sind mir förmlich ins Auge gesprungen. Ich hatte vergessen, völlig vergessen, daß ich einmal dieses bis auf die Knochen abgemagerte, verstört aussehende, alterslose Wesen mit den eingefallenen Wangen, dem ängstlich-stumpfen, nach innen gekehrten Blick gewesen war. Wie, habe ich mich gefragt, sollten die Menschen, mit denen ich heute verkehre, sich vorstellen können, daß die Frau, die ich heute bin – heiter, dynamisch, immer gut gelaunt, ja fast eine Stimmungskanone –, dieselbe ist wie jene auf den Fotos. Und was mich betraf ... wie bescheuert mußte ich gewesen sein, um mich so fotografieren zu lassen!

Und da ist mir alles wieder eingefallen: An jenem Tag hatte ich gedacht, es ginge mir ein wenig besser, und getrieben von der Notwendigkeit, hatte ich mich lange zurechtgemacht, bevor ich dann die fünf Stockwerke hintergestiegen war und die 500 Meter bis zum Monoprix zurückgelegt hatte. Dort stand ein Fotoautomat, wo ich die Paßfotos machen lassen wollte, die ich für den Lebenslauf brauchte, den ich meiner x-ten Bewerbung beilegen wollte. Auch wenn es längst Routine geworden war, wurde es mit jedem Mal schwerer. Wenn man immer nur abgewiesen wird, traut man sich irgendwann nicht mehr, irgendwo anzuklopfen. Außerdem litt ich unter Depressionen. Ich war nicht dumm: Mir war durchaus klar, daß mein Gehirn nur in Zeitlupe funktionierte, was, falls ich es tatsächlich dank irgendeines Wunders bis zum Vorstellungsgespräch schaffte, meinem Gegenüber unweigerlich auffallen mußte, wenn er nicht aus irgendeinem Grund verdammt abgelenkt war. Allein die Fotos machen zu lassen war ein richtiges Abenteuer. Die Straße mit ihrem Lärm und dem vielen Verkehr machte mir angst, die Blicke der Leute schüchterten mich ein (was, wenn mich jemand wiedererkannte und mich ansprach?). Ich hatte passendes Kleingeld eingesteckt, um niemanden bitten zu müssen, mir zu wechseln. Es war alles gutgegangen. Ich hatte die Fotos in die Tasche gestopft, ohne einen Blick darauf zu werfen. Vielleicht eine Vorahnung.

Aber daheim angekommen, war ich so über dieses Bildnis meiner selbst erschrocken, das so gar nicht meiner Vorstellung von mir entsprach, daß ich mein Vorhaben aufgegeben und die Bewerbung gar nicht erst abgeschickt hatte.

Das war kurz vor der Episode mit der Badewanne.

Und so schließt sich der Kreis. Die Depression ist *die* Krankheit des Ausschlusses und der Isolation. Einer Isolation, die man – natürlich ohne es zu wollen – teils selbst herbeiführt, da die geistige Verwirrung – eines der Symptome der Erkrankung – uns dazu verleitet, systematisch die falschen Entscheidungen zu treffen und uns von denjenigen abzuwenden, die uns nicht verstehen. Als ob wir uns selbst verstünden ...

Ich hatte um mich herum bereits ein Vakuum geschaffen, es gab schon lange niemanden mehr, der mir hätte sagen können, wie schauderhaft ich aussah: Ich hatte es mir mit meinen verschiedenen Arbeitgebern verdorben, weil ich ihnen meine Verspätungen, meine Fehler, kurz, meine Krankheit, nicht hatte erklären können. Ich hatte meine Freunde nicht mehr angerufen, meine Mutter gemieden und es geschafft, meinen Partner zu vergraulen. Ich mußte wieder einmal ganz von vorn anfangen, und ich wußte, daß mir dabei niemand helfen konnte. Mir kam es so vor, als hätte ich schon alles versucht: alle Arten von Antidepressiva, Anxiolytika, Neuroleptika, Schlafmitteln. Sie hatten mich eingeschläfert, das ja – ich hatte sogar einen recht annehmbaren Zustand der Abgestumpftheit erreicht –, aber nichts hatte mich von diesen Beklemmungsschüben befreien können, die mir den Atem raubten, die dazu führten, daß ich mich zuckend, schreiend und schluchzend auf dem Boden wälzte, und nichts hatte mich von dieser grenzenlosen Trauer befreien können, die die Welt so häßlich erscheinen ließ, daß ich sie nicht mehr ertrug.

Es gibt verschiedene Arten von Depressionen. Meine war akut und selbstzerstörerisch und dauerte zwei Jahre. Und dann, eines schönen Morgens, war sie schlagartig vorbei und hinterließ ein einziges Trümmerfeld: fünf Suizidversuche, der Verlust meiner Tochter, meines Partners, meiner Arbeit, meines Schlafes und meiner Lebensfreude. Ich brauchte zwei Jahre, um meine Tochter zurückzugewinnen und eine neue Arbeit zu finden, sieben Jahre, um mich wieder zu verlieben, meine Lebensfreude wiederzufinden ... und meinen Schlaf.

2. KAPITEL

DAS ENFANT TERRIBLE

»Ein unglückliches Kind wird zum Außenseiter.«
André Maurois

Ich kann mich an nichts erinnern, was sich vor meinem fünften oder sechsten Lebensjahr ereignete. Ich kann mich nicht erinnern, zwischen meinem sechsten und zwanzigsten Lebensjahr glücklich gewesen zu sein. Das Glück hat erst später Einzug in mein Leben gehalten, zunächst nur in kleinen Dosen. Ich verstand es nicht, es festzuhalten. Glück ist für mich wie ein Langstreckenlauf: Am Anfang muß man leiden, bis man den Punkt erreicht, an dem man sich fühlt, als würde man fliegen, und nach einigen Kilometern nimmt man neuerliche Qualen in Kauf, weil man weiß, daß man irgendwann wieder fliegen wird.

Zwischen 13 und 16 wies ich sämtliche Symptome einer sogenannten Kindheitsdepression auf: Ich hatte das Gefühl, zutiefst unglücklich und anders zu sein, nichts wert zu sein. An manchen Tagen fand ich mich so häßlich, daß ich mich gar nicht auf die Straße wagte, ich schlief sehr schlecht und schreckte sehr früh am Morgen aus – immer denselben – Alpträumen hoch, um dann nicht wieder einschlafen zu können. Es fiel mir unsäglich schwer, aufzustehen, zur Schule zu gehen, mich den Lehrern und Mitschülern zu stellen. Ich war ständig müde, was vermutlich dazu beitrug, daß ich mich im Unterricht die meiste Zeit furchtbar langweilte. Sport war eine Qual. Trotzdem war ich auf diesem Gebiet sehr aktiv, nahm sogar an Wettkämpfen teil. Mein Vater zog meine Schwester und mich wie Jungen groß. Daheim herrschte militärischer Drill, dort hatten wir strammzustehen. Mir tat ständig irgend etwas weh, meist der Bauch – heute würde man von psychosomatischen Beschwerden sprechen –, aber ich hatte es aufgegeben, zu klagen: Das machte alles nur noch schlimmer, da mein Vater »Heulsusen« nicht ausstehen konnte. Und schließlich bekam ich das, was meine Mutter als »Nervenzusammenbrüche« bezeichnete, mit der Zeit täglich, draußen auf der Straße, in der Schule, zu Hause. Ich fing urplötzlich an zu schluchzen und zitterte am ganzen Leib. Niemand verstand, was mit mir los war, und so schob man diese Gefühlsausbrüche auf die Pubertät. Ich selbst verstand ebensowenig, was mit mir passierte. Manchmal mußte ich mich, überwältigt von einem Weinkrampf, auf dem Schulweg auf den Bürgersteig setzen. Es war, als würde mein Innerstes überlaufen, als würde es überquellen von Verzweiflung. Es war mir unsäglich peinlich, daß alle mich so sahen, aber es war stärker als ich. Heute sage ich mir, daß ich mir deswegen keine Sorgen hätte machen müssen, da sich nie jemand die Mühe machte, mich zu fragen, ob ich vielleicht Hilfe bräuchte.

Tatsächlich lebte ich in ständiger Angst. Mein Vater erfüllte mich körperlich wie geistig mit panischem Entsetzen, und dieses Gefühl beherrschte mein ganzes Leben. Seltsamerweise war ich mir dessen aber nicht bewußt. Mein Leben stand von Anfang an unter einem schlechten

Stern: Mein Vater war so enttäuscht, daß ich ein Mädchen war, daß er sich weigerte, meine Geburt im Rathaus anzumelden und einen Vornamen für mich auszusuchen – meine Mutter hatte dann den erstbesten genommen, der ihr eingefallen ist. Mein Vater hat sehr lange gebraucht, ehe er sich dazu herabließ, mich überhaupt wahrzunehmen, und er hat meiner Mutter im Grunde nie verziehen, daß sie »nichts anderes zustande brachte als Querpisserinnen«. Unsere Beziehung hatte sich im Laufe der Jahre und mit dem zunehmenden Alkoholismus meines Vaters stetig verschlechtert, so daß ich mich irgendwie daran gewöhnt hatte. Da wir sehr zurückgezogen lebten, hatte ich auch keine Vergleichsmöglichkeiten. Unsere Eltern ließen uns nicht alleine aus dem Haus, nicht einmal zu Geburtstagsfeiern von Klassenkameraden. Mein Vater war ungeheuer eifersüchtig – und das nicht nur in bezug auf seine Frau. Meine Großmutter lebte im Erdgeschoß des Hauses; da sie krank war und sich langweilte, vertrieb sie sich die Zeit damit, zu kontrollieren, wie lange meine Schwester und ich für den Heimweg von der Schule brauchten. Das beugte Dummheiten vor.

Ich glaubte, das Leben wäre einfach so – bis es dann wirklich unerträglich wurde. Natürlich hätte ich mich in mein Schicksal ergeben können, und das hätte vermutlich auch einiges erleichtert, aber das konnte ich einfach nicht. Es war stärker als ich, ich mußte meinem Vater Widerstand leisten, ihm sagen, was ich dachte, mich gegen seinen Autoritarismus auflehnen, gegen seine Ungerechtigkeit, seinen Machismus. Sonst hätte ich mich selbst verloren. Trotz der wohlmeinenden Ratschläge meiner Mutter und meiner Schwester, die mir zuredeten, die Antworten zu geben, die er hören wollte (so wie sie es taten), und jedem seiner Befehle blind zu gehorchen. Ich war einfach nicht in der Lage dazu. Ich mußte schon seine krankhafte Disziplin über mich ergehen lassen: sonntags um sechs Uhr aufstehen, die Matratze vor das offene Fenster plazieren und frische Croissants für ihn holen. Dann der Zwang, immer den Teller leer zu essen, einschließlich des Brotes, und stets tadellos zurechtgemacht bei Tisch zu erscheinen, obgleich er selbst im verknitterten Schlafanzug frühstückte, ungeniert rülpste und Schlimmeres tat. Aber ich weigerte mich beharrlich, ihm ehrerbietig seine Pantoffeln zu bringen, wenn er abends nach Hause kam, ihm den Rücken zu massieren, ihm seinen Whisky mit Perrier zu servieren, das Wasser »bei Kellertemperatur«, wo es im Keller doch von schwarzen Spinnen wimmelte, vor denen ich mich fürchtete (und zudem der Kühlschrank in greifbarer Nähe war). Ich wollte auch nicht erraten, was ich ihm bringen sollte, wenn er mit den Fingern schnippte (mit mir zu reden, wäre unter seiner Würde gewesen), oder am Sonntagnachmittag stundenlang an seiner Seite auf dem Hof stehen, während er (aus reinem Spaß an der Freude) den Motor seines Wagens auseinandernahm und wieder zusammensetzte (»Schraubenzieher!«, »Rollgabelschlüssel!«, »Schlaf nicht ein!«), um das verfluchte Auto anschließend zu waschen und zu polieren. Vor allem aber weigerte ich mich, seinen Schrullen nachzugeben. Wie an dem Tag, an dem meine Mutter zum Abendessen frische grüne Bohnen voller Fäden serviert hatte. Von den Fäden wurde mir übel. Er beobachtete mich aus den Augenwinkeln. Um keinen Ärger zu machen, hatte ich meinen Anteil gegessen und, in der Hoffnung, er würde mich einfach vergessen, die zerkauten Fäden diskret am Tellerrand deponiert. Er ließ mich fertig essen, und dann befahl er mir, die Fäden aufzuessen. Ich wußte, daß er einen seiner Tobsuchtsanfälle bekommen würde, daß seine ohnehin schon sehr hellen Augen förmlich durchsichtig werden und die Hauswände erzittern würden, wenn ich losrannte, die Treppe hinauf zur Toilette im ersten Stock, um mich dort einzuschließen. Vermutlich würde er mich vorher einholen und verprügeln, bis ich zu Boden ging, und auch dann noch auf mich einschlagen. Aber ich konnte nicht anders. Ich konnte nicht klein beigeben.

Ich lebte in ständiger Furcht. Konfrontiert mit dem Unmöglichen. Ich verstand nicht, was mir widerfuhr. Alles war so unergründlich.

So war natürlich nichts anderes mehr von Bedeutung. Niemand wollte oder konnte mir helfen. Ich ertrug die Schule nicht mehr. Die Lehrer waren da, um zu strafen; keiner von ihnen hat je versucht dahinterzukommen, was mit mir los war. Dabei sprang es einen förmlich an – ich hatte ständig Nasenbluten, und manchmal sah man auch Spuren der Prügel, die ich bezogen hatte.

Da ich immer unter den Größten meiner Klasse war, setzte ich mich in den Unterrichtsstunden, die mich nicht interessierten, ganz nach hinten, um zu schlafen. Ich machte bei jeder sich bietenden Gelegenheit blau und verbrachte den Tag allein und unglücklich in irgendwelchen Vorstadtcafés (es gibt zweifellos Dinge, die weniger deprimierend sind), wo ich Calvados oder Rotwein trank (das war billiger als Coca-Cola). Die Nonnen hatten es satt, mir irgendwelche Strafen aufzubrummen, und wenn sie mich behielten, dann nur weil meine (um ein Jahr) ältere Schwester eine gute Schülerin war (und vielleicht auch, weil ich einige Jahre zuvor eine ziemlich fanatische militante Katholikin gewesen war). Mit zwölf lehrte ich in den heruntergekommensten Arbeitervierteln Analphabeten Lesen und

Schreiben und kümmerte mich im Rahmen meiner Mitgliedschaft in der Organisation Louise de Marillac um bedürftige alte Leute. Angeblich sind depressive Kinder besonders offen für die Belange anderer, hypersensibel für die Nöte Fremder.

Ich wurde vom Hausarzt unserer Familie »behandelt«, der mir Predigten hielt und mich ermahnte, brav zu sein. Ohne mir je irgendwelche Fragen zu stellen, verordnete er mir gegen meine Schlafstörungen Valium. Hätte er sich nach den Gründen für meine Probleme erkundigt, hätte ich eine Chance gehabt, ihm alles zu erklären, aber da meine Mutter bezahlte, übernahm sie auch das Reden.

Eines Tages ging sie mit mir zu einem Psychiater. Es war das erste Mal, daß ein Erwachsener mir ganz allein Fragen stellte. Meine Mutter war gebeten worden, im Wartezimmer Platz zu nehmen. Am Ende der Sitzung bat der Psychiater meine Mutter herein und legte ihr nahe, beim nächsten Mal meinen Vater mitzubringen. Ich habe ihn nicht wiedergesehen. Das Wort »Depression« ist nie gefallen.

Und dann, an einem Freitagabend – ich erinnere mich noch genau daran, weil am nächsten Tag Samstag war und ich vormittags Unterricht hatte –, nach der x-ten Prügelstrafe, sagte ich mir zum erstenmal, daß ich das alles nicht mehr ertragen müßte, wenn ich tot wäre. Ich konnte gar nicht fassen, wie einfach die Antwort auf meine Probleme war. Warum war ich darauf nicht schon früher gekommen? Ich ging im Geiste rasch mein näheres Umfeld durch und kam zu dem Schluß, daß mich keiner vermissen würde: Mein Vater würde mir nie verzeihen, daß ich kein Junge geworden war, meine Mutter und meine Schwester waren der Ansicht, ich allein wäre schuld, daß mein Vater »so«

war (warum mußte ich ihm auch ständig widersprechen), und meine Großeltern hatten die Nase voll von dem abendlichen Rabatz im Treppenhaus. Noch nie war ich mir so einsam und allein vorgekommen. Ich war 15 Jahre alt und 1,71 Meter groß, und ich war so verzweifelt, wie es nur Kinder sein können. So richtig, total. In meinem Nachttisch hatte ich mehrere Schachteln Valium. Ich schluckte sämtliche Tabletten, ohne Zögern oder Bedauern, erfüllt von grenzenloser Erleichterung. In wenigen Minuten würde es vorbei sein.

Am nächsten Morgen kam meine Schwester mich wecken. Sie hatte ihre liebe Mühe.

»Ich kann nicht in die Schule, ich bin tot«, erwiderte ich schließlich mühsam.

Sie sah die leeren Schachteln und verstand. Wütend fuhr sie mich an: »Du bist wirklich irre! Ist dir eigentlich klar, welches Leid du meinen Eltern damit zugefügt hättest? Los, steh auf!«

Das fing ja gut an. Ich bedauerte wirklich zutiefst, daß mein Selbstmordversuch mißlungen war. Zumal sie mich tatsächlich in die Schule schleifte, wo ich dann den ganzen Vormittag verschlafen habe.

Zu Hause hatte außer meiner Schwester niemand etwas gemerkt.

Eine Depression ist bei Kindern sehr schwer zu diagnostizieren, weil sie sich häufig hinter anderen Symptomen wie Aggression oder Unaufmerksamkeit verbirgt.

Dabei gibt es Depressionen bereits bei Säuglingen, vor allem bei 22 % jener Babys, die dauerhaft von ihrer Mutter getrennt werden. Die Krankheit manifestiert sich in zwei aufeinanderfolgenden Abschnitten: Unmittelbar nach der Trennung protestiert das Baby, weint, schreit, ist unruhig.

Dann, nach einigen Tagen, meint man, es hätte den Trennungsschmerz überwunden, stellt aber bald fest, daß es apathisch ist und seiner Umwelt mit Gleichgültigkeit begegnet, daß seine Bewegungen sich verlangsamen und es nur sehr wenig Mimik zeigt, genauso wie jemand, der an Depressionen leidet. Kommt der Säugling zu seiner Mutter zurück, kann es sein, daß er zu einem völlig normalen Verhalten zurückfindet, aber manche Kinder bleiben gleichgültig oder feindselig, zuweilen in einem solchen Maße, daß ihre intellektuelle und emotionale Entwicklung davon beeinträchtigt wird. Natürlich ist es schwierig, eindeutig zu belegen, daß es sich dabei wirklich um eine Depression handelt, da nicht bekannt ist, ob ein Säugling überhaupt seelischen Schmerz empfinden kann. Dennoch ist die Übereinstimmung der Gefühlsregungen erstaunlich.

Es gibt keine harmlose Depression. Was mich betrifft, hat jede einzelne mein Leben auf die eine oder andere Art verändert. Die erste endete damit, daß ich von zu Hause weglief. Am Tag nach meinem mißglückten Selbstmordversuch brachte ich es nicht über mich, nach Hause zurückzukehren. Und so irrte ich mitten im Winter sechs Tage und Nächte durch die Straßen – ohne Geld, mit leerem Bauch, betäubt von Valium – und schlief in der Metro oder in Parks. Ich kannte niemanden, der mir hätte helfen können. Schließlich griff die Polizei mich auf und brachte mich gegen meinen Willen zurück. Mein Vater schien im ersten Moment sehr betroffen zu sein: Als ich ihn von der Polizeiwache aus anrief, weinte er am Telefon. Ich war gerührt (wenn er weinte, mußte er mich ja lieben). Als wir uns wenig später wiedersahen, hatte er sich schon wieder gefaßt. Ich nicht. Er prügelte mich windelweich. Und plötzlich lernte ich zu heucheln. Ich ging auf alle seine Bedingungen ein: die Rückkehr zu den Nonnen, die öffentliche Entschuldigung (vor der Mutter Oberin und dem ehrwürdigen Vater, der unsere alte militant-katholische Verbundenheit vergessen hatte), die schriftliche Versicherung, nie wieder die Schule zu schwänzen. Ich sagte zu allem ja und amen. Er schlug mich nie wieder, richtete aber auch nie wieder direkt das Wort an mich. Ich schwieg. Ich bereitete meinen – diesmal endgültigen – Weggang vor. Einige Monate später war es soweit. Von einer Bekannten in einer Garage in Saint-Denis untergebracht, versteckte ich mich drei Wochen lang, bis man mich vergaß.

Und so fand sich die – aufsässige, aber uniformierte – Schülerin der katholischen Schule Sainte-Geneviève, streng erzogen, aber (nach außen hin) wohlbehütet von Eltern und Großeltern, zu Hause in einem hübschen Vorstadthäuschen, an den Wochenenden mit der ganzen Familie auf dem Tennisplatz anzutreffen, mit 16 Jahren auf der Straße wieder, ohne Papiere, ohne Geld, ohne jede Erfahrung und tief deprimiert. Das war ein Abenteuer von der Art, das auch an einer gestandenen Frau nicht spurlos vorübergehen würde.

Ich hatte Glück, das Ganze spielte sich zwei Jahre nach den Ereignissen des Mai '68 ab. Und so konnte ich meinen Schmerz und meine Rebellion in den politischen Kampf einbringen. Ich schloß mich einer Gruppierung der extremen Linken an, wo eine Disziplin herrschte, die noch strenger war als die der Betschwestern. Für mich war das nichts Neues. Ich hatte nur das Umfeld gewechselt. Ich mußte jedoch irgendwie meinen Lebensunterhalt verdienen, und Tatsache war, daß ich nichts konnte. Also schuftete ich als Putzfrau, Verkäuferin, Concierge, Vertreterin und weiß der Teufel was sonst noch alles. Zeitweise war ich sogar Fabrikarbeiterin; das sollte meiner Umerziehung dienen, wie mir meine Gruppe erklärte – da ich das Glück hatte, nicht vom Studium verdorben worden zu sein, sollte ich mir dies zunutze machen, um mich endgültig von jeglichen kleinbürgerlichen Tendenzen zu befreien. Ich war damit einverstanden; was mich allerdings nicht davon abhielt, heimlich meinen Schulabschluß zu machen. Meine Kameraden mußten recht haben; ich hatte die starke kleinbürgerliche Neigung, mich vor ihnen, die nicht das Glück gehabt hatten, dem Studium zu entgehen, zu schämen.

Obwohl ich wußte, daß der Zufall kräftig mitgeholfen hatte, gab das Bewußtsein, diese Prüfung geschafft zu haben, ohne daß ich die Schule besucht oder gelernt hatte, mir kräftig Auftrieb. Nachdem man mir schon immer zu Hause und in der Schule vorgebetet hatte, daß ich im Leben nie etwas erreichen würde, war mir endlich das Glück hold gewesen. Ich genoß dieses Gefühl in vollen Zügen.

Mit 19 Jahren studierte ich an der Hochschule von Vincennes die Fächer Theater- und Filmwissenschaften. Das war noch in der gesegneten Zeit, da man – zumindest nach außen hin – studieren und gleichzeitig arbeiten konnte, um seinen Lebensunterhalt zu bestreiten. Anfangs glaubte ich noch daran. Nach acht Stunden Schufterei durchquerte ich jeden Abend mit der Metro Paris. Am Rand des Bois de Vincennes wartete ich brav inmitten von Prostituierten, die dort anschaffen gingen (die Freier geilten sich daran auf, sich vorzustellen, es wären vielleicht Studentinnen), manchmal zwischen einer Viertelstunde und 20 Minuten auf den Bus, der mich zur Uni brachte, wo die Dozenten eine ums andere Mal streikten. Obwohl sie gute Gründe hatten, war ich nicht allzu begeistert darüber. Tatsächlich war ich völlig ausgelaugt. Meine seltene »Freizeit« verbrachte ich auf endlosen politischen Versammlungen (das war damals Mode), bei Kundgebungen sonntags morgens auf irgendwelchen Märkten oder vor Fabrikeingängen (vorzugsweise morgens um fünf Uhr), mit Redaktion und Druck irgendwelcher Traktate oder der Lektüre der Klassiker: Marx, Engels, Lenin, Stalin, Mao ...

Im übrigen war ich mit einem Militanten derselben Gruppierung »verbandelt«, dem Sohn eines Freundes meines Vaters. Mit 14 hatte er mich in den Klassenkampf eingeführt – ausgerechnet er, der gegenüber dem Champ de Mars wohnte, und jetzt hatte er sich mir angeschlossen, um sich in die mageren Reihen unserer winzigen politischen Zelle einzugliedern. Wir teilten uns eine winzige Wohnung im Pariser Westen. Er hatte das Pech, ein brillantes Mathematikstudium am Lycée Henri IV. zu absolvieren, wodurch er keine Zeit für den Außendienst hatte, und da seine Eltern sich gerade einen sehr unschönen Scheidungskrieg geliefert hatten, zahlte ich den Löwenanteil der Miete – und aller anderen Ausgaben. Seine Familie sah es gar nicht gern, daß er »mit dieser von zu Hause Fortgelaufenen zusammen hauste«. Dabei kannten sie mich schon eine Ewigkeit, aber natürlich glaubten sie die Version, die meine Eltern ihnen aufgetischt hatten. Jedenfalls tauchten sie eines schönen Tages bei uns auf, und bei einem Gespräch über einen Kühlschrank, den sie uns schenken wollten, wurde mir beigebracht, daß ich würde heiraten müssen. Aber auch wenn Präsident Mao mich davon überzeugt hatte, daß es das Wichtigste war, gemeinsam in dieselbe Richtung zu schauen, wußte ich sehr gut, daß ich Antoine nicht liebte. Er sagte, er würde sich umbringen, wenn ich ihn verließe. Ich habe schon immer dazu geneigt zu glauben, was man mir sagt, vielleicht, weil ich selbst stets das tue, was ich ankündige.

Ich beschloß, ihm zuvorzukommen. Am darauffolgenden Samstag schützte ich (nachdem ich noch einmal *Madame Bovary* gelesen hatte ...) Unwohlsein vor und ließ Antoine allein zu der nachmittäglichen Zusammenkunft der »Zelle« gehen. Als er weg war, schluckte ich den ganzen Inhalt des Medizinschränkchens. Es war von allem etwas dabei, wirklich von allem. Gibt es wirklich so etwas wie Vorahnungen? An diesem Tag kam Antoine jedenfalls früher nach Hause als vorgesehen. Er fand mich bewußtlos vor und rief sofort eine Freundin aus Kindheitstagen an, eine Medizinstudentin, die mich sofort zu ihm nach Hause brachte. Ich schlief mehrere Tage lang. Als ich schließlich nach Hause zurückkehrte, kam ein Zusammenleben mit Antoine nicht länger in Frage – das Leben an sich war schon schwierig genug. Die Wirkung der zuvor tagelang wahllos eingenommenen Medikamente (vor allem Abführ- und harntreibende Mittel!) war noch nicht gänzlich abgeklungen – genauer gesagt, in meinem Innersten herrschte ein einziges Chaos. Ich schleppte mich durch Paris und suchte eine Möglichkeit, dem allem ein Ende zu bereiten.

Ich kann mich nur noch sehr vage an diese Zeit erinnern. Mein Gedächtnis scheint unter dieser chemischen Überdosis gelitten zu haben. Ich sehe mich noch am Rand des Bahnsteiges der Metrostation Sentier stehen. Ich will springen, bin aber halbtot vor Angst, also wiege ich mich vor und zurück, nur für den Fall, daß ... Und da steigt nur wenige Meter von mir entfernt mein Freund aus der Bahn. Er packt mich. Ich sehe mich auch auf der Toilette der Uni von Vincennes, wie ich versuche, mir mit einem Spiegelsplitter die Pulsadern aufzuschneiden, was mir einfach nicht gelingen will ...

Diese Episode war so etwas wie ein Rückfall. Ich erinnere mich nicht an irgendwelche Vorzeichen; tatsächlich habe ich hinterher am meisten gelitten. Das Erwachen nach einem Selbstmordversuch ist wie ein Kater nach einem rauschenden Fest.

Also änderte ich zum zweiten Mal mein Leben, und auch diesmal war es meine Rettung. Jedenfalls vorübergehend.

Ich weiß nicht, ob das, was ich erlebt habe, eine Ausnahme ist, aber ich kann behaupten, daß diese beiden Selbstmordversuche mir eine unbeschreibliche Erleichterung verschafften – ich wage nicht, von Vergnügen zu sprechen –, und das vor allem deshalb, weil ich ganz sicher war, nicht wieder aufzuwachen. Die Mittel waren auch nicht traumatisierend, und auch das spielte wohl eine gewisse Rolle. Die kurzfristigen Symptome einer Medikamentenüberdosis sind sehr angenehm: Man spürt, wie man behutsam in die Bewußtlosigkeit gleitet, wie bei einer Anästhesie im Krankenhaus, nur langsamer. Man leidet nicht mehr. Ich ließ nichts zurück, woran mir etwas gelegen hätte, und ich war überzeugt, niemand würde mir eine Träne nachweinen, außer vielleicht Antoine. Aber die Parole lautete »er oder ich«.

Ich wohnte gegenüber der Schule, die meine Tochter Fanny bis zum Gymnasium besucht hat. Das hatte zahlreiche Vorteile, darunter den, ständig eine ganze Bande von Kindern ihres Alters im Haus zu haben. Es ist keine besonders angesehene Schule – der Prozentsatz an Ausländerkindern ist sehr hoch –, aber sie gab Fanny, die nach einem fünfjährigen Aufenthalt in Argentinien kaum noch Französisch sprach, die Möglichkeit, sich langsam wieder einzugewöhnen, da sie dort nicht die einzige war, die sich fremd fühlte. Dort lernte sie auch Djamila kennen.

Djamila war eine gebürtige Tunesierin mit einem, wie es hieß, landestypischem Aussehen, ein wenig pummelig und etwas älter als ihre Klassenkameraden. Sie hatte es immer sehr schwer, die Wertvorstellungen ihrer Eltern, die sie über alles liebt, mit denen ihrer Freunde unter einen Hut zu bringen. Die Eltern sind praktizierende Moslems und ziehen ihre vier Kinder unermüdlich nur mit dem (geringen) Gehalt der Mutter groß, da der Vater nach einem Arbeitsunfall invalide ist. Viel Liebe, viel Couscous, Fernsehen und Moral, aber wenig Komfort (sechs Personen in zwei Zimmern) – unmöglich, dort in Ruhe seine Hausaufgaben zu machen. Vielleicht war das der Grund, weshalb sie gern zu Fanny kam, der Klassenbesten, eine gute Ausrede für die Eltern, die anrufen konnten, um zu kontrollieren, ob sie auch wirklich dort war, da Fannys Mama immer daheim war.

Aber je älter sie wurde, desto schwerer tat sich Djamila zu akzeptieren, daß ihre Freunde abends ausgehen durften und sie nicht, kurz, daß sie Muslime war und die anderen nicht. Als sie vierzehn war, erlaubten ihr die Eltern ausnahmsweise eine Klassenfahrt in die Berge. Natürlich kam es, wie es kommen mußte: Zwei Tage vor Ende der Reise verliebte sie sich in einen Jungen aus einem Vorstadtgymnasium. Rückkehr nach Paris. Unmöglich, den Jungen wiederzusehen. Ihre Eltern erlauben ihr nicht, mit dem Nahverkehrszug zu fahren.

An jenem Samstagnachmittag, an dem der Junge ihr telefonisch eröffnet hatte, es wäre besser, das Ganze zu vergessen, es wäre einfach zu kompliziert, saß sie auf meinem Balkon. Ich erinnere mich noch gut an ihren Liebeskummer. Ich habe vage gespürt, daß in ihr etwas kaputtgegangen war. Von diesem Tag an veränderte sich ihr ganzes Verhalten. Fanny kam immer besorgter aus der Schule nach Hause, aber auch ein wenig skeptisch. Djamila übertrieb: »Sie ist wieder auf der Toilette ohnmächtig geworden«, »Sie ist wieder während des Unterrichts in Tränen ausgebrochen«, »Sie schluckt Pillen«. Und dann eines Tages: »Sie hat gesagt, an ihrem 15. Geburtstag würde sie sich umbringen.«

Mir stockte das Blut in den Adern. Ich wußte nur zu gut, daß man Selbstmordankündigungen von Jugendlichen immer ernst nehmen muß. Ich ließ mir sofort einen Termin bei der Schuldirektorin geben, erzählte ihr alles und bat sie, die Eltern aufzusuchen. Dann ließ ich ihre Schulfreunde kommen und machte sie mobil, sich für Djamila einzusetzen. Es ging darum, sie mit einem Kordon der Solidarität zu umgeben, sie ernst zu nehmen, ihr sogar während ihrer Exzesse Zuneigung zu bekunden. Damit wir alle gemeinsam ihren Geburtstag feiern konnten.

Heute erinnert sie sich: »*Ich fühlte mich wirklich elend. Die Schule war mir scheißegal. Ich weinte die ganze Zeit, ließ mich gehen, konnte nichts mehr essen, schlief nicht mehr ... Ich wollte wirklich sterben. Ich dachte, wenn ich nur genug Tabletten schluckte, irgendwelche, würde es mir schon gelingen, mich umzubringen, ohne zu leiden. Weil ich nämlich Angst davor hatte, daß der Tod schmerzhaft sein könnte. Es ging nur irgendwie darum, es ihnen allen zu zeigen, den Eltern, den Lehrern, allen eben ... Ich weiß nicht genau, es war ein wenig Rache im Spiel, vielleicht wollte ich auch auf mich aufmerksam machen ... ihnen zeigen, daß ich tatsächlich daran sterben konnte.*«

Nach ein paar Monaten hatte sie die Krise überwunden, und an ihrem 15. Geburtstag war alles vergessen. »*Das habe ich euch zu verdanken«*, bekennt sie schlicht. *»Allein hätte ich das nicht geschafft.«*

Ich habe mich schlau gemacht über das, was man heute über Depressionen bei Jugendlichen weiß. Die Zahlen sind noch alarmierender, als ich ohnehin befürchtet hatte.

Nach Verkehrsunfällen ist bei Jugendlichen Selbstmord die zweithäufigste Todesursache; und die Rate ist von 1970 bis 1980 um 300 % gestiegen! Das wirft um so mehr Fragen auf, als die Rate vor allem innerhalb jener Gesellschaften zunimmt, deren Lebensstandard steigt. Der Agence Nationale d'Accréditation et d'Evaluation en Santé (ANEAS, entspricht in etwa dem deutschen Amtsarzt in ihrer Funktion, Anm. d. Ü.) zufolge geschehen 75 % der Suizide in einer depressiven Phase. In 20 % der Fälle finden sich auch Hinweise auf psychiatrische Hintergründe und Alkohol. Bei den Fünfzehn- bis Vierundzwanzigjährigen ist die Zahl der Suizidversuche schwer zu schätzen, weil ihnen nicht immer eine Krankenhauseinweisung folgt; angeblich liegt ihre Zahl sechzigmal höher als die der gelungenen Selbstmorde. Auf einen Selbstmord kämen also 22 Suizidversuche bei Jungen und 160 bei Mädchen. Einer Studie des INSERM (Institut National pour la Santé et la Recherche Médicale – Staatliches Institut für das Gesundheitswesen und medizinische Forschung) aus dem Jahre 1993 zufolge haben von 12 400 schulpflichtigen Jugendlichen im Alter von 11 bis 19 Jahren 806 (also 6,5 %) bereits einen Selbstmordversuch unternommen (ein Viertel der Befragten hatten sogar mehrere hinter sich), aber nur 160 von ihnen (20 %) waren danach in ein Krankenhaus eingewiesen worden. Aus derselben Studie geht hervor, daß die Häufigkeit der Suizidgedanken das Risiko der tatsächlichen Ausführung erhöht: Fast die Hälfte der Jungen und Mädchen, die häufig an Selbstmord denken, haben bereits einen Suizidversuch unternommen, während die Rate derjenigen Jugendlichen, die einen Selbstmordversuch unternehmen, ohne viel darüber nachgedacht zu haben, nur bei 1 % liegt.

Und wenn man es erst einmal versucht hat, ist die Gefahr einer Wiederholung groß. Die Rückfallrate beträgt 40 %. In etwa 60 % der Fälle erfolgt der zweite Versuch in dem Jahr nach dem ersten (und das um so öfter, je jünger der Jugendliche ist), wobei das Risiko in den ersten sechs Monaten am höchsten ist. Oft ist auch eine Steigerung hinsichtlich der Methoden zu beobachten. Auch leichtsinniges Verhalten und Risikobereitschaft spiegeln Selbstmordtendenzen wider. Wenn man das Leben dieser Jugendlichen zehn Jahre nach ihrem Suizidversuch beobachtet, fällt auf, daß die Fälle eines gewaltsamen Todes sogar noch häufiger sind als jene, bei denen der Betroffene von eigener Hand gestorben ist.

In *La cause des adolescents* schreibt Françoise Dolto:

»*Gedanken an Selbstmord sind bei Jugendlichen unvermeidlich. Sie spielen sich auf der Phantasieebene ab und sind somit ganz natürlich. Erst der Wunsch, diesen Gedanken in die Tat umzusetzen, ist krankhaft. (...) Die, die es durchgezogen haben, waren davon überzeugt, in ihrer Familie überflüssig zu sein. Sie fühlten sich beinahe schuldig dafür, daß sie geboren waren.*«

Jeder Jugendliche hat einen Hang zur Selbstzerstörung. Der Übergang zum selbstmörderischen Akt ist eine extreme Manifestation, ist aber meist mehr eine Flucht vor einem unerträglichen Druck, das Bestreben, einer Abhängigkeit zu entrinnen und selbst eine aktive Rolle zu übernehmen, als wahre Todessehnsucht.

Eine Prävention ist schwierig, weil die ersten Warnsignale gewöhnlich Abkapselung und Isolierung sind, wobei viele junge Selbstmörder außerdem irgendein Suchtverhalten an den Tag legen (Alkohol, Drogen etc.). In über der Hälfte der Fälle haben jene, die sich dem Alkohol zuwenden, in der Kindheit körperliche Gewalt erfahren müssen.

Charakteristisch für den Selbstmord Jugendlicher ist die Impulsivität, mit der sie vorgehen. In meinem Fall ging alles ganz schnell: Kaum hatte ich den Gedanken gefaßt, machte ich mich auch schon an die Ausführung, womit sich auch die amateurhafte Wahl der Mittel erklärt. Wäre ich aggressiver und ein Junge gewesen, wäre der Versuch vermutlich nicht gescheitert. Ein Jugendlicher hat nicht das gleiche Zeitempfinden wie ein Erwachsener – er leidet jetzt, er will sofort eine Lösung. Und die Jugend ist die Zeit, in der man eher dazu neigt zu handeln, sich über den Körper auszudrücken, als Probleme zu verinnerlichen.

Der Selbstmord eines Jugendlichen ist nie harmlos, er darf nie banalisiert oder auf eine »Pubertätskrise« geschoben werden. Das langfristige Risiko ist sehr hoch, da hier die Sterblichkeitsrate durch Selbstmord oder gewaltsamen Tod zwanzigmal höher ist als beim Durchschnitt und bei den Überlebenden verstärkt psychische und soziale Probleme auftreten (affektive Labilität, Arbeitslosigkeit, Isolation etc.). Ein Jugendlicher, der einen Suizidversuch unternommen hat, muß unter allen Umständen therapiert werden. Und doch ist es häufig so, wie Virginie Granboulan von der kinderpsychiatrischen Abteilung des Krankenhauses in Créteil schreibt:

»Nach einer organischen Krankheit mit so fatalem Verlauf (Rückfall in einem von drei Fällen, Mortalität in 5 % der Fälle und spürbare Morbidität), die auf diese Art behandelt würde (seltene stationäre Behandlung, extrem kurze Krankenhausaufenthalte, unzureichend empfohlene ärztliche Betreuung, die nur selten stattfindet), würde man (bei dieser Altersklasse) wohl vergeblich suchen.«

Die weltweiten Präventionskampagnen haben ihre Effektivität bewiesen. In Frankreich gibt es den Nationalen Tag der Suizidprävention erst seit drei Jahren, aber zahlreiche Organisationen (Verweis auf Deutsche Organisationen im Anhang) leisten auf diesem Gebiet eine Arbeit von unschätzbarem Wert. Und doch kann nichts die persönliche Aufmerksamkeit ersetzen. Denn anders als der Erwachsene, der seinem Leben ein Ende setzen will, unternimmt der Jugendliche gewöhnlich einen Selbstmordversuch, weil er sich ein anderes Leben wünscht. Wie Djamilas Geschichte zeigt, genügen manchmal schon Kleinigkeiten, um ihn von seinem Vorhaben abzubringen.

3. KAPITEL

DAS GETRIEBE

Man kann eine nicht behandelte Depression in der Jugend überwinden, aber sie hinterläßt Spuren, eine Art Verletzlichkeit, einen etwas mühevollen Umgang mit den Streßfaktoren des Lebens.

Die 18 Jahre, die auf meine Depression folgten, sind, abgesehen von einer kurzen Phase der Anorexie im Alter von 21, als mein Vater starb, ohne schweren Rückfall verlaufen.

Ich war gerade von einer zweijährigen Amerikareise zurückgekehrt, die ich zusammen mit meinem ersten Mann (einem ehemaligen französischen Entwicklungshelfer, der zweieinhalb Jahre als politischer Gefangener in einem Gefängnis in Saigon verbracht hatte) darauf verwandt hatte, die amerikanische Öffentlichkeit gegen den Vietnamkrieg zu mobilisieren. Es war Sommer 1975, und wir hatten gerade »unseren« Krieg gewonnen. Es war ein einmaliges Gefühl: Glück! Wir hatten an der gigantischen Siegesfeier im Central Park teilgenommen. Joan Baez hatte gesungen ...

Kaum waren wir zurück in Paris, erfuhr ich von der bevorstehenden Operation meines an Lungenkrebs erkrankten Vaters. Ein Jahr lang hatte er seine Krankheit vor allen geheimgehalten und es vorgezogen, sich in sibyllinischen Andeutungen zu ergehen – »Wenn ich erst tot bin« oder

»wenn ihr mich endlich los seid« –, die die Nerven meiner Mutter und meiner Schwester arg strapaziert hatten. Das sah ihm ähnlich, anderen das Leben schwerzumachen, während er gleichzeitig sein eigenes verspielte. Schon kurz nach der Operation hatten die Metastasen auf das Gehirn übergegriffen und sich dann im ganzen Körper verteilt. Da das Krankenhaus nichts mehr für ihn tun konnte, hatte es ihn uns freundlicherweise »zurückgegeben«. Er vegetierte im Ehebett vor sich hin, halb bewußtlos, stumm, an diverse Geräte angeschlossen. Seltsamerweise verjüngten sich seine Züge, je mehr er sich dem Tod näherte. Fasziniert beobachtete ich seinen Verfall und brachte selbst keinen Bissen mehr herunter. Wir magerten gemeinsam ab. Wir waren uns schon immer sehr ähnlich gewesen – und jetzt wurden wir zu Zwillingen. In meine Ressentiments ihm gegenüber mischten sich angesichts seines gequälten Körpers Mitleid, aber auch eine unerträgliche Erwartungshaltung: Ich hatte mir in den Kopf gesetzt, daß er mir vor seinem Tod noch sagen würde, daß er mich liebte. Seine Haltung mir gegenüber war um vieles milder geworden, seit er von seiner Krankheit wußte. Er hatte mir sogar, als ich in den Vereinigten Staaten war, zum erstenmal in meinem Leben einen Brief geschrieben, trotz der von ihm als Affront gegen seine Autorität aufgefaßten Heirat seiner minderjährigen Tochter »mit einem vorbestraften Kommunisten«, der um vieles älter war als sie – das Ganze selbstverständlich ohne seinen Segen und dann noch in Mexiko. Ich war also hin und her gerissen zwischen der Trauer, ihn sterben zu sehen, bevor er mit mir hatte sprechen oder mir ein Zeichen hatte geben können, und dem Wunsch, ihn endlich von seinen Leiden erlöst zu sehen, die nicht einmal mehr das Morphium in Schach zu halten vermochte.

Er ist ohne ein Wort an mich gestorben. Er war 47.

Kurz nach seiner Beerdigung sind mein Mann und ich nach Hanoi ausgewandert, um am Wiederaufbau Vietnams mitzuwirken. Meine Anorexie hatte in dieser neuen Wirklichkeit nicht lange Bestand – das Land war ein einziger Trümmerhaufen und seine Bevölkerung am Ende. In weniger als einem Jahr hatte die Besessenheit der Vietnamesen hinsichtlich jeglicher Nahrung auch auf mich übergegriffen (ein Phänomen, das allen Menschen gemein ist, die hungern). Ich träumte von Camembert, Schokolade und Schnecken nach Burgunderart. Wenn ich mich nicht satt aß, dann nur, weil es an allem mangelte.

Die Konfrontation mit einer Situation, die schlimmer ist als die eigene, und die Notwendigkeit, für das Überleben der Gruppe zu kämpfen, lassen wenig Raum für Depressionen. Das ist vermutlich auch der Grund, weshalb es in Kriegszeiten praktisch keine Selbstmorde gibt. Ich bin übrigens sehr gut zurechtgekommen mit dem Mangel an Wasser, Strom, Nahrung, Medikamenten, Komfort, Freiheit und Unterhaltung und auch mit den vielen Ratten, Kakerlaken und Mücken. Ich bin sogar recht gut darüber hinweggekommen, daß mein Mann und ich uns nach einem Jahr trennten. Dabei fürchtete ich mich vor dem Alleinsein in diesem Ghetto für kommunistische »ausländische Experten«, in dem wir in einem Vorort von Hanoi residierten und wo ich die einzige Französin war.

Eigentlich hätte ich allen Grund gehabt, depressiv zu sein: Ich verließ aus politischen Gründen einen Mann, den ich geliebt und bewundert hatte (er weigerte sich zu erkennen, daß die lokale Wirklichkeit von unseren Träumen weit entfernt war), und das war das Ende meiner Illusionen, meines Lebensideals und der Freunde, die mir die Familie ersetzt hatten. Ich war allein, ein »Renegat« (man verläßt eine kommunistische Größe nicht, schon gar nicht einen Nationalhelden), ohne einen Pfennig in der Tasche, in einem plötzlich feindseligen Land, und das ohne die finanziellen Mittel, nach Hause zurückzukehren. Im übrigen wußte ich nicht einmal mehr so genau, wo »zu Hause« eigentlich war.

Aber ich bin nicht in Depressionen verfallen, weder damals noch einige Jahre später, als China Vietnam den Krieg erklärte und der Norden des Landes bombardiert wurde. Auch wenn ich mich sehr allein fühlte, als die meisten Ausländer das Land verließen und ich wie alle anderen Schützengräben ausheben und den Umgang mit der Kalaschnikow lernen mußte, um mein Büro und meine Universität gegen Chinesen zu verteidigen, die ich lange Zeit über die Maßen verehrt hatte. Ich fand die Situation ebenso ironisch wie tragisch: Ich würde für eine Sache, an die ich längst nicht mehr glaubte, sterben, und niemand würde davon erfahren, da ich mich nicht bei der französischen Botschaft hatte registrieren lassen. Ich existierte gar nicht. Ich fühlte mich furchtbar unbedeutend.

Ich bin auch nicht in Depressionen verfallen, als ich im achten Monat schwanger nach Frankreich zurückkehrte und mein zweiter Mann, den ich in Vietnam kennengelernt hatte, mich dort trotz aller Versprechungen einen Monat vor einer Geburt, die schwierig zu werden versprach, allein ließ, weil seine Journalistenkarriere seine Anwesenheit im Iran erforderlich machte, wo gerade der Krieg mit dem Irak ausgebrochen war. Und auch nicht in den acht Jahren, in denen ich mich abmühte, diese Ehe zu retten, die längst ruiniert war.

Wie läßt sich dann erklären, daß mich ein paar Schulden

derart aus dem Takt bringen konnten? Ich verstehe es bis heute nicht.

Das Fundament für meine letzte Depression habe ich selbst gelegt. Das habe ich mir im übrigen oft genug vorgeworfen, als ich ganz unten im Loch saß; was einen doch nur quält und nichts bringt – was geschehen ist, ist eben geschehen. Ich werde nie dieser vernünftige Mensch sein, den meine Mutter sich erträumt hat, ein Mensch, der überlegt vorgeht, vorausschauend plant, Risiken vorab abwägt und in Kenntnis der Gegebenheiten handelt. Ich bin immer schon impulsiv und radikal gewesen. Meine Depression ebenfalls.

Meine Rückkehr nach Frankreich 1989, nach einem fünfjährigen Aufenthalt in Argentinien, wo ich als Korrespondentin einer großen Abendzeitung tätig gewesen war, war eine der glücklichsten Abschnitte meines Lebens. Ich fühlte mich von Gott gesegnet. Nach all diesen Jahren der endlosen Ehestreitigkeiten war es mir endlich gelungen, mich – wie mir schien – in Würde von meinem zweiten Mann zu trennen, nachdem ich mit 35, als ich schon nicht mehr daran geglaubt hatte, der (dritten) großen Liebe meines Lebens begegnet war, Eduardo. Natürlich war alles nicht so einfach; er war Argentinier, hoher Beamter in Buenos Aires, verheiratet und Vater von zwei Kindern. Ich meinerseits war Journalistin und mit einem Kollegen verheiratet, der Leiter einer Nachrichtenagentur war, und wir hatten eine kleine achtjährige Tochter. Die Dinge verkomplizierten sich, als mein Mann, dessen Vertrag ausgelaufen war, beschloß, zusammen mit unserer Tochter nach Frankreich zurückzukehren. Auch wenn ich vor Ort als Korrespondentin festangestellt worden war, war ich nur eine von vielen Journalisten, die von einem Zeilenhonorar lebten; wenn ich meinen Posten verließ, verlor ich also meine Stellung – und auch Eduardo. Ich konnte ja nicht ernsthaft von ihm verlangen, daß er seine Kinder und seine Arbeit aufgab, um sich in einem Land niederzulassen, in dem er nur einer von vielen Einwanderern wäre. Gleichzeitig war mir jedoch die Vorstellung unerträglich, 10 000 Kilometer von meiner Tochter getrennt zu sein.

Dieses Dilemma hatte mich mehrere Monate lang gequält und, wie gewöhnlich, zu einem übermäßigen Alkohol- und Anxiolytikakonsum geführt. Und dann hatte sich wie durch ein Wunder alles von allein geregelt. Die Präsidentschaftswahlen standen bevor, und mit meiner Zeitung war vereinbart worden, daß ich vor meiner Abreise noch darüber berichten sollte. Ich ahnte ja nicht, daß dieser Auftrag so schicksalhaft werden sollte.

Entgegen aller Erwartungen gewann der peronistische Kandidat Menem die Wahl und besetzte sofort sämtliche wichtigen Posten mit Personen seines Vertrauens. Von einem Tag auf den anderen wurde Eduardo auf die Straße gesetzt. Und das bewog ihn, mir nach Paris zu folgen.

Die Euphorie erstickte mich und trübte mein Urteilsvermögen: Ich hatte in Frankreich keine Arbeit, würde mit einem Mann zusammen sein, der die 40 überschritten hatte, Ausländer war, kaum ein Wort Französisch sprach und ebenfalls kein Einkommen hatte, und ich würde mich mit um meine Tochter kümmern müssen, da mein Mann und ich uns auf ein gemeinsames Sorgerecht geeinigt hatten sowie darauf, daß jeder von uns unsere Tochter im Wechsel je eine Woche bei sich haben würde. Das schien mir kein Problem zu sein. Einige Jahre zuvor hatte ich mit Hilfe einer kleinen Erbschaft und eines Bankkredits, den ich immer noch zurückzahlte, im Zentrum von Paris eine kleine Wohnung gekauft. Nach dieser glücklichen Schicksalsfügung erfüllt von unerschütterlichem Optimismus und dem festen Glauben, daß ich schon in kürzester Zeit Arbeit finden würde, verzichtete ich bei der Scheidung auf sämtliche Unterhaltsansprüche für mich und meine Tochter; entweder man ist Feministin, oder man ist es nicht. Bei der letzten Sitzung eröffnete uns die Richterin, ihr wären noch nie so vernünftige Eheleute begegnet: »*Wenn doch nur alle so wären wie Sie!*«

Meine Begeisterung war so grenzenlos, daß ich großzügig über die Details hinwegsah. Vor allem war mir im Eifer des Gefechts entfallen, daß mein Mann einige Jahre zuvor als Kapitalanlage eine zur Vermietung bestimmte Ferienwohnung in einem Wintersportgebiet gekauft hatte. Er hatte die Wohnung auf meinen Namen eintragen lassen, damit unsere gemeinsame Tochter sie eines Tages erbte (er hatte zwei Kinder aus erster Ehe) und weil ich die – minimale – Anzahlung geleistet hatte. Eigentlich waren Geschäfte dieser Art nicht sein Ding, aber er hatte sich von einem Franzosen überreden lassen, der seine Landsleute in Buenos Aires abgegrast hatte. Ich hatte einen Haufen Papiere unterschrieben, ohne sie zu lesen, da ich den Inhalt sowieso nicht verstanden hätte. Für mich war es eine »virtuelle« Wohnung; mir war versichert worden, daß sie mich nichts kosten würde, und das hatte ich geglaubt. Ich war kein bißchen mißtrauisch.

Tatsächlich war das Ganze jedoch ein ganz banaler Betrug, was ich jedoch erst an dem Tag merkte, an dem meine Bank mich anrief, um mich davon in Kenntnis zu setzen, daß mein Konto überzogen war. Bei näherer Betrachtung stellte sich heraus, daß die Zinsen für den Kredit glatter Wucher waren, daß die Erträge aus der Vermietung bei weitem nicht die Kosten für die Tilgung und die Nebenkosten deckten, wie man uns versichert hatte, und daß ich die Wohnung frühestens in neun Jahren würde veräußern können!

Damals lebte ich von dem Zeilenhonorar für Artikel, die ich für verschiedene Zeitungen schrieb. Ich war zu lange im Ausland gewesen und hatte keine Ahnung von den Praktiken der Pariser Presse – vor allem ahnte ich nicht, daß freiberufliche Journalisten dort in der Regel behandelt wurden wie Aussätzige und daß sie immer zuletzt bezahlt wurden, manchmal erst Monate nach der Veröffentlichung und oft auch noch deutlich schlechter, als ursprünglich vereinbart. Das mußte ich am eigenen Leib erfahren. Jedenfalls reichte das Geld nicht mehr, um meinen finanziellen Verpflichtungen nachzukommen. Anfang weigerte ich mich noch, diese Situation zu akzeptieren. Ich war nicht schuld an diesem Fiasko, diese Wohnung war nicht einmal meine Idee gewesen. Diese Einstellung war mein Untergang. Nachdem ich mit der Ratenzahlung mehrere Monate in Verzug gekommen war, wurde die Hypobank massiv. Ich wurde morgens regelmäßig von einem ihrer Angestellten geweckt, der mir ebenso höflich wie bestimmt mitteilte, wenn ich nicht zahlte, sähe man sich gezwungen, die Wohnung, in der ich wohnte, zwangsversteigern zu lassen. Das machte mich wahnsinnig. Ich sah uns schon auf der Straße stehen, Eduardo, meine Tochter und mich, unserer einzigen Sicherheit beraubt, um Schulden zurückzuzahlen, die ich nicht gemacht hatte. Das war der Punkt, an dem ich ernsthaft in Panik geriet und krank wurde – aber das wußte ich damals noch nicht.

Das Gefährliche an einer Depression ist, daß man sie nicht kommen sieht. Die meisten organischen Krankheiten kündigen sich auf die eine oder andere Art an – Fieber, Schmerzen und Unwohlsein signalisieren uns, daß mit uns etwas nicht stimmt und wir uns behandeln lassen müssen. Für den Neuling könnten die ersten Symptome einer Depression auch irgendeine andere Ursache haben; man fühlt sich einfach nur schrecklich müde und schlapp. Manche vergessen systematisch ihre Schlüssel, ihre Geheimnummern oder die Namen von Freunden und Verwandten; andere wachen nachts ständig wegen irgendwelcher Alpträume auf und können nicht wieder einschlafen – und das ist in ihren Augen wiederum die Erklärung für die ungewohnte Erschöpfung, die sie seit Monaten förmlich lähmt. Wieder andere gehen wegen jeder Kleinigkeit in die Luft, verspüren einen sonderbaren Schmerz in Höhe des Solarplexus und brechen bei der geringsten Kritik in Tränen aus ...

Später wird es natürlich ernster. Aber Depressionen sind nicht alle gleich, und sie sind auch nicht alle gleich stark. Dabei ist es unabdingbar, das Stadium und die Art der jeweiligen Depression zu erkennen, denn für sie gilt das gleiche wie für die meisten Krankheiten: Je eher man mit der Behandlung beginnt, desto höher die Chance auf Heilung. Es gibt keinen wissenschaftlichen Test (Blut-, Urin- oder sonstige Analyse), der eine eindeutige Diagnose ermöglicht. Der Arzt ist also allein auf die Beschreibung der Symptome durch seinen Patienten angewiesen. Und jeder stuft den Grad seines Schmerzes oder seiner Niedergeschlagenheit anders ein. Jeder hat, je nach seinen persönlichen Erfahrungen, seinem Charakter und sogar seinem kulturellen Ursprung, seine ganz individuelle Art, beides auszudrücken.

Etwas, das ein Pariser für völlig verrückt halten würde, kann in der Karibik beispielsweise völlig normal sein. In zahlreichen Ländern sind visuelle oder auditive Halluzinationen Bestandteil der Kultur: Die Indianer hören die Toten sprechen, und etwa die Hälfte der Engländer »sehen« die Geister Verstorbener, die ihnen nahestanden. In Frankreich würde man solche »Anwandlungen« mit Neuroleptika behandeln. In Asien und Afrika äußern sich Depressionen vor allem in organischen Schmerzen, obgleich es sich unzweifelhaft um Depressionen handelt. In Mexiko vertreibt man die »bösen Geister«, indem man um die »besessene« Person herum ein bestimmtes Kraut verbrennt; das ist immer noch umweltfreundlicher als Antidepressiva.

Nach Jahrhunderten der Verwirrung, in denen sämtliche geistigen Erkrankungen weitgehend in einen Topf geworfen und als »Dementia praecox« oder »Melancholie« deklariert wurden, diagnostiziert man heute in den westlichen Ländern eine Depression anhand von neun der am häufigsten von den Patienten genannten und von den Ärzten festgestellten Symptomen. Sie wurden in einem Buch zusammengefaßt: dem DSM-IV, dem *Diagnostic and Statistic Manual* der *American Psychiatric Association* (Diagnostisch-statistisches Handbuch der Amerikanischen Psychiatrischen Gesellschaft). Auf der Grundlage der Beobachtungen und Erkenntnisse von Emil Kraepelin, dem großen deutschen Psychiater, der Anfang des 20. Jahrhunderts gelebt und die verschiedenen Pathologien nach Symptomen eingeteilt hat, brachten die Amerikaner 1952 die erste Ausgabe dieses Nachschlagewerks heraus; eine Neuauflage folgte 1980. Die vierte und letzte Ausgabe, DSM-IV, ist von 1994. Auch wenn das DSM-IV wegen seiner ausschließlich symptomatischen Erfassung der Krankheit viel kritisiert wird, hat es sich zur Bibel der Psychiater entwickelt. Aufgrund der dort aufgeführten Kriterien entscheiden sie, ob ein Patient diese oder jene Pharmako- oder Psychotherapie benötigt oder – im Fall selbstmörderischer Tendenzen – gar eine stationäre Behandlung.

Dem DSM-IV zufolge leidet eine Person an einer Depression, wenn sie über einen Zeitraum von mindestens zwei Wochen täglich mindestens fünf der im folgenden aufgeführten Symptome (davon die beiden ersten unbedingt) aufweist:
- Deprimiertheit fast den ganzen Tag über (bei Kindern und Jugendlichen eine sehr starke Gereiztheit);
- mangelndes Interesse oder Vergnügen an praktisch allen alltäglichen Aktivitäten;
- deutliche Steigerung oder Abnahme des Appetits;
- Schlaflosigkeit oder erhöhtes Schlafbedürfnis;
- Erschöpfung oder Energieverlust;
- ein Gefühl der Nutzlosigkeit oder exzessive Schuldgefühle;
- Unschlüssigkeit oder Schwierigkeiten beim Denken, Konzentrationsschwäche;
- wiederkehrende Suizidgedanken oder morbide Gedanken.

Manche dieser Symptome schränken unsere Denk- und Entscheidungsfähigkeit ein, und man hat reichlich Zeit, sein ganzes Leben zu ruinieren, ehe einem überhaupt bewußt wird, daß man krank ist. So vergraulte ich persönlich den Mann, den ich liebte, vermasselte meine berufliche Laufbahn und unternahm einen ersten Selbstmordversuch, bevor ich erkannte, daß ich medizinischer Hilfe bedurfte.

Meine Depression begann mit Schlafstörungen. Das war

schon immer meine Schwachstelle: Sorgen bringen mich um den Schlaf. Und in dieser Situation hatte ich allen Grund zur Sorge: Von der Hypo- und meiner Hausbank bedrängt, setzte ich alles daran, meine Artikel nach Zeitaufwand und Stunden bezahlt zu bekommen – vergeblich. Eine feste Anstellung fand ich auch nicht, und vor allem war ich für einen solchen Rhythmus nicht wirklich geeignet. Ich hatte zum ersten Mal in meinem Leben Schulden. Verzicht macht mir keine Angst; ich komme, seit ich 16 bin, selbst für meinen Lebensunterhalt auf, ich habe mich unmittelbar nach dem amerikanischen Krieg mit einem vietnamesischen Gehalt in Nordvietnam über Wasser gehalten – ich bin also durchaus in der Lage, auf Luxus zu verzichten. Aber der Großteil meines Erwachsenenlebens hatte sich im Ausland abgespielt oder am Rande jener Gesellschaft, mit der ich mich plötzlich konfrontiert sah, und für diese Auseinandersetzung war ich nicht gewappnet.

Und so verbrachte ich meine Nächte damit, Probleme zu wälzen, die schlagartig gigantische Ausmaße annahmen. Morgens war ich natürlich nicht ausgeruht, und alles erschien mir noch komplizierter als am Vortag. Von Natur aus Voluntaristin, gehörte ich der Kategorie von Menschen an, die glauben, wenn man es nur angeht und sich anstrengt, müsse man es zwangsläufig schaffen. Und da ich ein ziemlich sportlicher Typ bin, wollte ich meine Schlaflosigkeit mit Joggen kurieren – und steigerte mein tägliches Laufpensum von zehn auf zwanzig Kilometer. Das Erstaunliche daran ist, daß ich trotz der aufgestauten Müdigkeit tatsächlich dazu in der Lage war; ich lief fast jeden Tag. Meine Nerven waren gespannt wie Drahtseile, ich war furchtbar nervös. Es war, als befände ich mich in einer Art Rauschzustand. Abends war ich völlig ausgelaugt, fand aber trotzdem keinen Schlaf; mein Körper brach zusammen, aber mein Hirn arbeitete weiter auf Hochtouren.

Ich kenne jemanden, dem das Gleiche passiert ist. Seine Depression hat ebenfalls mit Schlafstörungen angefangen, mit dieser Eigentümlichkeit, daß er jede Nacht um drei wach wurde – die Zeit, um die Depressive aufwachen, die das Glück hatten, überhaupt einzuschlafen –, weil er träumte, er oder jemand, den er gern hatte, würde geköpft. Jede Nacht. Er hatte wirklich allen Grund zu verzweifeln. Dabei war sein Fall nichts Ungewöhnliches: Alpträume gehören dazu. Und es ist ein Teufelskreis, weil man aus Furcht vor neuen Alpträumen irgendwann Angst vor dem Einschlafen bekommt. Je weniger man schläft, desto müder ist man – ein weiteres Symptom einer Depression: Erschöpfung.

Ich schlief nicht mehr, war am Ende meiner Kräfte, hatte das Gefühl, keine Luft mehr zu kriegen, und doch erkannte ich darin keine ernsthafte Erkrankung – höchstens eine vorübergehende Störung –, jedenfalls nichts, weswegen ich einen Arzt aufsuchen sollte, der mir doch nur ein Schlafmittel verordnet hätte – und erst recht keinen Psychiater.

Es ist nicht so leicht, sich dazu durchzuringen, einen Psychiater zu konsultieren. Schon allein das Wort macht einem Angst. Das ist doch der, der Verrückte behandelt, oder? Man fühlt sich sofort in diese Schublade gedrängt. Und was werden die Nachbarn denken? Ich erinnere mich, daß ich die ersten Male wartete, bis niemand mehr im Treppenhaus war, bevor ich zur Praxis meines Psychiaters hinaufging. Dabei gibt es Länder, vor allem Südamerika, wo der Psychiater zum guten Ton gehört. Dort sagt man mit der gleichen Selbstverständlichkeit »Ich gehe zum Psychiater« wie »Ich gehe zum Friseur«. In Frankreich ist das anders.

Außerdem waren Schlafmittel für mich nichts Neues. Ich sah noch meine Großeltern vor mir, jeden Morgen ganz benebelt von einer Nacht auf Phénergan. »*In ihrem Alter ist das ja nicht schlimm*«, sagte ich mir, »*sie haben ja doch nichts Besseres zu tun.*« Aber auch später fiel mir nicht im Traum ein, meiner Schwiegermutter Vorhaltungen zu machen, wenn sie trotz der verheerenden Nebenwirkungen und hieraus resultierenden Beeinträchtigungen im Alltag Betablocker gegen zu hohen Blutdruck nahm. Ich wußte, daß sie ohne Medikamente in Lebensgefahr schwebte, was spielte es also für eine Rolle, daß sie kurzatmig war, ständig müde und so weiter. Keine Sekunde habe ich daran gedacht, daß ich selbst kränker sein könnte als sie und daß mich nicht behandeln zu lassen so gefährlich war wie ein Sprung aus dem fünften Stock.

Tatsächlich sterben mehr Menschen an akuter Depression als an kardiovaskulären Erkrankungen oder Krebs. Dem OMS (Organisation Mondiale de Santé = WHO, Weltgesundheitsorganisation) zufolge weisen nur Lungenentzündung und Diarrhöe eine höhere Sterblichkeitsrate auf. Es handelt sich also um eine ernste Erkrankung, und auch um eine alltägliche, da schätzungsweise etwa 100 Millionen Menschen an ihr leiden sollen. In Frankreich erkranken laut Erhebungen des INSERM zwischen 10 und 15 % der Bevölkerung irgendwann im Leben an einer akuten Depression, und von diesen Menschen setzen 10 bis 20 % ihrem Leben von eigener Hand ein Ende – das sind etwa 12 000 Tote jährlich, doppelt so viele wie noch vor 20 Jahren.

Darüber hinaus handelt es sich um eine hartnäckige Krankheit, die gerne wieder aufflackert; die Hälfte der Betroffenen erleiden innerhalb von zwei Jahren einen Rückfall – auch wenn dies häufig auf eine schlechte Therapierung zurückzuführen ist. Je mehr depressive Episoden man durchmacht, desto größer das Risiko, eine chronische Depression zu entwickeln – mit oder ohne neue Streßfaktoren. Manche Forscher behaupten, daß die Krankheit irgendwann Struktur und Biologie des Gehirns verändert. Nach jeder Attacke erhöht sich das Rückfallrisiko um schätzungsweise 10 %.

Nach und nach ist mir aufgefallen, daß mein Magen ständig wie zugeschnürt war. Ich sagte mir: »*Das sind nur die Nerven.*« Ich verlor an Gewicht. Anfangs störte mich das nicht, ganz im Gegenteil. Frauen freuen sich immer, wenn sie ein paar Kilo abnehmen; außerdem lief ich jetzt schneller, weil ich leichter war. Ich sah nicht, daß meine Züge immer mehr einfielen und mein Blick sich nach innen kehrte. Da der innere Druck immer größer wurde, bekam ich oft »Krisen«, wie meine Tochter es nannte. Schon Kleinigkeiten brachten mich auf die Palme.

Wenn ich an diese Zeit zurückdenke, fällt mir der Film *Mein Onkel aus Amerika* von Alain Resnais ein. Es handelt sich um eine Art Märchen, in dem Professor Henri Laborit (der französische Psychiater, der die Neuroleptika entwickelt hat) das menschliche Verhalten anhand von Versuchen an Labormäusen analysiert. Die denkwürdigste Szene ist die, in der eine Maus in einen Käfig gesetzt und wiederholten Elektroschocks ausgesetzt wird, ohne daß sie diesen entrinnen kann. Nach eine ersten Phase der Panik, während derer das Tier mit allen Mitteln versuchte, aus dem Käfig zu fliehen, hockte es sich schließlich reglos hin und ließ die Stromstöße reaktionslos über sich ergehen. Heute sehe ich mich noch wie diese Maus hektisch umherrennen, um den Elektroschocks zu entgehen. Und je verzweifelter die

Maus zu fliehen versuchte, desto mehr verausgabte sie sich und griff auf immer schädlichere Methoden zurück.

Ich habe es keinen Deut besser gemacht. Ich habe mich abgerackert wie eine Wahnsinnige, habe übermenschliche Anstrengungen unternommen, um jeden Tag von neuem Geld aufzutreiben, bis ich endlich eine Festanstellung fand, die alle meine Probleme mit einem Schlag lösen würde. Um die Raten für die beiden Kredite zahlen zu können, brauchte ich jedoch ein recht ansehnliches Gehalt – und ich fand keinen geeigneten Job. Die Depression beeinträchtigt das Urteilsvermögen und die Fähigkeit, Situationen richtig einzuschätzen, und läßt uns systematisch die falschen Entscheidungen treffen, was die unaufhaltsame Abwärtsspirale des Depressiven erklärt: Sein Leben verschlechtert sich mit jedem Tag, und er ist selber schuld! Ein anderes Symptom der Depression ist extreme Klarsichtigkeit; der Kranke ist sich des von ihm selbst ausgelösten Negativtrends bewußt, macht sich Selbstvorwürfe, geißelt sich (ein weiteres typisches Symptom) und verfällt prompt in noch tiefere Depressionen.

Rückblickend hatte ich die Lösung des Problems ständig vor Augen: Hätte ich die Unabwendbarkeit der Schulden akzeptiert, hätte ich meine Pariser Wohnung verkauft, das Geld angelegt und von den Zinsen die Raten für die andere Wohnung gezahlt, was es mir ermöglicht hätte, eine Festanstellung ohne überzogene Gehaltsvorstellungen anzunehmen. Statt dessen kam es, als Eduardo mich bat, ihm in die Provinz zu folgen, wo er endlich Arbeit gefunden hatte, zum Eklat.

Ich sah einfach nicht, daß es die Möglichkeit eines besseren Lebens mit einem regelmäßigen Einkommen für uns beide gab, einer Arbeitsstelle für ihn – und möglicherweise auch eine für mich. Ich redete mir ein, daß mein Exmann mir nicht erlauben würde, meine Tochter mitzunehmen. Und da ohne sie aus Paris wegzugehen für mich nicht in Frage kam, sagte ich mir, dieser Argentinier (der seine eigenen Kinder am anderen Ende der Welt zurückgelassen hatte, um mir zu folgen), sei ein richtiges Schwein, daß er so etwas von mir verlangte. Sollte er doch mit dem Zug fahren oder sich anderswo eine Arbeit suchen. Und überhaupt sollte ich ihn nicht so sehr lieben.

Genau da begann die eigentliche Phase der Selbstzerstörung. Ich konnte das Problem nicht lösen, aber ich konnte es aus meinem Leben streichen (immer die falsche Entscheidung). Kein Eduardo mehr, kein Problem mehr. Anfangs arbeitete er Teilzeit, und jedesmal wenn er mit dem Zug heimkam, fand ich irgendeinen Vorwand, um mit ihm zu streiten und ihn vor die Tür zu setzen. Inzwischen wohnte er immer öfter in dem Hotel unter der Wohnung. Nach einiger Zeit packte er seinen Koffer gar nicht mehr aus. Und auch hier war die Lösung greifbar: Ich hätte einfach nur die Zelte abzubrechen und meine Tochter mitzunehmen brauchen, die dann mit dem Zug die 200 Kilometer nach Paris zurückgelegt hätte, um ihren Vater zu besuchen – oder umgekehrt. Aber ich war einfach nicht in der Lage, diese Möglichkeit zu sehen.

Das ist die Falle der »Schwermut«, wie sie der Psychiater Daniel Widlöcher beschreibt:
»Auch in ihren schweren Erscheinungsformen beeinträchtigt sie das Urteilsvermögen nur oberflächlich. Sicher überschattet der Pessimismus jeden Gedanken, aber er beeinträchtigt nicht die Qualität der vernünftigen Überlegung. Letztere ist tendenziös, aber logisch und kohärent.«

Man ist einfach nicht auf der Hut.

Alles war zum unüberwindbaren Hindernis geworden, unmöglich, eben tragisch. Ich war überempfindlich; ich wagte nicht einmal mehr, mir die Nachrichten anzusehen, da ich bei negativen Meldungen in Tränen ausbrach – ebenso bei guten Neuigkeiten. Ich weinte in der Öffentlichkeit, mitten beim Abendessen bei Freunden, beim Bäcker, einfach so, grundlos. Ich wurde immer verwirrter, aggressiver und verbohrter. Eines Tages stellte ich vor den Augen der verdatterten Nachbarn Eduardos sämtliche Habe draußen auf den Treppenabsatz. Das war der Tropfen, der das Faß zum Überlaufen brachte. Ich war zu weit gegangen. Bis dahin hatte ich im tiefsten Inneren immer noch geglaubt, ihn zum Bleiben bewegen zu können. Diesmal war er mit seiner Geduld am Ende.

Er war von Natur aus sanftmütig, konnte sich jedoch verschließen wie eine Auster. Es war vorbei. Endgültig.

Dann kam der Tag des Umzugs. Eduardo arbeitete jetzt Vollzeit in X und hatte dort eine Wohnung gemietet. Seine achtjährige Tochter, die aus Argentinien angereist war, um den Winterurlaub bei ihrem Vater zu verbringen, hatte mich überredet, sie zu begleiten; ich glaube, sie hatte mich recht gern. Ich legte die Fahrt im Kleinbus zurück, den Kopf auf ihrem Schoß. Sie streichelte mir das Haar. Ich hatte sie auch gern, und trotzdem ist mir dieser Umzug als eine einzige Tortur in Erinnerung geblieben. Es schneite. Ich wurde von Angstzuständen gequält. Ich hatte ständig Bauchschmerzen. Ich war bereits stark abgemagert, und die Kälte durchdrang mich. Ich bekam keine Luft. Und zwischen Eduardo und mir war ein eiserner Vorhang.

Der amerikanische Schriftsteller Andrew Solomon, Opfer einer langanhaltenden und akuten Depression, hat sehr genau beschrieben, wie es mir damals ging:

»*Ich empfand ein körperliches Bedürfnis unerträglicher Dringlichkeit, das nichts zu lindern vermochte, so als würde ich mich ohne Unterlaß übergeben, hätte aber keinen Mund, es herauszulassen.*«

Ich übergab mich ständig innerlich.

Am nächsten Tag kehrte ich nach Paris zurück. Das war im Februar 1991. Daheim angekommen, fühlte ich, wie die Leere der Wohnung mich förmlich ansprang, und ich assoziierte sie sofort mit der Leere in meinem Leben. Ich hatte keine Arbeit, litt wie ein Tier, der Schuldenberg wurde immer größer, und ich hatte gerade durch meine eigene Schuld den Mann verloren, den ich liebte.

Zum erstenmal in meinem Leben fühlte ich mich schuldig. Obwohl ich überzeugte Atheistin bin, hat meine religiöse Erziehung ihre Spuren hinterlassen: Ich habe mein ganzes Leben lang mein Gewissen erforscht. Für mich ist das so selbstverständlich wie das morgendliche Zähneputzen. Ich erinnere mich an einen Streit mit Eduardo, im Verlauf dessen er mir meine moralische Kompromißlosigkeit – diesmal ihm selbst gegenüber – vorgeworfen hatte. »*Hast du dir denn gar nichts vorzuwerfen?*« hatte er mich verzweifelt angeschrien. Ich hatte in aller Aufrichtigkeit verneint. Aber dem war nun nicht mehr so, und ich quälte mich mit Selbstvorwürfen: Wie hatte ich ihn vor aller Augen hinauswerfen können, ihn, einen Ausländer, der für mich seine Kinder und sein Land verlassen hatte? Ich sah nicht mehr, daß er sich, besessen von seinen eigenen Schwierigkeiten, angesichts meiner Probleme nicht sehr solidarisch gezeigt. Ich sah nur noch meine Schuld. Meine ganze leidenschaftliche Liebe zu ihm kehrte schlagartig zurück, aber es war zu spät. Zu meinem Elend kam also noch eine ordentliche Ladung Liebeskummer hinzu – das hatte mir gerade noch gefehlt! Tatsächlich war damit die letzte Bastion gegen den Wahnsinn gefallen.

Von da an hat sich alles beschleunigt – zum Schlechten. Wäre ich irgendwo angestellt gewesen, hätte man mich entlassen. Daß ich noch ein bißchen Arbeit hatte, lag allein daran, daß ich diese von zu Hause aus erledigte. Das änderte allerdings nicht viel am Ergebnis: Ich lieferte zusammenhanglose Artikel und fehlerhafte Übersetzungen verspätet ab, was meine Auftraggeber nach und nach abschreckte. (Leider gibt es keine Statistiken über Depressive, die ihre Arbeit verlieren. Dabei bin ich in Krankenhäusern und auch anderswo vielen von ihnen begegnet.)

Der Rechnungsstapel in der Diele wurde immer größer, aber ich machte mir, wohl wissend, daß ich sie doch nicht würde bezahlen können, gar nicht mehr die Mühe, sie zu öffnen. Ich ging kaum noch ans Telefon, aus Angst, es könnte mein Banker sein, wodurch ich schließlich auch die wenigen Freunde verlor, die noch nicht aus meinem Leben verschwunden waren. Anfangs strengte ich mich noch richtig an, um wenigstens alle zwei Wochen, wenn ich meine Tochter bei mir hatte, noch halbwegs normal zu wirken. Aber die seltenen Male, die ich die Wohnung verließ, um einkaufen zu gehen, überquerte ich systematisch die Straße da, wo kein Zebrastreifen war und ohne nach rechts oder links zu schauen, in der Hoffnung, ein Autofahrer wäre so freundlich, mich zu überfahren. Später habe ich dann lange versucht, mich mit Aids zu infizieren. Ich dachte, ein natürlicher Tod wäre für meine Familie weniger traumatisierend – und weniger beschämend.

Ich war restlos pleite. Ironischerweise stand mir als Besitzerin zweier Wohnungen aber keine Sozialhilfe zu. Und da ich in Frankreich nie eine feste Anstellung gehabt hatte, bekam ich auch kein Arbeitslosengeld. Im übrigen war ich einfach nicht in der Lage, Schritte zu unternehmen, um zu Geld zu kommen; ich hätte Verschiedenes verkaufen können, Bücher, was weiß ich! Manchmal beging ich Ladendiebstahl, übrigens ohne dabei besonders vorsichtig zu sein. Einmal wurde ich erwischt. Ich war fast erleichtert; ich dachte, man würde mich verhaften, ich käme in Gewahrsam und wäre damit meine Sorgen los. Aber nein. Der Ladendetektiv forderte mich auf, den Artikel zu bezahlen. Als ich sagte, ich hätte kein Geld, sah er mich zweifelnd an und bot mir an, ihm statt dessen einen vordatierten Scheck auszustellen. Ich ergab mich in mein Schicksal. Offenbar entsprach ich nicht dem typischen Profil einer Delinquentin.

Ich aß fast nichts mehr. Ich hatte nie Hunger; Beklemmungen schnürten mir den Magen zu. Ich war derart abgemagert, daß ich harte Stühle mied, weil ich von denen Blutergüsse am Steißbein bekam. Dabei nahm ich mich selbst nicht mehr wahr. Ich hatte den körperlichen Kontakt zu mir selbst verloren.

Ich war zu Hause, allein, inmitten der Trümmer meines Lebens, erdrückt von einem Schmerz, der immer schlimmer wurde. Ich weiß nicht mehr, wie viele Tage ich durchgehalten habe. Mir ist nur die Erinnerung an eine schreckliche Krise der Angst und Beklemmung geblieben, die mir schier endlos erschien. Es war einfach unerträglich.

Bis dahin hatte ich so gut es eben ging gegen die Attakken, die mich überall ganz plötzlich befielen, angekämpft. Ich wußte, daß sie wieder vorbeigehen würden. Wir haben alle schon einmal an dem einen oder anderen Tag einen Kloß im Hals, kalte Schweißausbrüche, einen trockenen Mund und Herzrasen. Ich hatte mich sogar gegen die Panikattacken gewehrt, die mir irgendwo, mitten auf der Straße oder in einem Geschäft, den Atem raubten, so daß ich keinen Schritt mehr vor oder zurück tun konnte, überzeugt davon, daß sich eine Katastrophe ereignen würde, hier, sofort. Ich glaubte fest daran, daß ich auf der Stelle sterben würde, ich oder jemand, den ich liebte. Aber diesmal war es anders. Egal, wieviel Lexomil ich schluckte, die Krisen reihten sich ohne Atempause aneinander. Ich krümmte mich buchstäblich vor Schmerzen, wälzte mich manchmal sogar schreiend auf dem Boden. Ich ging so gut wie nicht mehr ans Telefon, ging nicht mehr aus dem Haus, aß nicht mehr, war nur noch auf dieses Etwas konzentriert, das mich innerlich auffraß. Und ich war immer wieder verblüfft, daß es sich noch steigern, noch schlimmer werden konnte. Nein, das war doch nicht möglich, es konnte nicht noch schlimmer werden. Und schließlich war es soweit, daß mir der Tod als einziger Ausweg erschien.

Die Leute verstehen nicht, daß man körperliche Schmerzen haben kann, obwohl man organisch völlig gesund ist. Sie können sich so etwas einfach nicht vorstellen.

Bevor ich damit anfing, dieses Buch zu schreiben, mußte ich mich davon überzeugen, daß ich nicht allein war, daß ich nicht übertrieb, daß ich nicht verrückt war. Zunächst recherchierte ich in der Literatur, später befragte ich Kranke. Sämtliche Berichte stimmten überein.

Jim Ballenger, amerikanischer Angstspezialist, meint: *»Ein paar Panikattacken an einem Tag hätten auch Hannibal geschafft.«*

Martha Manning, eine amerikanische Psychotherapeutin, selbst Opfer einer schweren Depression, hat geschrieben:

»Jeder Zentimeter meines Körpers tut mir weh; ich kann einfach nicht fassen, daß ein Mensch solchen Schmerz empfinden und trotzdem weiteratmen kann. Jede Flucht ist illusorisch – Ablenkungen, Schlaf, Medikamente, Ärzte, Antworten, Hoffnung!«

Gérard Tixier, Notdienstpsychiater (Mitglied der Vereinigung Urgences Psychiatrie, dem ärztlichen Notdienst für Depressionspatienten), den ich gebeten hatte, mir einen Patienten vorzustellen, der seinen Schmerz in Worte zu fassen vermochte, gab mir Maries Telefonnummer. Sie stammte aus dem Süden und war erst seit kurzem in Paris. An jenem Abend, an dem die Beklemmungen so schlimm geworden waren, daß sie ihn angerufen hatte, war sie ganz allein in ihrem kleinen Apartment – und in ihrem Leben. Er hatte ihr fast zwei Stunden zugehört, sie beruhigt, war einfach für sie dagewesen. *»Sie werden sehen, sie versteht es, sehr anschaulich darüber zu sprechen«*, hatte er mir nur gesagt. Er sollte recht behalten.

Marie hat 40 Jahre an einer Depression gelitten, von der wir zu einem späteren Zeitpunkt sprechen werden. Sie erzählt: *»Ich war in einer durchsichtigen Blase gefangen, durch deren Hülle ich die Welt um mich herum sehen konnte. Ich sah die anderen, Menschen, die kamen, gingen, lachten, begehrten, litten, aber obgleich sie litten, spürte* *ich, daß sie im Leben standen. Bei mir war das anders; ich saß in meiner Blase fest, von allem abgeschnitten, gefangen in absoluter, furchterregender, grenzenloser Einsamkeit. Im Inneren dieser Blase herrschte eine schwarze, eisige, klebrige Atmosphäre, begleitet von diesem schrecklichen Gefühl, einer ›kosmischen‹ Einsamkeit, und diese Bezeichnung ist nicht übertrieben. Manchmal hatte ich das Gefühl, ganz allein im Universum zu sein, umgeben von Leere, Kälte ... dem Nichts. Welch grauenhafte Vorstellung! Dieses Gefühl überkam mich ohne Vorwarnung. Es konnte sein, daß ich aufwachte und mich einigermaßen gut fühlte, außerhalb der Blase, sogar von der Lust erfüllt, etwas zu unternehmen, und dann, ganz plötzlich, ohne ersichtlichen Grund, kam es wieder über mich. Aber es war noch mehr als das, man kann es kaum beschreiben, weil zu diesen rein psychischen Empfindungen greifbare körperliche Schmerzen hinzukamen. In der Mitte des Solarplexus. Es war ein Gefühl, als würde irgendein tausendfüßiges Tier an meinen Eingeweiden nagen, langsam aber unaufhörlich, ein Tier, das aus meinem Inneren zu entfernen ich alles gegeben hätte.*

Die Krönung war es, wenn die Blase und dieses Tier sich zusammentaten. Dann wollte ich mich umbringen, weil mir das die einzige Möglichkeit zu sein schien, dem Leiden zu entkommen.«

Es gibt nur sehr wenige Krankheiten, die so schmerzhaft sind wie eine Depression. Der englische Biologe Lewis Wolpert, dessen Ehefrau einige Jahre, nachdem sie ihm aus seiner Depression herausgeholfen hatte, an Krebs starb, sprach es ganz unverblümt aus: »*Es war noch schlimmer, als mit anzusehen, wie meine Frau am Krebs starb.*«

Ich bin nach London gereist, um ihn zu treffen. Mit seinem vollen, widerspenstigen, weißen Haar, seinem Rollkragenpullover und seinem lässigen Auftreten erinnert Wolpert an einen gealterten Jugendlichen (er ist über 70). Er wohnt mit seiner Familie in einem kleinen Häuschen, das ihm ähnelt, behaglich, ein wenig chaotisch und sehr sympathisch. In der Diele mußte ich über die Fahrräder hinwegsteigen, um zur Treppe zu gelangen, aber kaum daß ich im Wohnzimmer auf dem Sofa saß, bot seine – zweite – Frau mir auch schon ein Glas Wein an. Wir tauschten unsere Erfahrungen mit der Krankheit aus und waren, trotz sprachlicher Schwierigkeiten, sofort auf einer Wellenlänge. *»Ich dachte nur noch daran, mich zu töten, von morgens bis abends; es hat nichts mit dem zu tun, was man sonst aus dem Leben kennt. Niemand kann das verstehen. Ein Psychiater, der noch nie eine Depression hatte, ist wie ein Zahnarzt, der noch nie Zahnschmerzen hatte. Ich dachte, ich würde den Verstand verlieren. Es war die schlimmste Erfahrung meines Lebens. Es war furchtbar; ich konnte nicht mehr arbeiten, nicht mehr radfahren, nicht joggen, nicht Tennis spielen. Ich verbrannte innerlich und zitterte derart, daß ich schon dachte, ich wäre an Parkinson erkrankt!«*

Seine Frau, ausgeschlossen aus diesen Veteranen-Erinnerungen, verschwand in der Küche, um das Abendessen zuzubereiten. Ich hörte sie am Telefon halb ironisch, halb verzweifelt sagen: *»Sie tauschen ihre Medikamentenlisten aus ...«* Sie hatte nicht ganz unrecht. Ich bin immer wieder verblüfft, in welchem Maße depressive Menschen sich zu einer Art Sekte zusammenschließen – die »anderen« können das nicht verstehen. Während ich Wolpert zuhörte, ging mir durch den Kopf, daß es ebensogut meine eigenen

Worte sein könnten. Gegen Ende unserer Unterhaltung fragte ich ihn, wie lange er krank gewesen wäre. »*Zweieinhalb Monate*«, antwortete er. Im ersten Moment dachte ich, er wolle mich auf den Arm nehmen, aber dann begriff ich sehr schnell, daß er es ernst meinte. Wir sprachen tatsächlich von derselben Sache. Egal, wie lange sie dauert, wenn sie entsprechend schwer ist, ist eine Depression eine derart traumatisierende Erfahrung, daß die Zeit jede Bedeutung verliert.

Und überhaupt, was treibt denn depressive Menschen in den Selbstmord, wenn nicht der Schmerz? Egal ob dieser psychischer oder physischer Natur ist. Wolpert, der außerdem bereits einen Herzinfarkt hatte, sagte: »*Es ist ein physischer Schmerz, der erstaunliche Ähnlichkeit mit Herzschmerzen oder Nierenkoliken hat*«, und fügte hinzu, wenn er die Wahl hätte, würde er Nierenkoliken vorziehen.

Depressive Menschen bringen sich also nicht um, weil sie sterben wollen, sondern weil sie den Schmerz nicht mehr ertragen. Der Suizid ist außerdem Ausdruck des Versagens der Medizin, der es nicht gelungen ist zu lindern. Während meiner Krisen träumte ich davon, es gäbe eine betäubende Wunderpille ...

Ich frage mich heute noch, ob der Schmerz Ursache der Krankheit ist, aus ihr resultiert oder die Krankheit selbst ist. Neulinge versuchen, darüber zu sprechen, hoffen, die Hölle, die sie durchleben, vermitteln zu können. Man hört sie klagen: »Ich kann nicht mehr«, »Es tut einfach zu weh«, »Es muß ein Ende haben«, worauf in den meisten Fällen erwidert wird: »Reiß dich zusammen«, »Tu etwas!« Aber das ist genau das, was der Kranke nicht kann und was seine Depression verursacht.

In den psychiatrischen Krankenhäusern ist das Bild ein

völlig anderes. Die Patienten dort sind oft alkoholkrank und reden schon lange nicht mehr. Wohl wissend, was die anderen Kranken fühlen, fragen sie gar nicht erst danach. Im übrigen sind sie viel zu sehr mit ihrem eigenen Schmerz beschäftigt, um sich noch für andere Dinge zu interessieren. Wenn das Pflegepersonal fragt, wie es ihnen geht, antworten sie nur: »Gut« oder »Schlecht«, was soviel heißt wie: »Es ist erträglich« oder »Es ist unerträglich.«

Eine Bekannte von mir, eine sehr erfolgreiche Karrierefrau und mehrfache Mutter, die, nachdem sie ihre dritte Krebserkrankung überstanden hatte, infolge eines Selbstmordversuchs in der Psychiatrie gelandet war, vertraute mir an: »*Ich dachte, Krebs wäre die schlimmste aller Krankheiten, aber da kannte ich diese noch nicht. Eine Krebstherapie ist hart, aber man kann das Unwohlsein behandeln, und man weiß, daß es bald vorbei ist. Aber jetzt habe ich das Gefühl, ein Niemand zu sein. Ich verachte mich, schäme mich, habe Schmerzen, und kein Medikament hilft. Und das Schlimmste ist, daß kein Ende abzusehen ist.*«

Denn die Depression wirkt sich auf das Zeitempfinden aus. Wie Andrew Solomon es sehr treffend formuliert:

»*Man kann sich weder genau daran erinnern, wie es vorher war, noch sich vorstellen, daß man sich eines Tages wieder besser fühlen wird. Krank sein, auch wenn man sehr krank ist, ist eine vorübergehende Erfahrung, während die Depression keine Zeit kennt. Man verliert sich selbst.*«

Sie leiden wie Kinder, die noch nicht lange genug auf der Welt sind, um zu wissen, daß ihr Schmerz vermutlich irgendwann ein Ende haben wird, und glauben, sie müßten ihn bis ans Ende ihrer Tage ertragen.

Wie Leute, die sich schwer tun, den mit einer Depression einhergehenden Schmerz zu begreifen, stellen sie sich fälschlicherweise vor, depressive Menschen würden einfach an extremer Traurigkeit leiden. Natürlich liegt darin ein Körnchen Wahrheit. Aber auch wenn Trauer ein Symptom der Depression ist, kann man traurig sein, ohne gleich deprimiert zu sein, und deprimiert, ohne traurig zu sein, wenngleich letzteres seltener vorkommt.

Trauer ist eine normale Emotion, so wie es beispielsweise völlig normal ist, unter dem Verlust eines geliebten Menschen zu leiden. Trauer wird erst dann krankhaft, wenn die Verzweiflung über einen gewissen Zeitraum hinweg andauert. Heute neigt man dazu, alles zu »medizinisieren«, sogar Gefühle. Manche Allgemeinmediziner behandeln Trauer generell mit Prozac, so wie man vor 20 Jahren Kindern mit Schlafstörungen Théralène gab oder hyperaktiven Kindern in den USA heute Amphetamine verabreicht.

Der Psychiater Alain Gérard empfiehlt, man müsse lernen, zwischen »normal« und »krankhaft« zu unterscheiden. Traurigkeit wird nur dann zur Krankheit, wenn nicht einmal eine frohe Nachricht sie zu mindern vermag.

Herr X. nimmt die Nachricht der Krebserkrankung seiner Frau so schlecht auf, daß diese, als sie sieht, daß er mit jedem Tag schwermütiger wird, auf ihn einredet und versucht, ihn dazu zu überreden, einen Psychiater aufzusuchen – ohne Erfolg. Es hat tatsächlich den Anschein, als litte er mehr als sie unter der Neuigkeit. Einige Monate später, als sich herausstellt, daß der Tumor gutartig ist, ist seine Trauer schlagartig verflogen. Wäre er wirklich depressiv gewesen, wäre die Niedergeschlagenheit geblieben.

»Der Zustand, der durch den Verlust eines geliebten Menschen entsteht, wird nicht nur von Trauer begleitet, sondern auch von einer tiefen Niedergeschlagenheit und einem generellen Desinteresse. Wir nehmen den schmerzhaften Schlag hin, ohne dagegen anzukämpfen. Aber nach einigen Tagen oder Monaten fordert das Leben sein Recht ein, und die gewohnten Anreize, die unter normalen Bedingungen eine Quelle der Freude oder des Unwillens sind, stacheln wieder zur Aktivität an (...) Eine Depression geht nicht mit der Trauer einher«, behauptet Daniel Widlöcher, *»sie tritt auf, wenn die schmerzliche Erfahrung den Antrieb zu handeln untergräbt. Im übrigen gibt es sehr großen seelischen Schmerz, der nichts mit Depression zu tun hat.«*

4. KAPITEL

DER ABSTURZ

Es ist mir sehr schwergefallen, die Geschichte meiner letzten Depression zu rekonstruieren, die Chronologie – und sogar die Zahl! – meiner fünf Selbstmorde. Für mich waren diese zwei Jahre wie ungeformtes Magma. Ich weiß nicht, ob es an den Medikamenten lag, die ich bei meinen Suizidversuchen schluckte, an denen, die ich täglich einnahm, um ebendieses abzuwenden, oder ob es nur ein Selbstschutzreflex war – vielleicht auch alle drei Faktoren zusammen –, der mich hatte vergessen lassen. Jedenfalls mußte ich mein Umfeld bitten, mir auf die Sprünge zu helfen. Dabei stellte ich fest, daß ich nicht die einzige war, die in dieser Sackgasse gelandet war. Ich mußte sehr komplizierte Schritte unternehmen, um die Daten, Orte und Ereignisse in Erfahrung zu bringen, Krankenhäuser mußten ihre Archive durchforsten. Ich versuchte es sogar bei der Polizeiwache meines Viertels – ergebnislos.

Was aus diesem »Magma« hervorgegangen ist, ist meine zwanghafte Besessenheit, meinem Leben ein Ende zu machen, gepaart mit einer seltsamen Losgelöstheit meines Gehirns hinsichtlich der Methoden zur Erreichung dieses Ziels. Ich habe im nachhinein erfahren, daß diese Klarsichtigkeit Teil der Krankheit ist. Seither denke ich oft darüber nach, weil mir nämlich dieser Charakterzug geblieben ist, den ich, wie ich im übrigen glaube, schon immer besaß. Er stellt in meinen Augen eine Verwundbarkeit dar. Ich muß immer wieder daran denken, daß, wenn man die Dinge und Menschen – sich selbst eingeschlossen – so sieht, wie sie wirklich sind, das Ergebnis einfach deprimierend ist.

Man macht sich keine Vorstellung davon, wie schwer es ist, sich zu töten, erst recht, wenn man sich dazu Gewalt antun, sich schneiden oder sonstwie verletzen muß. Es tut weh. Der ganze Körper wehrt sich – das ist der Selbsterhaltungstrieb. Es ist stark, und man muß dagegen ankämpfen. Es ist wie eine eiserne Faust, die einen zurückhält und foltert. Man kommt sich vor lauter Widersprüchen vor wie ein Kriegsschauplatz; man fühlt sich gegen seinen Willen benutzt von diesem Ding im Inneren – dem Tier –, das man austreiben muß. Man braucht schon eine gehörige Portion Mut, um sich umzubringen, und diejenigen, die behaupten, es wäre ein Akt der Feigheit, sollten es doch einmal versuchen. Wir unterhalten uns dann hinterher weiter.

Anfangs versucht man das, was am wenigsten weh tut und am wenigsten Angst macht – wobei natürlich alles relativ ist. Männer sind weniger zimperlich, sie stürzen sich aus dem Fenster, jagen sich eine Kugel in den Kopf, machen Harakiri (ich habe tatsächlich jemanden gekannt, der sich auf diese Art das Leben genommen hat) oder erhängen sich auf dem Speicher. Manche überleben ihre Tat gelähmt, erblindet oder von Narben entstellt. Angeblich liegt es am Testosteron. Das würde erklären, warum Frauen öfter scheitern als Männer, obwohl sie es statistisch gesehen öfter versuchen. Den Daten des INSERM zufolge (auf Grundlage der erfaßten 12 000 erfolgreichen Selbstmordversuche – viele werden aus religiösen, moralischen oder finanziellen Gründen als Unfälle getarnt), unternehmen Frauen dreimal so viele Selbstmordversuche wie Männer, wobei die »Erfolgsquote« beim männlichen Geschlecht doppelt so hoch ist. Um die 30 herum ist Selbstmord bei Männern übrigens die häufigste Todesursache. In den Vereinigten Staaten, wo Feuerwaffen frei verkäuflich sind, bringen sich fünfmal so viele Männer wie Frauen um. Französischen Studien zufolge sind die Selbstmordarten der Frauen und Männer folgende:

	Frauen	Männer
Erhängen	41 %	28 %
Waffen	30 %	8 %
Gift	10 %	25 %
Ertrinken	7 %	20 %
Andere	12 %	19 %

Bei einer Frau, deren Selbstmord mit Medikamenten scheitert, wird immer geargwöhnt, daß sie es nicht ernst gemeint hat. Gewalt gegen sich selbst nötigt Respekt ab. Natürlich ist das Risiko zu scheitern, geringer, wenn man sich vom Eiffelturm stürzt, als wenn man zwei Röhrchen Schlaftabletten schluckt. Und wenn man nur einen Hilferuf aussenden will – was durchaus vorkommt – vermeidet man Harakiri. Und doch kann ich Ihnen versichern, daß anhand der Wahl der Mittel keine ausreichende Aussage über die Ernsthaftigkeit der Selbstmordabsicht möglich ist. Und ich garantiere Ihnen, meine (wenn ich die beiden in meiner Jugend hinzuzähle) sieben Suizide waren allesamt ernst gemeint, ganz egal, mit welcher Methode ich es versucht habe. Darum benutze ich auch eigentlich sehr ungern den Begriff »Selbstmordversuch«.

Ich habe stundenlang über die beste Methode nachgegrübelt, meinem Leben ein Ende zu machen. Tatsächlich kommt es mir vor, als hätte ich an nichts anderes gedacht. Meine Gedanken kreisen nur um technische Einzelheiten. Die ersten Male ist es, als würde man den Kopf gegen eine Wand schlagen. Man denkt nicht nach – man schluckt einfach, was einem in die Hände fällt. Nach mehreren Mißerfolgen geht man die Sache systematischer an. Die Problematik ist folgende: Man möchte seinem Leben auf möglichst schmerzfreie Art und ohne sich zu entstellen ein Ende machen. Aber man erkennt sehr bald, daß es keinen hundertprozentig sicheren Selbstmord gibt und die sichersten Methoden gleichzeitig auch die riskantesten sind. Hinzu kommt, daß man gegen den Überlebensinstinkt ankämpfen muß, daß der Schmerz ein Gefühl der Dringlichkeit auslöst, daß man aufgrund der eingenommenen Tabletten nicht in intellektueller Bestform ist und daß der von der Krankheit hervorgerufenen Verzweiflung Skrupel gegenüberstehen, Menschen zurückzulassen, die man liebt und die manchmal von einem abhängig sind.

Ich saß in meiner Blase fest, aufgefressen von diesem monströsen Etwas in mir drin, das meine ganze Präsenz ausfüllte und mich von der Welt abschnitt, was sogar so weit ging, daß ich manchmal nicht einmal mehr meine Tochter wahrnahm. Weder sie noch sonst irgend jemanden. Und dabei quälte mich der Gedanke, sie im Stich zu lassen. Ich wollte sterben, sie aber nicht verlassen; die Furcht, ihr Leid zuzufügen, war zu groß. Sie war seit fast zehn Jahren das Wichtigste in meinem Leben. Für mich hatte von Anfang an festgestanden, daß ich keine weiteren Kinder bekommen würde. Wie hätte ich zwei Kinder mit der gleichen Intensität lieben können wie dieses eine? Ich hatte panische Angst, sie zu verlieren. Als sie noch klein war, hatte ich oft geträumt, ich hätte sie auf dem Bahnsteig irgendeines Bahnhofs vergessen, um schweißgebadet aus diesem Alptraum aufzuwachen.

Die amerikanische Psychologin Martha Manning sah sich mit dem gleichen Dilemma konfrontiert:

»Ich weiß, daß ich in der Falle sitze. Ich kann mein Kind nicht im Stich lassen. Besser eine schlechte Mutter als eine tote Mutter. Trotzdem kann ich einfach nicht aufhören, daran zu denken (...) Ich will sterben. Ich glaube einfach nicht, daß man sich so fühlen kann. Aber es ist das intensivste Gefühl, das ich bis heute empfunden habe, stärker als die Hoffnung, als der Glaube und sogar die Liebe. (...) Es ist nicht so, daß ich sterben will, ich will nur nicht so weiterleben. Ich will nicht sterben, weil ich mich nicht leiden kann. Ich will sterben, weil ich mich so gern habe, daß ich mir dieses Leid nicht länger antun will.«

Ich für meinen Teil hatte aufgehört zu denken; der Damm war gebrochen. Das war eine brutale, zwanghafte, alles andere überlagernde Tatsache. Ich hegte immer noch die Illusion, es mir leicht machen zu können, und so legte ich mir die Medikamentendosis zurecht, die mir ewigen Frieden schenken sollte. Ich schluckte sie. Und die Erleichterung folgte fast sofort. Ich spürte, wie ich fortglitt, fühlte mich ganz leicht, schwindlig.

Vermutlich war es eben diese Erleichterung, die es meiner zweiten Hälfte erlaubte, die Oberhand zu gewinnen. Ich griff zum Telefon auf dem Nachttisch und rief mit belegter Stimme meinen Exmann zur Hilfe.

Er hat mir später erzählt, was dann geschah. Eigentlich

war alles ganz banal. Er hatte den Schlüsselbund meiner Tochter, aber ich hatte die Sicherheitskette vorgelegt. Panik, Polizei, Feuerwehr, das Aufbrechen der Tür, Trage, Krankenwagen, Notaufnahme des Krankenhauses Saint-Antoine, das Warten (für ihn schlimmer als für mich, da ich ja benebelt war), Magenauspumpen (angeblich macht man das heute nicht mehr; statt dessen wird Kohle verabreicht, die die toxischen Stoffe aufsaugt – das ist wohl weniger unangenehm), kurzer Besuch beim diensthabenden Psychiater, dem zuzuhören ich noch viel zu benommen war, und schon war ich wieder draußen, ohne jede Behandlung oder Überweisung in der Tasche.

Hinterher verbrachte ich mehrere Tage und Nächte bei meinem Exmann, unfähig zu essen, mich zu rühren oder zu schlafen, im Dunkeln auf dem Bett zusammengerollt, zerrissen von Schmerzen und von Weinkrämpfen geschüttelt. Ich hätte mich nicht elender fühlen können, wenn ich lebendig in einem eisigen, feuchten Grab gelegen hätte. Es war, als wäre alles nur noch einen Grad schlimmer geworden. Mir war keine Atempause vergönnt. Ich flehte ihn an, mich zu töten. Ich hatte ihm irgendwann einmal das Versprechen abgenommen, daß er das Notwendige tun würde, falls ich Opfer eines Unfalls wurde oder eine Krankheit bekam, die unerträglich schmerzhaft war oder mich zum sinnlosen Dahinvegetieren verdammte. Jetzt war der Augenblick gekommen.

Nach einer Woche hatten die Schmerzen noch keinen Deut nachgelassen. Am Ende meiner Kräfte, bat ich ihn, mich zurück ins Krankenhaus zu bringen. Diesmal war ich es, die den Psychiater der Notaufnahme anflehte, mich an einen Kollegen zu überweisen.

Das Zusichkommen nach einem gescheiterten Selbstmordversuch ist wohl das wohl Erbärmlichste, was ich je erlebt habe. Nicht nur wegen des Gefühls des Versagens (man hat wieder etwas in seinem Leben versaut, etwas Wichtiges, hinzu kommen das schlechte Gewissen und die Vorwürfe der Umwelt), sondern auch, weil der Schmerz sich verdoppelt, als wolle er uns dieses Versagen büßen lassen. Es ist also nicht verwunderlich, daß viele es erneut versuchen, kaum daß sie wieder zu Hause sind.

Das war bei mir nicht anders. Schon wenige Monate später startete ich einen weiteren Versuch. Gleiches Szenario, gleiches Ergebnis. Nur daß ich diesmal in einem Krankenhauszimmer aufwache. Als ich die Augen aufschlug, standen meine Mutter und mein Ex-Mann am Fußende meines Bettes. Ich war noch nicht ganz wieder bei Sinnen, da eröffnete er mir, er hätte beschlossen, für zwei Jahre nach Afrika zu gehen. Unsere Tochter würde er mitnehmen, da ich ja ganz offensichtlich nicht in der Lage sei, mich um sie zu kümmern.

Zuerst glaubte ich, ihn irgendwie mißverstanden zu haben. Oder war es einer dieser Alpträume, die einen heimsuchen, wenn man noch nicht ganz wach ist? Als mir aufging, daß er es ernst meinte, schloß ich – überzeugt, angesichts des Abgrunds, der sich in meinem Inneren aufgetan hatte, in dem schwarzen Loch verschwinden zu können, wenn ich mich nur darauf konzentrierte – lange die Augen. Es hat nicht funktioniert.

Ungläubig wandte ich mich an die Menschen um mich herum; ich konnte einfach nicht begreifen, daß niemand etwas unternahm, um ihn von seinem Vorhaben abzubringen. »*Natürlich*«, antworteten sie sinngemäß, »*war das nicht der richtige Zeitpunkt, dir die Neuigkeit zu eröffnen, aber denk an deine Tochter.*« Wie sehr ich mich jedoch bemühte, mich selbst davon zu überzeugen, daß sie recht hatten, ich wußte, daß es mich umbringen würde. Ich versuchte vage zu argumentieren, meine Tochter könnte doch bei ihrem Vater in Paris bleiben, und ich würde sie dort ab und an besuchen, sobald ich mich erst besser fühlte. Das entscheidende Argument fiel wie ein Fallbeil: Da ich nicht in der Lage war, die Raten für die Wohnung in den Bergen zu bezahlen, würde mein Exmann diese übernehmen (vertraglich abgesichert, er war ja ein vorsichtiger Mann). Dazu mußte er aber sein Einkommen verbessern, und das wiederum ermöglichte ihm der Job im Ausland, zumal er sich in Anbetracht meiner Unfähigkeit, für meinen Lebensunterhalt aufzukommen, ganz allein um unsere Tochter würde kümmern müssen. Punktum. Seine Argumentation war einwandfrei, und er war es ebenfalls. Was ich auch sagte oder tat, kehrte sich gegen mich. Ich war die schlechte Mutter, die es nicht schaffte, ihren Verpflichtungen nachzukommen. Und dessen war ich mir wohl bewußt. Mir kam es vor, als würde jeder so denken. Ich gab meine Einwilligung für ihre Abreise, und als ich meinen Namen unter das Schriftstück setzte, schien es mir, als würde ich mein eigenes Todesurteil unterzeichnen.

Lange Zeit dachte ich, so etwas würde nur mir passieren. Warum gelang es den anderen, sich umzubringen, und mir nicht? Ich kam mir so lächerlich vor wie diese weibliche Figur in dem Film *Delicatessen*, die es nicht müde wird, tausendundeine Möglichkeit zu ersinnen, ihrem Leben ein Ende zu setzen, ohne daß es ihr je gelingt. Das Publikum hat sich köstlich über sie amüsiert.

Die große amerikanische Dichterin Sylvia Plath – die sich schließlich das Leben nahm und zwei kleine Kinder zurückließ – erzählt in einem ihrer Bücher von ihrer ersten

Depression im Alter von 19 Jahren. Als ich ihren Bericht las, sagte ich mir, daß wir wenigstens zwei wären:

»*Ich hatte seit 21 Nächten nicht geschlafen (...)*
An diesem Morgen hatte ich einen Anfang gemacht.
Ich hatte mich im Badezimmer eingeschlossen, hatte warmes Wasser in die Wanne laufen lassen und eine Rasierklinge herausgenommen.
Auf die Frage, wie er sterben wolle, hat mal irgendein alter römischer Philosoph geantwortet, er würde sich in einem warmen Bad die Adern öffnen. Ich dachte, es würde einfach sein – in der Wanne liegen und zusehen, wie die Röte aus meinen Handgelenken aufblüht (...)
Aber als es so weit war, sah die Haut an meinem Handgelenk so weiß und wehrlos aus, daß ich es nicht fertigbrachte (...)
Ich trat vor das Arzneischränkchen. Wenn ich in den Spiegel sah, während ich es tat, würde es so sein, als sähe ich jemand anderem zu, wie in einem Buch oder einem Theaterstück.
Aber die Person im Spiegel war gelähmt und zu dumm, irgend etwas zu tun.«

Verzweifelt suchte Sylvia Plath weiter nach einer Lösung. Sie befragte ihre Freunde. Einer von ihnen meinte, er würde sich »das Hirn wegpusten« – und das gibt ihr zu denken.

»*Ich war enttäuscht. Einem Mann sah das ähnlich, eine Schußwaffe zu nehmen. Aber wie sollte ich je eine Schußwaffe in die Finger bekommen? Und selbst wenn – ich hatte keine Ahnung, auf welchen Teil von mir ich schießen sollte.*«

Ich selbst habe lange gezögert, Waffen zu benutzen (wenn ich so sagen kann). Als ich klein war, war ein Nachbar erblindet, nachdem er sich eine Kugel in die Schläfe gejagt hatte. Diese Erinnerung hatte mich lange davon abgehalten, es auf diese Art zu versuchen, aber nach so vielen Mißerfolgen begann ich, diese Möglichkeit ernsthaft in Erwägung zu ziehen. Schließlich suchte ich in der Nähe des Place de la République ein Waffengeschäft auf, um eine Waffe zu kaufen. »*Welcher Typ?*« fragte der Verkäufer spöttisch. Ich verließ fluchtartig den Laden.

»*Ich dachte, Ertrinken müsse die angenehmste Art zu sterben sein und Verbrennen die schlimmste*«, fährt Sylvia Plath fort. »*Ich konnte nur eines tun: mich gleich hier ertränken.*

Also hielt ich an.

Ich legte die Hände vor meine Brust, zog den Kopf ein und tauchte, indem ich mit den Händen das Wasser zur Seite schaufelte. Das Wasser drückte mir auf die Trommelfelle und das Herz. Ich wühlte mich nach unten, aber bevor ich wußte, wie mir geschah, hatte mich das Wasser wieder in die Sonne gespuckt (...) Ich tauchte und tauchte noch einmal, aber jedesmal schoß ich wie ein Korken nach oben. (...) An diesem Morgen hatte ich versucht, mich zu erhängen.

Sobald meine Mutter zur Arbeit gefahren war, hatte ich den Seidengürtel ihres gelben Bademantels genommen und im bernsteinfarbenen Halbdunkel des Schlafzimmers eine Schlinge geknotet (...) Dann machte ich mich auf die Suche nach einer Stelle, wo ich den Strick festbinden konnte.

Das Problem war, unser Haus hatte die falschen Decken (...) Nachdem ich mit sinkendem Mut lange herumgelaufen war, den baumelnden Seidengürtel wie einen gelben Katzenschwanz um den Hals, und keine Stelle gefunden hatte, wo ich ihn hätte befestigen können, setzte ich mich auf das Bett meiner Mutter und versuchte, die Schlinge zuzuziehen.

Aber jedesmal, wenn sie so eng wurde, daß ich ein Rauschen in den Ohren hörte und spürte, wie mir das Blut ins Gesicht stieg, erschlafften meine Hände, ließen los, und schon ging es mir wieder besser.«

Sie begriff, daß sie gegen ihren Selbsterhaltungstrieb würde ankämpfen müssen, also gewissermaßen gegen die Natur, und das war kein Pappenstiel.

»Da begriff ich, daß mein Körper allerlei Tricks kannte (...) Also mußte ich ihn mit dem, was mir an Verstand geblieben war, überlisten, sonst würde er mich 50 sinnlose Jahre in seinem albernen Käfig gefangenhalten.«

Ganz wie der ihre, war auch mein Körper zu dem Feind geworden, den es zu töten galt.

Selbstmord ist ein unbequemes Thema. Es rührt ans Verbotene, an die Freiheit, an die Gesellschaftsordnung, an das Leben, an den Tod, für manche sogar an Gott selbst. Schon der Heilige Augustin hat gesagt: *»Wer sich selbst tötet, tötet nichts anderes als einen Menschen, er ist ein Mörder. Der Selbstmord ist eine Beleidigung Gottes und stellt die totale Rebellion desjenigen dar, der sich für den Herrn über Leben und Tod hält und somit auf eine Stufe mit Gott stellt.«* Im Jahre 562 wurde auf dem Prager Konzil beschlossen, Selbstmördern eine Bestattung in geweihter Erde zu verwehren, und 693 sprach man sich auf dem Konzil in Toledo dafür aus, alle Selbstmörder zu exkommunizieren. Die Haltung der Kirche sollte sich erst Anfang des 20. Jahrhunderts ändern, als Papst Benedikt XV. jene Selbstmörder von dieser Regelung ausnahm, die in einem Augenblick der geistigen Umnachtung handelten oder noch vor ihrem Tod bereuten. Das Ancien Régime hatte bereits durch eine Ordonnanz 1670 die Haltung eingenommen, dem (nicht geistesgestörten) Selbstmörder sollte die Bestattung verweigert werden, und im Falle seines Überlebens hatte er mit rechtlichen Konsequenzen zu rechnen. Erst zu Zeiten der Revolution von 1789 distanzierte sich die republikanische Legislatur von der Kirche und verkündete, der Selbstmord unterstehe der freien Entscheidung des Individuums. In den Vereinigten Staaten gilt der Selbstmord heute noch als Straftatbestand: Der, dessen Versuch mißlingt, wandert ins Gefängnis. Die Wirkungslosigkeit dieser Maßnahme wird von den Statistiken belegt, was jedoch bis heute keine Gesetzesänderung herbeigeführt hat.

Der Suizid wird verdammt, weil er angst macht. Es ist gar nicht so lange her, daß in Europa Selbstmörder auf dem Marktplatz aufgehängt wurden. In Frankreich hängte man sie bei den Füßen auf und schleifte den Leichnam anschließend durch die Straßen, um ihn dann zu verbrennen und auf der öffentlichen Müllkippe zu entsorgen. Von Gesetz wegen galt der Name des Selbstmörders als verflucht bis in alle Ewigkeit, seine ganze Habe fiel an die Krone, Adlige verloren ihren Titel, ihr Wappen wurde vernichtet, ihre Wälder abgeholzt und ihre Schlösser abgerissen. Diese Bräuche sind einer nach dem anderen abgeschafft worden, aber einige hielten sich bis zur Revolution von 1789. In England begrub man Selbstmörder – die als Verräter bezeichnet wurden – bis 1823 an der Kreuzung zweier Straßen, nachdem man ihnen einen Stein auf den Kopf gelegt und einen Pflock durch das Herz getrieben hatte, wie man es bei Vampiren tat, um zu vermeiden, daß sie zurückkehrten und die Lebenden heimsuchten. Bis 1870 fiel ihr Hab und Gut an die Krone, und bis zum Jahre 1961 wurden sie, falls der Versuch mißlang, ins Gefängnis geschickt. Sogar im überaus zivilisierten Athen Platons wurden sie außerhalb der Stadt bestattet, nachdem man ihnen die Hand, die die Freveltat begangen hatte, abgetrennt hatte; diese wurde dann an anderer Stelle begraben.

Sogar jene, die eigentlich Depressionen behandeln sollen oder die auf die eine oder andere Art täglich mit diesem Phänomen zu tun haben, tun sich schwer damit, den Suizid zu akzeptieren. Die Mediziner, d. h. die Psychiater, widmen sich dem Thema nur sehr widerwillig – meist mit dem Ziel, zu bestimmen, ob die Person, die sie vor sich haben, sich mit der Absicht trägt, »tätlich zu werden«. Ist das der Fall, wird der Patient in die Kategorie der »Selbstmordgefährdeten« eingestuft und damit schlagartig viel weniger interessant. Zum einen, weil die Experten die Grenzen ihrer Kunst kennen: 20 % derjenigen, die versucht haben, sich das Leben zu nehmen, wiederholen die Tat innerhalb von zwei Jahren. Für die Fachleute ist man so etwas wie eine scharfe Granate; sie ziehen es vor, wenn man irgendwo anders hochgeht. Lieber eine gute alte wiederkehrende Neurose, die sich mit wöchentlichen Sitzungen oder medikamentös behandeln läßt, das ist lukrativer und weniger stressig. Wenn es ihnen gelingt, den Kranken zu heilen, ist das ein persönlicher Erfolg; gelingt es ihnen nicht, ist eben der Kranke »unkooperativ«. Der Tod hingegen ist ein endgültiger Zustand.

Auch die Psychiaterin Anne Perrier-Durand sieht es so:

»Ich habe oft das Gefühl, daß sich niemand wirklich für Selbstmordgefährdete interessiert. Sie sind ›schlechte Patienten‹. Tatsächlich ist ihr Leid nicht unmittelbar zu lokalisieren, und es läßt sich auch nicht durch eine neue aufsehenerregende Behandlung objektivieren, die sich für eine Publikation eignet. Und meist sind sie, wenn sie wieder zu sich kommen, den Ärzten nicht einmal dankbar dafür, daß diese sie am Leben erhalten haben. Manchmal sehr direkt, manchmal auch hintergründiger, machen sie die Schwächen der medizinischen Versorgung deutlich, der Familie, der Gesellschaft, der Schule oder auch jener Stellen, die eigentlich dazu da sind, ihnen zu helfen. Und darum vermeiden Ärzte es, wo sie nur können, solche Patienten aufzunehmen.«

Und dann gibt es da noch diejenigen, die den Selbstmord als freie Entscheidung betrachten. Ich habe sie bei einem Besuch in den Räumen der Organisation SOS Suicide kennengelernt. Einer der Verantwortlichen, M. Lestringant, ein freundlicher pensionierter Pastor mit beruhigender Leibesfülle und sanftem, klarem Blick empfängt mich eines Nachmittags in seinen Büros im 14. Arrondissement. Es fällt ihm leicht, mir von seinen Überzeugungen zu erzählen, er zeigt sich jedoch seltsam zögerlich, als es darum geht, mir Mitglieder seines Personals vorzustellen, »Mithörer«, wie er sie nennt. Tatsächlich geht sein Widerstreben soweit, daß er meiner Bitte nie nachkommen wird. Ich habe mich also mit seinen Erklärungen begnügt und mit denen der Beraterin dieser Organisation, eine Psychoanalytikerin, die, den Motorradhelm in der Hand, an diesem Tag zufällig dort vorbeischaute.

Was Monsieur Lestringant mir da erzählt, macht mich

träumen. Er, der tagtäglich – telefonisch – mit Suizidgefährdeten zu tun hat, erklärt mir, Selbstmord sei seiner Meinung nach eine philosophische Entscheidung, der eine gewisse Faszination auf die Menschen ausübe: »*Wir befinden uns alle in dieser Situation. Irgendwann stellt man sich die Frage, weshalb man eigentlich existiert, und empfindet einen solchen Freiheitsverlust, daß man seinem Dasein ein Ende machen möchte.*«

Ich erzähle ihm von »unwiderstehlichem Zwang«, von »unerträglichem Schmerz«, und er spricht vom »Reiz des Verbotenen« und sogar vom »spielerischen Selbstmord« bei Kindern, da diese das Verbotene noch nicht kennen. Mir wird alles klar, als er mir eröffnet, Depression sei keine Krankheit, »*oder wir alle sind irgendwann in unserem Leben davon befallen*«. Und wenn zwölf- oder dreizehnjährige Jugendliche sich aus dem Fenster oder vor eine Metro stürzen, habe das nichts Biologisches. »*Ich bin sicher, daß sich in ihrem Umfeld jemand umgebracht hat, und da sagen sie sich: ›Wenn du die Grenze zum Verbotenen überschritten hast, kann ich das auch.*‹«

Natürlich sind nicht alle Selbstmorde die Konsequenz einer Depression. Dem OMS zufolge sind 60 % direkt darauf zurückzuführen, dem britischen Gesundheitsamt zufolge wären gar 90 % auf verschiedene geistige Störungen zurückzuführen. Man kann sich auch aus politischen, religiösen oder ethischen Gründen umbringen wie Claire und Roger Quilliot – ein gutes Beispiel ebenso für die Schwierigkeit, einen Selbstmord erfolgreich durchzuführen, für den Zufälligkeitsfaktor und die Unfähigkeit Außenstehender, den Grad der Todessehnsucht einer Person, die versucht, ihrem Leben ein Ende zu machen, einzuschätzen.

Am 17. Juli 1998 werden Claire und Roger Quilliot leblos in ihrem Haus in Clermont-Ferrand aufgefunden. Der 73jährige ehemalige sozialistische Minister des Logement ist an der Überdosis Tabletten gestorben, während seine 72jährige Ehefrau wiederbelebt werden konnte, obgleich sie exakt den gleichen Cocktail geschluckt hatte.

Seit vielen Jahren schwer krank, hatte Roger Quilliot seine politischen Mandate als Senator von Puy-de-Dôme und Bürgermeister von Clermont-Ferrand niedergelegt. Nach zahlreichen Operationen und jahrelangen Schmerzen betrachtete er den Tod als Erlösung. Claire ihrerseits konnte sich ein Leben ohne den Mann ihres Herzens nicht vorstellen. Also beschlossen sie, gemeinsam zu sterben, um nicht getrennt zu werden.

In einem Brief an *La Montagne*, die Tageszeitung des Zentrums, erklärte dieses eng verbundene, seit 50 Jahren verheiratete Ehepaar seinen Selbstmord »aus Liebe«:

»Die Öffentlichkeit sieht gewöhnlich im Suizid eine Verzweiflungstat, eine jämmerliche und (oder) verwerfliche Schwäche. Wird man uns verstehen, wenn ich an dieser Stelle erkläre, daß unsere Entscheidung, gemeinsam freiwillig aus dem Leben zu scheiden, ein vollkommener Akt der Freiheit und der Liebe zum Leben ist?«

Einige Monate später vertraute Claire Quillot sich der Zeitung *Libération* an:

»Ich liebe das Leben, ich liebe es so sehr, daß ich es mir nicht mit dem Leid vorstellen konnte, jemanden verloren zu haben, den man liebt. Für mich war der Gedanke an Selbstmord immer eine Beruhigung.«

Schon 1968, als ihr Mann einen ersten leichten Herzinfarkt erlitten hatte, hatte sie insgeheim daran gedacht:

»*Ich schnitt alle Zeitungsartikel zum Thema Selbstmord aus, um mich über die Methoden zu informieren, die andere benutzten, um sich das Leben zu nehmen. Es ist nicht leicht, sich zu töten, man weiß nicht, wie man es anstellen soll.*«

Heute ist sie aktives Mitglied der Association pour le droit de mourir dans la dignité, der Vereinigung für das Recht, in Würde zu sterben:

»*Es ist unannehmbar, daß Milliarden für alte Menschen ausgegeben werden, die gar nicht mehr leben wollen*«, sagt sie. »*Wenn man erst den Entschluß gefaßt hat, warum sollte man dann nicht in Frieden sterben dürfen?*«

Claire und Roger Quillot hatten beide ganz ernsthaft die Absicht, sich zu töten. Sie wählten dieselbe Methode, und doch ist der eine gestorben und der andere nicht.

Die, die glauben, daß mißlungene Selbstmordversuche unweigerlich Bluffs sind, irren. Sterben zu wollen hat nichts Ruhmreiches an sich, aber es ist auch kein Spiel, und ich weiß sehr wohl, daß wenn ich heute noch am Leben bin, das allein meinem starken Herzen zu verdanken ist und sonst nichts. Ich sehe es weder als Gottes Willen noch als einen unbewußten Überlebenswillen an, wie man mir oft hat einreden wollen.

Kay Radfield Jamison, eine manisch-depressive amerikanische Psychiaterin, die sich auf diese Krankheit spezialisiert hat, hat eine bemerkenswerte Studie zum Thema

Selbstmord durchgeführt, von der sie in ihrem Buch *Night Falls Fast* (Die Nacht bricht schnell herein) berichtet (sie hat selbst versucht, sich das Leben zu nehmen). In diesem Buch erklärt sie anhand von Beispielen, daß die Wahl der selbstzerstörerischen Mittel von einer Fülle äußerer Faktoren beeinflußt wird und nicht ausreicht, um die Todessehnsucht eines Menschen zu beurteilen. Um dies zu untermauern, führt sie die Ergebnisse einer Umfrage unter Gerichtsmedizinern und wahllos herausgegriffen Personen an, die aufgefordert wurden, die ihrer Meinung nach sichersten Selbstmordmethoden aufzuzählen. Die Antworten sind aufschlußreich. Die Ärzte nannten Feuerwaffen, Zyanid, Sprengstoffe und Stürze vor einen Zug oder aus großer Höhe. Die Normalbürger – vor allem die Frauen – waren hingegen der ehrlichen Überzeugung, eine Überdosis Tabletten oder das Durchschneiden der Pulsadern wäre am effektivsten.

Das Ehepaar Quillot hatte ganz überlegt den Entschluß gefaßt, ihrem Leben, das in ihren Augen nicht mehr lebenswert war, ein Ende zu machen. Ein Entschluß, der auf den Verlauf von Rogers Krankheit zurückzuführen war, nichtsdestotrotz ein rationaler Entschluß, der sehr sorgfältig vorbereitet wurde.

Kay R. Jamison berichtet von unerklärlichen Selbstmorden, die darauf hindeuten, daß es eventuell auch genetische Ursachen für den Selbstmord gibt. Sie führt den Fall zweier Zwillingsbrüder an, die in zwei verschiedenen Staaten der USA lebten, verheiratete Familienväter ohne besondere Schwierigkeiten oder Krankheiten, und die sich dennoch im Abstand von nur einer Woche eine Kugel in den Kopf jagten, zur völligen Überraschung ihrer Familien und ohne ein Wort der Erklärung. Um dieses Phänomen zu erforschen, werden derzeit in verschiedenen Ländern der Welt Studien an adoptierten Zwillingen durchgeführt.

Für mich war der Selbstmord ein unwiderstehlicher Drang. In den akutesten Phasen meiner Erkrankung schaute meine beste Freundin manchmal nachmittags bei mir vorbei, um mich ein bißchen abzulenken. Hin und wieder gelang es ihr noch, mich wie früher zum Lachen zu bringen. Aber ganz plötzlich, scheinbar grundlos, jagte ich sie ruppig davon: »*Jetzt nicht, ich habe zu große Schmerzen.*« Natürlich ließ sie sich nicht einfach so vertreiben. Es kam sogar vor, daß sie gegen meinen Willen bei mir übernachtete. Sie versuchte, mich zur Vernunft zu bringen, indem sie mir von meiner Tochter erzählte. »*Tochter? Welche Tochter?*« entgegnete ich. Es war, als hätte ich alles vergessen. Sie war sich nicht einmal sicher, ob sie mich noch wiedererkannte. Ich kann mich daran nicht mehr erinnern.

Der britische Schriftsteller Al Alvarez, ein Freund von Sylvia Plath und ebenfalls depressiv, erzählt folgende Geschichte:

»*In der Schule hatten wir einen überaus sympathischen und zerstreuten Physiklehrer, der ständig scherzhaft von Selbstmord sprach. Er war klein, hatte ein breites, gerötetes Gesicht, einen großen Schädel mit grauem krausem Haar und ständig ein etwas ängstliches Lächeln auf den Lippen. Eines Tages sagte er am Ende des Unterrichts ganz beiläufig, wenn jemand sich mit dem Gedanken trüge, sich zu köpfen sollte er den Kopf zuvor in eine Plastiktüte stecken, um nicht soviel Dreck zu machen. Alle haben gelacht. Dann läutete es, und die Schüler gingen zum Essen. Unser Physiklehrer ist nach Hause geradelt, hat sich eine Plastiktüte über den Kopf gezogen und sich die Kehle durchge-*

schnitten. Er hat nicht viel Dreck gemacht. Später, als ich selbst Depressionen hatte, habe ich angefangen, ihn zu verstehen.«

Nach meinen beiden mißlungenen Versuchen, mich mit Tabletten umzubringen, hatte mein Entschluß, ganz sicher zu gehen und es mit mehreren Methoden gleichzeitig zu versuchen, nichts Philosophisches. Das war kurz vor der Abreise meiner Tochter nach Afrika; mich hielt nichts mehr. Ich habe also ganz methodisch einen Eimer mit warmem Wasser gefüllt und links neben mein Bett gestellt. Dann habe ich meinen Arm abgebunden und die Vene in der linken Armbeuge gesucht. Gar nicht so einfach für einen Anfänger. Ich habe mit der Spritze zugestochen, und das Blut ist bis an die Decke gespritzt. Ich habe eine erste Spritze voll Luft injiziert. Es ist nichts passiert. Ich habe es noch mal versucht. Die Wände waren voller Blut. Ich dachte an diejenigen, die meine Leiche finden würden. Dreimal habe ich den Vorgang wiederholt – ergebnislos. Ich war erschüttert. Ich zitterte ein wenig. Ich hatte Angst vor einem Hirnschaden, der mich in ein Gemüse verwandelte, bevor ich mein Vorhaben beenden konnte. Aber ich war fest entschlossen, Ruhe zu bewahren; ich hatte noch andere Möglichkeiten auf Lager. Ich holte tief Luft und ging zu Plan B über: Ich nahm die Rasierklinge, die ich bereitgelegt hatte, und fing an, an meinen Venen am linken Handgelenk herumzusäbeln (ich bin Rechtshänderin). Anfangs, als es nur darum ging, Haut und Gewebe zu durchtrennen, ging es wie von allein, aber ich hätte nie geglaubt, daß Gefäße derart widerstandsfähig sein könnten. Als es anfing, richtig zu bluten, streckte ich mich auf der linken Bettseite aus, um den Arm in den Eimer zu hängen. Ich ging sehr überlegt vor; ich durfte vorher keine Schlaftabletten schlucken, um nicht mittendrin einzuschlafen. Auch die Tabletten hatte ich bereits zurechtgelegt. Ich nahm sie in die rechte Hand, um sie mir in den Mund zu schieben, und griff nach der Flasche Whisky, um sie hinunterzuspülen. Ich trank, soviel ich konnte. Und dann schlief ich ein.

Meine Mutter hatte Pech. Sie war diejenige, die zusammen mit der Feuerwehr bei mir eindrang. Das Blut an den weißen Wänden hat sie gar nicht gesehen, so fasziniert war sie von dem Eimer. Ich selbst war wach und fassungslos – mitten auf meinem Bett. Wie war es möglich, daß ich immer noch keinen Schritt weitergekommen war?

Bei der Rekonstruktion meiner Geschichte habe ich Aspekte entdeckt, die mir vorher nicht bewußt waren. Bei meinem ersten Versuch habe ich, unmittelbar nachdem ich die Tabletten geschluckt hatte – in diesem kurzen Moment des Halbschlafs, der dem Einschlafen vorausgeht –, gezielt meinen Exmann angerufen. Beim nächsten Selbstmord habe ich – bewußt oder unbewußt – Eduardo bei einem Telefonat zu verstehen gegeben, daß ich unmittelbar davor stand zu handeln. Da er in der Provinz wohnte, rief er meinen Exmann an, der ganz in meiner Nähe wohnte, damit der mich rettete.

Natürlich habe ich zu begreifen versucht, wieso es diesen Widerspruch zwischen meinem Wunsch zu sterben und diesen Hilferufen gab. Die Erklärung ging mir auf, als ich den Kontext der Ereignisse in meinem Leben rekonstruierte. Bei den ersten beiden Suiziden in meiner Jugend, als ich sicher war, daß niemand unter meinem Tod leiden würde, hatte ich weder einen Abschiedsbrief hinterlassen, noch meine Tat irgendwie angekündigt. Aber bei den beiden nächsten Malen (im Laufe jener letzten Depression) war da meine Tochter. Ich hinterließ also einen Brief, und den Rest übernahm mein Unterbewußtsein. Nach diesem letzten Mißerfolg erfuhr ich, daß meine Tochter weggehen würde. Es war, als hätte diese Nachricht die Ventile geöffnet. Sie würde mich nicht mehr brauchen, wäre ohne mich besser dran, die Schulden würden bezahlt werden, sie würde meine Wohnung erben und bräuchte ihre ständig verzweifelte Mutter nicht länger zu ertragen. Es war beinahe, als würde ich ihr einen Dienst erweisen – man fühlt sich, wenn man deprimiert ist, derart wertlos und schuldig, daß man sich tatsächlich so etwas einredet. Ich befand mich also wieder in der gleichen Situation wie in meiner Jugend und informierte niemanden.

Diese belastende Erfahrung in Sachen depressiver Selbstmord hat meine Meinung über das Anrecht auf den Freitod geändert. Früher war ich der Ansicht, es handle sich um ein unauslöschliches Recht, somit habe jeder ein Recht auf eine Gebrauchsanweisung, um den Selbstmord unter optimalen Bedingungen durchführen zu können, das heißt, schmerzfrei. Ich bin immer noch Befürworterin des Rechts, in Würde zu sterben, aber ich weiß heute auch, daß der Depressive, der sich, beispielsweise im Laufe einer akuten Angstkrise, umbringt, keineswegs aus freiem Willen handelt: Vielmehr tut er diesen Schritt unter Zwang. Außerdem habe ich festgestellt, daß, wenn in diesem kritischen Moment jemand den akuten Schmerz verbal lindert oder durch seine Gesellschaft (oder durch Medikamente) von ihm ablenkt, die Krise vorbeigeht und der Suizid nicht stattfindet.

Nach meiner Genesung hatte ich Gelegenheit, mich um Menschen zu kümmern, die an zuweilen sehr schlimmen Depressionen litten. Elsa hat mir eine sehr gute Lektion erteilt, wenn es sie auch leider das Leben gekostet hat. Auf dem Höhepunkt ihrer Depression sahen wir uns fast täglich, da sie es, von Ängsten zerfressen, allein nicht mehr aushielt. Und da ich beruflich unterbeschäftigt war, hatte ich Zeit. Mein Umfeld flehte mich an, Distanz zu wahren; meine eigene Heilung lag noch nicht lange zurück, und alle befürchteten einen Rückfall. Außerdem hatte Elsa etwas von einem verwöhnten Kind, weshalb viele meinten, sie würde mich nur ausnutzen. In meinem tiefsten Inneren wußte ich, daß man sehr aufmerksam sein muß, wenn man sich um einen depressiven Menschen kümmert. Wie auch immer, ich kümmerte mich schon Monate um sie, ohne daß mein eigener Seelenzustand darunter gelitten hatte. Im Gegenteil; ich fühlte mich wieder zu etwas nütze – ich war vermutlich die einzige, die in der Lage war zu begreifen, was sie durchmachte. Eines Abends wollte meine Schwester, die auf der Durchreise war, mit mir zu Abend essen. Im Laufe des Abends rief Elsa mich an und flehte mich an, sofort zu ihr zu kommen. Ich hörte ihrer Stimme zwar an, daß es ihr sehr schlecht ging, aber so war das jeden Abend. Ich versprach, gleich am nächsten Tag vorbeizukommen. Sie ließ nicht locker, jammerte und bettelte. Ich sagte mir, daß die anderen vielleicht doch recht hatten: Das war bestimmt nur eine Laune. Ich blieb hart. Am nächsten Morgen war sie tot.

Die Zahlen des INSERM zur Verteilung des Suizids auf die verschiedenen Gesellschaftsklassen zeigen, daß sie jenen der allgemeinen Mortalität entsprechen; das heißt, daß Selbstmord in den oberen Schichten seltener vorkommt als bei Unterprivilegierten. Unter Arbeitslosen ist das Selbstmordrisiko beispielsweise um ein Zwanzigfaches höher.

Dem Gesundheitsministerium zufolge, das ein nationales Programm zur Suizidprävention ins Leben gerufen hat, rangiert Frankreich, neben Österreich, Ungarn, der Schweiz, Dänemark und Finnland, an der Spitze der in Europa am stärksten betroffenen Länder (12 000 gelungene Selbstmorde auf etwa 180 000 Versuche). Die höchste Selbstmordrate hat angeblich China. Lange Zeit hielt sich hartnäckig das Gerücht, Schweden hätte die höchste Suizidrate – wie sich schließlich herausstellte, war nur die Erhebungsmethode ehrlicher als in den anderen europäischen Ländern, vor allem in den katholischen. Inzwischen hat der OMS die Kriterien angeglichen. Zwei europäische Länder fallen aufgrund einer nur halb so hohen Selbstmordrate auf: die Niederlande und England. In 45 Jahren hat sich die Selbstmordrate bei unseren Nachbarn jenseits des Ärmelkanals fast halbiert.

Ich bin nach London gereist, um nach einer Erklärung für dieses Phänomen zu suchen. Mir war geraten worden, mit zwei oder drei Personen am psychiatrischen Institut Denmark Hill zu sprechen.

Um dorthin zu gelangen, muß man an der Victoria Station in den Zug steigen. Die Viertel, die man auf der Strecke nach Denmark Hill durchquert, sind so deprimierend, daß sie bei jedem den Wunsch wecken müssen, sich zu erhängen. Backstein altert schlecht, vor allem dann, wenn er nicht gepflegt wird; die bröckelnden, von Schmutz geschwärzten Mauern, die dem Universitätsklinikum über Kilometer hinweg vorangehen, sind der beste Beweis dafür.

Man sagt oft, der Zivilisiertheitsgrad eines Landes läßt sich daran messen, wie es seine Armen behandelt (soweit ich das anhand meiner Beobachtungen durch das Zugfenster beurteilen kann, dürfte England diesbezüglich nicht unter den Top 50 liegen). Man könnte hinzufügen: und seine Geisteskranken. Es scheint, als wäre die Situation auf diesem Gebiet überall gleich: Allein der Anblick einer psychiatrischen Klinik macht einen ganz krank. In England handelt es sich um sechs bis sieben Stockwerke hohe schmutzige, von Regen glänzende Backsteinkästen; nirgendwo eine Pflanze oder ein Baum. In der Eingangshalle Warnhinweise: *»Lassen Sie nichts im Wagen liegen: Diebstahlgefahr.«* Das wird einem doch gleich warm ums Herz.

Ich habe an diesem Vormittag Termine bei zwei Psychiatern, die auch in der Forschung tätig sind: Rachel Jenkins und Anthony Mann. Sie sind beide Professoren, Suizidexperten und haben Berichte und praktische Ratgeber für das Pflegepersonal verfaßt, mit dem Ziel, dieser Seuche Einhalt zu gebieten.

Rachel Jenkins – um die 50, elegant, in einem langen schwarzen Kostüm mit Pelzkragen, etwas wirren braunen Haaren, blassem Teint, düsterem Blick und der Distanziertheit, die Psychiaterinnen oft eigen ist – stellt aufgrund vorliegender Zahlen fest, daß der Zugriff auf Mittel zur Durchführung eines Selbstmords entscheidend ist: Die am stärksten betroffenen Berufe sind somit jene, in denen der Zugriff am leichtesten ist, wie medizinische Berufe (Medikamente) und Landwirte (Feuerwaffen). Dabei gibt es in Frankreich viel mehr Landwirte als in Großbritannien ... diese Erklärung überzeugt mich also nicht so ganz.

Anthony Mann, ein freundlicher Mann mit blauen Augen und struppigen blonden Brauen, der eng mit Frankreich zusammenarbeitet, ist so nett, mir ein Interview in meiner Muttersprache zu gewähren. Was ihn am französischen System am meisten überrascht, ist die mangelnde Betreuung der Kranken nach ihrem Aufenthalt in einer psychiatrischen Einrichtung. »*Wir wollten eine Vergleichsstudie der Kranken ein oder zwei Jahre nach ihrer Entlassung aus dem Krankenhaus durchführen, was sich jedoch als unmöglich erwies, da die französischen Psychiater nicht einmal wußten, wo ihre Patienten sich gegenwärtig aufhielten! In England arbeiten die Ärzte Hand in Hand mit den Forschern, vielleicht weil die ärztliche Schweigepflicht hier nicht so unüberwindbar ist. Wir haben nicht die gleiche Auffassung von der Behandlung einer Depression. Ihre Psychiater wenden gerne Medikamente an, wählen mit Bedacht das Antidepressivum, das zu dem jeweiligen Depressionstyp paßt, während wir davon ausgehen, daß sie alle die gleiche Wirkung haben und sich nur in ihren Nebenwirkungen unterscheiden. Demgegenüber interessieren wir uns mehr für den sozialen Aspekt der Depression: Arbeitslosigkeit, Eheprobleme ... Warum bringen verheiratete Frauen sich beispielsweise häufiger um als alleinstehende, während das Verhältnis bei den Männern genau umgekehrt ist und die Ehe sie offenbar eher vor einem Suizid bewahrt?*«

Das britische Gesundheitssystem ist vermutlich für diese andere Auffassung der Krankheit mitverantwortlich. Auch wenn die medizinische Versorgung – theoretisch – kostenlos ist, ist das Gesundheitsbudget gerade mal halb so hoch. Also muß gespart werden. Eine der Sparmaßnahmen besteht darin, den Gang zum Facharzt zu erschweren. Jeder Kranke muß erst einen praktischen Arzt aufsuchen, der dann darüber entscheidet, ob eine Überweisung an den Facharzt angeraten ist oder nicht. Rachel Jenkins gibt zu, daß nur jene depressiven Patienten zum Psychiater geschickt werden, bei denen Antidepressiva versagen. Hinzu kommt, daß die Ausbildung der Allgemeinärzte oft mangelhaft ist. *»Viele meinen immer noch, wenn es sich um eine reaktive Depression handelt, wäre keine Behandlung erforderlich«*, gesteht sie. Im übrigen hat die Regierung ein Programm zur Weiterbildung von Allgemeinmedizinern in Sachen Depression initiiert, die zu den ohnehin bereits obligatorischen Weiterbildungsmaßnahmen hinzukommt, an denen die Ärzte teilnehmen müssen, wenn sie nicht ihre Lizenz verlieren wollen.

Ausbildung, langfristige Betreuung des Patienten sowie Sensibilisierung der Öffentlichkeit lauten die Schlagworte der Suizidprävention, die vor einigen Jahren in Großbritannien gestartet wurde. Die Allgemeinmediziner umgeben sich mit Pflegepersonal, Krankenschwestern, Psychologen, Sozialarbeitern usw., die den Patienten daheim weiterbetreuen. Diese rufen ihn hin und wieder zu Hause an und verständigen den Hausarzt, wenn sie den Eindruck haben, daß der Betreffende »dekompensiert«.

Die Psychoanalyse gehört nicht zum therapeutischen Instrumentarium der englischen Ärzte, sie stufen sie als »zu teuer und zu unwirksam« ein und ziehen kurze Therapien wie die kognitive und die Verhaltenstherapie vor. Sie fangen sogar an, Krankenschwestern in einer neuen, einfachen und praktischen Technik auszubilden (in einer Art Mini-Verhaltenstherapie, die sich *problem solving* – Problemlösen – nennt und über sechs Sitzungen geht). Anthony Mann hält große Stücke auf die Pflegedienste, die anbieten, Depressiven aus ihrer Isolation herauszuhelfen, und Öffentlichkeitsarbeit machen, um der Banalisierung der Krankheit entgegenzuwirken und auf das Selbstmordrisiko aufmerksam zu machen.

Als Maßnahme gegen die geläufigsten Vorurteile wurde folgender Text veröffentlicht:
- Wer ständig davon spricht, sich umbringen zu wollen, tut es doch nicht:
  Falsch. Ein Drittel der Selbstmörder hat ihre Tat vorher angekündigt, zwei Drittel waren kurz vorher bei einem Arzt, ein Drittel hatte eine psychiatrische Vergangenheit, vier von fünf nahmen Medikamente ein, einer von sechs hat einen Abschiedsbrief hinterlassen.
- Selbstmord ist eine rationale Entscheidung:
  Falsch. Neun von zehn Selbstmorden sind auf psychische Störungen zurückzuführen, primär auf Depressionen, Alkoholismus und Schizophrenie.
- Wenn jemand erst einmal den Entschluß gefaßt hat, sich umzubringen, kann man es nicht mehr verhindern:
  Falsch. Wenn die Person nicht über geeignete Möglichkeiten verfügt, ihr Vorhaben umzusetzen, wenn man ihre Depression behandelt und sie sozialen und psychologische Unterstützung bekommt, wird sie sich nicht umbringen.

An dieser Stelle sei angemerkt, daß die Rate der Selbstmorde durch Gasvergiftung deutlich gesunken ist, seit das Vereinigte Königreich das in den Städten verwendete Gas (Steinkohle) auf weniger toxisches Gas (aus der Nordsee) umgestellt hat.

Als ich das Krankenhaus verließ, war ich ziemlich beeindruckt. Vielleicht hatten sie ja tatsächlich die Lösung gefunden. Präventionskampagne, langfristige Betreuung der Patienten daheim ... Und doch waren die Engländer, mit denen ich darüber sprach, skeptisch. Seit Margaret Thatchers Gesundheitsreform lag für sie der Schwerpunkt in der Schwierigkeit, überhaupt behandelt zu werden. Lewis Wolpert beispielsweise hatte sehr deutlich gemacht, daß er, wäre er nicht an einer medizinischen Hochschule beschäftigt gewesen, er nicht so schnell Zugang zu einem Psychiater bekommen hätte. Seine Krankheit hätte sich vermutlich in die Länge gezogen, da sein Hausarzt seine Depression nicht erkannt hatte.

Hingegen redet in England alles von den Samaritans (eine Bezugnahme auf den guten Samariter aus der Bibel). Sie sind überall in den Straßen präsent, und ihre Telefonnummer auf Plakaten an Bushaltestellen und Hauswänden hat längst die britische Hauptstadt erobert, wo der Kampf gegen den Selbstmord, so wie sie ihn verstehen, längst zum nationalen Streitobjekt geworden ist. Die 1953 von dem Geistlichen Chad Varah gegründete Organisation hat sich zu einer regelrechten Institution gemausert. Sie ist so bekannt wie ihr Pate Marks & Spencer. Ihr Budget (etwa 15 Millionen DM) wird aus Privatunternehmen finanziert. Ihre auf 200 Zentren im ganzen Land verteilten 22 000 ehrenamtlichen Helfer arbeiten rund um die Uhr, sieben Tage die Woche, nehmen jährlich an die vier Millionen Telefonate entgegen und empfangen in ihren Räumen in derselben Zeit 108 000 Menschen in Not. Sie haben sogar eine Homepage im Internet. Die ehrenamtlichen Helfer sind zwar keine ausgebildeten Fachkräfte, aber tolerante und warmherzige Menschen, die in der Lage sind zuzuhören, ohne zu verurteilen oder ihren eigenen Senf dazuzugeben. Man bezeichnet diese Leute als *befrienders* (Menschen, die sich mit einem anfreunden). Ihr Erfolgsrezept ist möglicherweise ihre Methode, die eine mehrmonatige Ausbildung einschließt und auf verschiedenen Prinzipien basiert: Wahrung der Anonymität und vor allem das Enthalten von jeglicher Beurteilung, jeglichem Kommentar und sogar jedem Versuch, einer suizidgefährdeten Person ihr Vorhaben auszureden – ihre Mission ist vielmehr, ihr Gegenüber dazu zu bringen, seinen Entschluß noch einmal zu überdenken. Das bedeutet, die eigenen politischen, religiösen oder moralischen Überzeugungen für die Dauer des Gesprächs wegzupacken. Gar nicht so einfach.

1974 gründete Chad Varah Befriending International (BI), eine Vereinigung, die das Konzept der Samariter überall auf der Welt anwendet. Derzeit gibt es 350 Zentren in etwa 40 Ländern. In Dänemark, wo die Selbstmordrate besonders hoch ist, hat die Vereinigung ein Pilotprojekt für Kinder gestartet, mit dem Ziel, ihnen schon sehr früh (mit drei Jahren) beizubringen, auszusprechen, was sie bedrückt, und mit ihren Problemen umzugehen.

In Frankreich haben sich verschiedene Vereinigungen (deren Adressen im Anhang aufgelistet sind) der Charta von Befriending International angeschlossen. Wenn sie bei weitem nicht den Umfang ihrer Schwester in Großbritannien erreichen, dann liegt das meiner Meinung nach daran, daß man bei uns allem, was irgendwie mit geistigen oder psychischen Erkrankungen zu tun hat, mit großer Zurückhaltung begegnet, es gewissermaßen mit einem Tabu belegt.

Nach einer schweren Krebserkrankung fand sich Jean-Louis Martin, anerkannter Forscher, »auf der anderen Seite des Zauns«. Er gestand mir, wie überrascht er war, wie sein Arzt sich ihm gegenüber verhielt, als er auf die psychischen Folgen einer erfolgten Nierenentfernung zu sprechen kam: »*Falls Sie eines Tages Hilfe brauchen, sollten Sie sich überlegen, zum Psychologen gehen!*« sagte er – sehr verlegen. Dabei ist längst wissenschaftlich erwiesen, daß die Stimmungslage einen sehr großen Einfluß auf das Immunsystem hat. Als es um die Voruntersuchungen gegangen war, waren seine Anweisungen sehr direkt gewesen und hatten keinen Widerspruch geduldet: »*Sie lassen sich röntgen, lassen eine Biopsie durchführen usw.*«

»*Wenn dieses Tabu sich weiter hält*«, denkt er, »*dann liegt das zum Teil daran, daß in Frankreich die Auswahl der Medizinstudenten nach elementarwissenschaftlichen Kriterien erfolgt (vor allem seit der Debré-Reform). Die Studenten erreichen das vierte Studienjahr, ohne je einen Patienten gesehen zu haben und werden auch nicht auf den Umgang mit Kranken geschult. Die Angelsachsen sind diesbezüglich zweifellos weniger gehemmt.*«

5. KAPITEL

GANZ UNTEN IM LOCH

Oktober '91: mein endloser Abstieg in die Hölle dauert jetzt schon über ein Jahr. Ich leide wie ein Tier, ohne Atempause und ohne die geringste Ablenkung, da ich praktisch zu nichts mehr imstande bin. Bis vor kurzem habe ich mich noch mit kleinen Übersetzungs- oder Tippaufträgen über Wasser gehalten, aber beides erfordert Anstrengungen, zu denen ich einfach nicht mehr in der Lage bin. Mein Gehirn reagiert nicht mehr und mein Körper ebensowenig. Ich gleite langsam aber sicher auf das Nichts zu. Es ist höchste Zeit, etwas zu unternehmen, bevor ich zum Abfall werde.

Ich beschließe, eine andere Taktik anzuwenden. Diesmal muß ich die Wohnung verlassen, damit man mich nicht mehr findet. Aber wohin? Ich habe nicht die leiseste Ahnung. Plötzlich fällt mir ein, daß meine Eltern ihre Flitterwochen in Veules-les-Roses verbracht haben. Seltsam, daß mir das einfällt; dabei habe ich nur ein einziges Mal davon reden hören, und das vor mindestens 20 Jahren. Nun muß ich wirklich krank im Kopf sein. Das Ganze wird zur fixen Idee: Ich muß zum Sterben unbedingt nach Veules-les-Roses. Allein der Name genügt, daß ich mich in Phantasien versteige, und im übrigen liebe ich das Meer. Ich habe kein Geld mehr, aber eine Kreditkarte. Ich sehe mir die Fahrtroute auf einer alten Michelin-Karte an, die in irgendeinem

Regal herumliegt, packe eine kleine Reisetasche mit allem Nötigen für die Nacht, sämtlichen Medikamenten und einem großen Küchenmesser. Ich verlasse die Wohnung für immer. Ohne Bedauern. Seltsamerweise kommt mir jetzt alles ganz leicht vor. Ich gehe zum Gare du Nord, um mir einen Wagen zu mieten, und los geht's. Ich fühle mich gut, ein wenig überdreht. Es ist mein allerletzter Tag. Das Wetter klart auf. Ich bin sauer, weil ich meine Sonnenbrille nicht eingepackt habe – solche banale Dinge sollten diesen Tag nicht trüben. Autobahn zu fahren hat mir schon immer ein wunderbares Gefühl von Abenteuer und Freiheit vermittelt. Ich versuche, mich an diesem Vergnügen festzuhalten, auch wenn das zugegebenermaßen ein wenig lächerlich anmutet.

Es ist fast Nacht, als ich mein Ziel erreiche. Trübsal geht auf mich nieder wie ein Betonblock. Ich kurve auf der Suche nach dem Hotel meiner Träume, mit Blick auf das Meer, durch die Straßen. Aber inzwischen ist es so dunkel, daß doch nichts mehr zu erkennen ist, so daß ich mich schließlich mit irgendeiner Unterkunft begnügen muß. Ich nehme ein Zimmer für zwei Nächte »oder länger« und bitte darum, wie ich es aus Filmen kenne, nicht gestört zu werden.

Anschließend mache ich mich frisch, lege mich ins Bett, breite mein ganzes Arsenal aus und ... ein stechender Schmerz hält mich zurück. Zu dumm, es lief gerade alles so gut. Ich kann nicht aufhören, an Eduardo zu denken, ich muß einfach seine Stimme hören. Mehrere Stunden kämpfe ich mit mir, ihn nicht anzurufen. Aber dann werde ich doch schwach. Er ist an diesem Abend zu Hause, weil sein Bruder zu Besuch ist. Seine Stimme klingt ganz eisig. Ich schluchze am Telefon – ich bin so wütend auf mich, daß ich meinen Plan versaut habe. Sie holen mich mitten in der Nacht ab und bringen mich nach X. Sein Bruder sitzt am Steuer.

Ich verbringe das Wochenende mit ihnen. Sie haben Besuch; man wundert sich, mich so ausgezehrt zu sehen. Ich bin nicht ganz bei mir, halte mich leicht gekrümmt und kriege nichts herunter. Ich höre die anderen wie durch eine Glasscheibe reden. Eduardo erträgt es nicht, mich so zu sehen, seine ganze Haltung ist ein einziger Vorwurf; ich spüre es, und das macht mich noch kränker. Montag eröffne ich ihm, daß ich nach Hause fahre. Er scheint erleichtert zu sein.

Statt nach Paris zu fahren, bleibe ich in der Umgebung von X. Ich suche einen einsamen Ort, an dem ich mein Vorhaben in die Tat umsetzen kann. Meine Entschlußkraft ist wieder gefestigt – das Wochenende hat mir dabei geholfen. Schließlich fällt meine Wahl auf einen offenen Parkplatz in einem Vorort von R. Es gibt auf der ganzen Welt keinen einsameren – und traurigeren – Ort als diesen Vorort von R. Ich habe genug Medikamente dabei, um eine ganze Elefantenherde zu vergiften – das Küchenmesser ist gewissermaßen meine Rückversicherung, damit es auch ja nicht schiefgeht. Nach den vergangenen Erfahrungen habe ich mir überlegt, daß ich, wenn ich den Inhalt zweier Tablettenschachteln in mehreren Fläschchen (normalerweise wird bei sechs eine Krankenhauseinweisung fällig) Beruhigungsmittel, Neuroleptika und Schlaftabletten auflöse, größere Mengen auf einmal schlucken kann – das wird mir die Zeit lassen, das Messer zum Einsatz zu bringen. Falsch. Ich leere das Fläschchen ... und schlafe, das Messer in der Hand, auf der Stelle ein. Die Mischung war tatsächlich umwerfend.

23. Oktober: Drei Tage später wache ich auf der Intensivstation des örtlichen Krankenhauses auf. Auf einem Untersuchungstisch liegend, von einem riesigen Scheinwerfer geblendet und an diverse Schläuche angeschlossen, sehe ich als erstes eine Wanduhr, die in großen Ziffern auch das Datum anzeigt. Heute ist mein Geburtstag! Ich stehe sofort auf, um mir eine Zigarette zu besorgen, um dieses Ereignis zu feiern. Das Pflegepersonal stürzt sich auf mich, als hätte ich jemanden umbringen wollen. Ich werde gepackt, auf den Tisch zurückgelegt, wieder an die Schläuche angeschlossen und mit Verboten und Empfehlungen überschüttet, das Ganze in einem Tonfall, in dem man einen widerspenstigen und geistig ein wenig schwerfälligen Jugendlichen ausschimpfen würde.

Ich will nur noch eins: raus hier. Obwohl ich drei Tage in einem sehr tiefen Koma lag, habe ich nirgendwo Schmerzen und fühle mich auch in der Lage, zu gehen. Ich warte, bis alle draußen sind, reiße mir die Infusionsnadel heraus und mache mich auf die Suche nach meinen Kleidern. Schließlich bin ich erwachsen; die haben nicht das Recht, mich gegen meinen Willen festzuhalten, oder? Doch. Kaum werde ich entdeckt, bringt man mich gewaltsam dorthin zurück, woher ich gekommen bin, und droht mir im Fall weiterer Eskapaden weit schlimmere Konsequenzen an. Ich protestiere vergeblich. Ich muß warten, bis ich beim diensthabenden Psychiater war.

Lange Stunden später nähert sich eine Frau um die 50 meinem Bett. Von weitem ähnelt sie Françoise Dolto. Ich bin erleichtert. Sie wird mich verstehen. Als erstes zeigt sie mir ihren Unterarm, auf den die Matrikelnummer eines deutschen KZ tätowiert ist: *»Ich verstehe Sie, ich weiß, was Schmerz ist.«* Ihre Worte sind wie wohltuender Balsam. Ich fasse schlagartig solches Vertrauen zu ihr, daß ich ihr meine ganze Lebensgeschichte erzähle, meinen Krankheitsverlauf, meine Einsamkeit, mein Leid.

Am nächsten Tag besucht sie mich wieder. Ich flehe sie an, mich rauszulassen, mein Platz wäre nicht im Krankenhaus, ich würde mich schon viel besser fühlen. Schließlich läßt sie sich überzeugen. Ich bin ihr unendlich dankbar. Eine Schwesternschülerin hilft mir beim Waschen und Anziehen. Ich werde zum Ausgang begleitet; vor dem Gebäude steht ein Krankenwagen. Ich bin erleichtert. Endlich frei.

Überrascht, nirgendwo meine Mutter zu sehen, obgleich mir gesagt worden war, sie würde auf mich warten, befrage ich den Krankenwagenfahrer. Da erst erfahre ich, daß ich keineswegs entlassen, sondern in einen anderen Trakt gebracht werden soll, zu den Irren! Ich brülle, versuche auszusteigen, verlange, daß meine Mutter verständigt wird. *»Aber Madame, sie hat doch die Einweisungspapiere unterschrieben.«*

Ich hatte bereits kurze Aufenthalte in psychiatrischen Zentren und Krankenhäusern hinter mir, und die Erinnerung war keine angenehme. Jedesmal hatte ich, sobald ich über die Schwelle getreten war, das Gefühl gehabt, meine Würde zu verlieren. Als wäre ich ganz plötzlich jemand anders geworden, jemand Minderwertiges, ein Schuldiger, ein Zuchthäusler, vor dem man sich in acht nehmen muß und dem man ohne jede Rücksicht begegnen kann.

In Frankreich verliert man, sobald man in die Kategorie der »stationären Geisteskranken« eingeordnet wird, seine elementarsten Rechte. Beispielsweise das auf Intimsphäre: Die Türen lassen sich nicht abschließen, und jeder kommt rein, wie es ihm beliebt, es herrscht ein ständiges Kommen und Gehen. Dann das Recht der freien Entscheidung: Möchte man eine höhere Dosis Beruhigungsmittel, weil man sich hundeelend fühlt, muß man die Arztvisite abwarten, verweigert man jedoch wegen der starken Nebenwirkungen ein Medikament, wird man entweder zur Einnahme gezwungen oder bekommt das Mittel gespritzt. Man wird nicht mehr direkt, sondern nur noch in der dritten Person angesprochen: »Na, hat sie ihre Tabletten genommen?« Man wagt nicht mehr, irgend etwas zu sagen, weil jedes Wort systematisch interpretiert wird, wie es der amerikanische Soziologe Erving Goffman so treffend beschreibt:

»Besonders in psychiatrischen Kliniken und politischen Erziehungslagern werden Äußerungen [eines Insassen] manchmal als bloße Symptome abgewertet, während der Stab sich mit den nicht-verbalen Aspekten seiner Antwort befaßt. Häufig wird sein ritueller Status für zu gering erachtet, als daß man ihn auch nur grüßen, geschweige denn, ihm Gehör schenken würde. Oder aber der Insasse stößt auf einen gewissermaßen rhetorischen Gebrauch der Sprache; Fragen wie: »Hast du dich gewaschen?« oder »Hast du beide Socken an?« sind oft von gleichzeitigen Kontrollen des Personals begleitet, die über den Sachverhalt direkt Auskunft geben und jene verbalen Fragen erübrigen. Statt daß man ihm sagte, er solle so und so weit in die und die Richtung gehen, wird er womöglich vom Wärter vorwärts getrieben, gezerrt (wie im Fall der anstaltsbekittelten psychiatrischen Patienten) oder durch die Gegend geschubst.«

Wenn man depressiv ist, ist es das Schlimmste, mit Patienten zusammengelegt zu werden, die an anderen psychischen Erkrankungen leiden. Einem Lungenkranken wird es vermutlich egal sein, ob er sein Zimmer mit einem zweiten Lungenkranken oder einem Herzkranken teilt. Stellen Sie sich einmal mal vor, was es für jemanden, der zum erstenmal an einer Depression leidet, bedeutet, sein Zimmer mit einem halluzinierenden Schizophrenen zu teilen.

Marie, die mir Dr. Tixier empfohlen hat, wurde 1968 das erste Mal in eine psychiatrische Klinik eingewiesen. Damals war sie 18 Jahre alt. Am Morgen nach ihrer Ankunft wurde sie von unmenschlichen Schreien geweckt – ihr Bettnachbar, ebenfalls 18, hatte sich zum x-ten Mal die Pulsadern aufgeschnitten. Die Stationsleiterin brüllte ihn deswegen an. Einige Tage später versuchte der jüngste Patient der Station, gerade mal elf Jahre alt, am Ende des Flurs seiner Lieblingskrankenschwester die Kehle durchzuschneiden. Da wird man schnell verrückt. Zumal der Depressive besonders sensibel ist – das ist ein Charakteristikum seines Zustands – und vor allem klar – ihm ist ständig bewußt, daß er deprimiert ist –, während der Psychotiker im Laufe seiner Krisen jedes Bewußtsein seiner selbst verliert. Einen depressiven Patienten zum Umgang mit zuweilen furchterregenden, manchmal aggressiven Pathologien zu zwingen, bedeutet, seinen Streßpegel zu erhöhen und somit seinen Zustand noch zu verschlechtern. Oft erweist sich die Erfahrung als so traumatisierend, daß der Depressive lieber tot ist als so etwas noch einmal durchmachen zu müssen, wie Marie, die 30 Jahre brauchte, ehe sie sich wieder in eine Klinik überweisen ließ. *»30 verlorene Jahre, 30 Jahre Leid, und ich hatte weiß Gott eine Therapie nötig«*, seufzt sie.

Patricia Karen James, Mitbegründerin der Vereinigung

France-Dépression, schreibt: »*Mein Krankenhausaufenthalt in Sainte-Anne hat mich zutiefst schockiert; ich wurde behandelt wie eine Kriminelle, hatte nicht einmal das Recht auf ein Glas Wasser. Sehr oft wird die Einweisung in ein Krankenhaus als schlimmste Strafe und als Mißerfolg der ambulanten Therapie empfunden. Zum Unverständnis des Umfeldes kommt die alltägliche Demütigung hinzu. Zu der Hölle der Krankheit kommt jene der Hospitalisierung hinzu mit ihren Erpressungen und kindischen Drohungen. Wen wundert es da, daß depressive Patienten sich abschotten, sich noch elender fühlen oder den lieben Gott anflehen, sie von ihren vielen Leiden zu erlösen?*«

Sophie ist 27, lebenslustig und eine sehr hübsche Engländerin. Heute ist sie verheiratet und Mutter einer kleinen Tochter. Vor fünf Jahren versuchte sie sich aus Liebeskummer das Leben zu nehmen, indem sie sich die Pulsadern aufschnitt und Schlaftabletten schluckte. Sie wollte wirklich sterben. Die Nachbarn verständigten den Notarzt, und sie wurde in die Notaufnahme des Krankenhauses Tenon in Paris gebracht. Als sie wieder zu sich kam, befand sie sich auf einer geschlossenen psychiatrischen Station, auf der alle erdenklichen Pathologien versammelt waren. Die Station war erträglich, sie war sogar in einem Einzelzimmer untergebracht, aber sie fragte sich doch, was sie bei den Psychotikern und Irren verloren hatte. Sie fühlte sich nicht sonderlich deprimiert – offenbar hatte sie ihren Schmerz durch ihre impulsive Tat loslassen können. Sie hätte das Krankenhaus wegen der dort herrschenden drückenden Stimmung gerne verlassen: jedesmal, wenn jemand etwas Verbotenes tat – und es kam ihr vor, als wäre alles verboten –, kamen »Gorillas« angeschossen, um die Ordnung wiederherzustellen. Und die Psychiaterin war kalt und arrogant. Eine Kommunikation mit ihr war schlicht unmöglich. Nach Gesprächen mit anderen Kranken sagte sich Sophie (die eine »ganz Liebe« ist), sie könnte diesen vielleicht helfen, da sie selbst ja bei weitem nicht so schlimm dran war wie die anderen. Sie besuchte diese in ihren Zimmern, tat ihnen den einen oder anderen Gefallen und verstieß so gegen ein ungeschriebenes Gesetz. Eines Tages schnappten die Pfleger sie sich und brachten sie brutal – wobei sie die Gelegenheit zum Grapschen nicht ungenutzt verstreichen ließen – in die Isolationszelle, in die sie mehrere Tage lang eingesperrt war, ohne irgend jemanden zu Gesicht zu bekommen. Ins Loch. Wie im Gefängnis. Ihre Mutter, die beunruhigt war, weil sie sie nicht besuchen durfte, stellte die Psychiaterin zur Rede. Ob sie denn wirklich glaube, daß das die richtige Methode wäre, eine Depression zu heilen. »*Es ist unsere Methode, Madame, und sie hat sich bewährt.*« Punktum.

Auf einer kleinen psychiatrischen Station in Paris, wo ich zweimal kurzzeitig war, waren wir mit Clochards und Straftätern zusammen. Wir mußten nicht nur unsere Mahlzeiten im Souterrain einnehmen, zusammen mit Menschen, deren Anblick (und zuweilen auch Geruch) einem den Appetit verderben konnten, nein, während einer Mahlzeit klaute der »Patient« aus dem Zimmer neben meinem mir auch noch meine ganzen Sachen, was nicht schwer war, da die Türen keine Schlösser hatten. Ich kam mir vor, als wäre ich vergewaltigt worden, ohne Papiere, ohne Geld, meiner persönlichsten Habe beraubt. Ganz zu schweigen davon, daß ich im Schlafanzug – unter dem Krankenhausanzug, den man in diesen Einrichtungen trägt – zur Bank mußte, um meine Schecks und die Scheckkarte sperren zu lassen, und anschließend einen Schlosser beauftragen durfte, mein

Wohnungsschloß auszuwechseln. Wie sich später herausstellte, handelte es sich bei dem Kranken um einen Delinquenten, der der Polizei und der Leitung des Centre médical bekannt war.

Im Folgenden ein Ausschnitt aus dem Krankenhausbericht, von dem ich mir über meinen Hausarzt eine Kopie beschafft habe: »*Kritische Patientin, die sich schwertut, den Rahmen zu akzeptieren, unzufrieden mit den vorgeschlagenen Therapiemethoden.*« Und ganz unten auf der Seite: »*Ist unglücklicherweise bei uns Opfer eines Diebstahls geworden. Hat sich gegen ärztlichen Rat entlassen lassen.*«

In diesen Einrichtungen begnügte man sich damit, mich mit Medikamenten vollzupumpen; ich hatte dort nicht den geringsten zwischenmenschlichen Kontakt, keinerlei Dialog. Ich wollte nie wieder an einen solchen Ort. Das stand für mich ebenso fest wie für Erving Goffman:

»*Psychiatrische Krankenhäuser sind für soziologische Studien ein privilegiertes pathogenes Milieu, nicht so sehr, weil man dort auf Geisteskranke trifft, sondern weil es sich um totalitäre Institutionen handelt.*«

Doch kommen wir auf meine Geschichte zurück. Ich betrete also mit einem vorhersehbaren Gefühl der Wut und Verzweiflung das Büro des Psychiaters der »Station für normalisierte Pflege« (wie sich die Klapsmühle des CHR in X verharmlosend nennt). Meine Mutter ist dort. Sie gibt zu, die Aufnahmepapiere unterschrieben zu haben, weil »*die Ärzte sagen, daß es für dich lebensgefährlich wäre, dich zu entlassen*«. Ich brülle sie an, daß ich sie nie wiedersehen will, daß ich ihr das nie verzeihen werde. Ich verlange, nach Hause gehen zu dürfen, und reiße mir auf dem Weg zur Tür die Infusionsnadeln heraus. In einer psychiatrischen Einrichtung bezeichnet man so etwas als »Nervenzusammenbruch« und nicht als legitime Wut angesichts einer Beschneidung der eigenen Rechte. Zwei Pfleger überwältigen mich und bringen mich mit Gewalt in meine Unterkunft.

Zu denen, die dazu beitragen, den Kranken von einem normalen Menschen in einen Insassen zu verwandeln – von Goffman als »Agenten« bezeichnet – gehört auch der »nahe Verwandte« (der auch ein enger Freund sein kann), *»ein Mensch, auf den der künftige Insasse sich in schwierigen Situationen am meisten verlassen zu können glaubt. (...) Auf seinem Weg in Richtung Krankenhaus, kommt es vor, daß der Kranke gewissermaßen verstoßen wird, so als wäre er mit einer Koalition konfrontiert, deren einziges Ziel seine stationäre Einweisung ist.«* Sein nächster Verwandter drängt ihn, einen Arzt zu konsultieren. *»Was den nahen Verwandten jedoch nicht daran hindert, die Einzelheiten der Begegnung zu regeln, indem er den Spezialisten auswählt, den Termin mit ihm vereinbart, ihm den Fall schildert usw. Bei seinem Eintreffen beim Arzt wird dem Kranken dann plötzlich bewußt, daß er und der Verwandte nicht auf derselben Seite stehen, sondern zwischen seinem Begleiter und dem Spezialisten anscheinend eine Komplizenschaft besteht, die sich zu seinem Nachteil auswirkt. In recht häufigen Grenzfällen unterhält der Spezialist sich zuerst mit dem Patienten, um diesen zu untersuchen und seine Diagnose zu erstellen, und spricht anschließend, ebenfalls allein, mit dem nahen Verwandten, um ihn zu beraten. Er vermeidet es also tunlichst, wirklich ernste Themen anzusprechen, wenn beide Personen gleichzeitig anwesend* *sind. Auch wenn ein Patient ohne Rücksprache gewaltsam aus dem Kreis seiner Familie herausgerissen werden soll, die ihn gern bei sich behalten möchte, wird der nahe Verwandte in der Regel überredet, sich den ärztlichen Entscheidungen zu beugen, so daß der Kranke auch dann den Eindruck gewinnen kann, daß die anderen sich gegen ihn verbündet haben, um seine Einweisung zu erreichen. Das Gefühl, einer solchen Koalition gegenüber ein ausgeschlossener Dritter zu sein, kann den Kranken nur verbittern.«*

Das kann man wohl sagen!

Goffman schreibt des weiteren: »*Die, die jemandem raten, sich in ein psychiatrisches Krankenhaus einweisen zu lassen, bereiten diesen in der Regel nicht ausreichend auf den Schock vor, den er bei seinem Eintreffen dort empfinden wird; der Teufelskreis der Erfahrungen, die er durchmacht, wird ihm erscheinen wie eine Art Tunnel des Verrats.*« In meinem Fall hatte meine Mutter aus Unwissenheit, aber auch aus Furcht unterschrieben; der Arzt hatte ihr sehr eindringlich vor Augen geführt, sie wäre für alles verantwortlich, was mir im Fall meiner Entlassung Schlimmes widerfahren würde.

Ich hatte nicht einmal geahnt, daß es in unserer Zeit noch Orte geben könnte wie die »Station normalisierter Pflege«. Dort waren weder die Krankheitsbilder getrennt, noch die Geschlechter. Die Zimmer waren doppelt belegt (Gott sei Dank gleichgeschlechtlich), aber Duschen und Toiletten waren gemeinschaftlich, und man mußte sie sich mit dem Sexbesessenen der Station teilen. Da die Türen keine Schlösser hatten, mußte man tricksen, wenn man sich in Ruhe waschen oder auf die Toilette gehen wollte. Alles war furchtbar schmutzig. An den Betten waren an allen vier Ecken Riemen befestigt, um die Widerspenstigen festzuschnallen. Die Fenster ließen sich nicht öffnen. Ich teilte das Zimmer mit einer jungen 30jährigen, die halluzinierte und mir den ganzen Tag und auch einen Teil der Nacht über erzählte, wie sie ganz allein mit dem Präsidenten zu Mittag gegessen hatte! Am Ende des Flurs lag eine unglaublich fette, splitternackte Frau, die zu jeder Tages- und Nachtzeit aus Leibeskräften brüllte. Um zum »Speisesaal« zu gelangen, mußte man an ihrer weit offen stehenden Tür vorbei, was sich sehr negativ auf unseren Appetit auswirkte. Der einzige, der welchen hatte – Appetit, meine ich –, war ein sehr imposanter 30 Jahre alter Typ, blond wie jemand aus dem Norden, mit einem dicken Bierbauch, den zwei endlose, parallel zueinander verlaufende senkrechte Narben verunzierten. (Es fehlten häufig Knöpfe an den Schlafanzugjacken, so daß diese auseinanderklafften und verschiedene Teile der Anatomie freilegten.) Er habe zweimal Harakiri gemacht, erzählte er mir später stolz, und die Narbe, die quer über den Hals von einem Ohr zum anderen verlief, zeugte von einem Versuch, sich zu erhängen. Jedesmal hatte man ihn »gerettet«. Er war der »dienstälteste« Patient der Station. Nach dem Tod seiner jungen Ehefrau war er in tiefe Depressionen verfallen. Seither war sein Leben nur noch ein »Überleben«. Da er kein Zuhause mehr hatte, hatte er sich irgendwann an die Station gewöhnt, was vielleicht seinen an diesem Ort einzigartigen Appetit erklärte. Ich überließ ihm regelmäßig meine Ration, und so hatten wir uns angefreundet. Er hatte mir das Versprechen abgenommen, die Psychiatrie nicht ohne ihn zu verlassen. Am Tag meiner Entlassung ging er auf den Krankenhausparkplatz und legte sich vor ein Auto. Der Tod wollte ihn immer noch nicht haben.

Sämtliche Kranke auf meinem Flur bekamen die gleichen Tabletten. Natürlich zeigte man uns die Schachteln nicht – für den Fall, daß wir Ahnung gehabt und Einwände erhoben hätten –, aber eines Tages verglich ich Anzahl und Farbe der Pillen: identisch.

Ich hatte – immer noch – nur einen einzigen Gedanken: Weg von hier. Das war ganz schön ehrgeizig von mir, da ich »kommunikationsunfähig« war. Meine Mutter, meine Schwester (Ärztin in Clermont-Ferrand) und meine beste Freundin kamen tagtäglich und versuchten, zu mir durchzudringen – vergeblich. Als hätte ich eine Bank ausgeraubt. Während meines Komas war meine Mutter, in der Hoffnung, man würde sie zu mir vorlassen, mehrmals täglich erschienen. Das war ihr jedesmal verweigert worden. Ich durfte nicht einmal telefonieren.

Am Tag nach meiner Einweisung sah ich das Pflegepersonal zum erstenmal bei der Arbeit. Die Schwestern hockten im Schwesternzimmer und spielten Karten, als einer der Patienten, ein sanfter 18jähriger, einen Anfall bekam. Er schien große Schmerzen zu haben, das Ganze war richtig beängstigend, und ich rief um Hilfe. *»Wenn die Partie zu Ende ist«*, riefen sie spöttisch. Ich wiederholte meine Bitte mehrfach, was mir jedoch nur ironische Bemerkungen im Stil von *»Kümmere dich erst mal um dich selbst, damit dürftest du schon genug zu tun haben«* einbrachte.

Ich habe es noch nie ertragen, wenn man es mir gegenüber an Respekt mangeln ließ, außerdem hatte ich nichts mehr zu verlieren. In Reichweite befand sich einer dieser Behälter aus dickem Glas, in denen man Thermometer desinfiziert. Ich packte ihn mir, schlug ihn an die Wand und zerschnitt mir mit einer Scherbe den Unterarm, um sie zu zwingen, den diensthabenden Seelenklempner zu rufen. Es funktionierte. Sie haben ihn, oder besser gesagt sie – gerufen. Allerdings kam sie nicht allein. Sie war in Begleitung des Hausmeisters – einem ehemaligen Patienten, wie ich später erfuhr –, ein Gorilla, der dazu da war, Aufrührer zur Raison zu bringen. Während die Psychiaterin sich um den jungen Mann kümmerte, kümmerte sich der Kleiderschrank um mich. Ich wehrte mich und schlug um mich, und so warf er mich auf mein Bett, zog meine Hände und Füße durch die Schlaufen und zurrte diese fest – ich konnte mich keinen Millimeter mehr rühren. Die Krankenschwestern genossen es sichtlich, die Wunden an meinem Arm ohne Betäubung zu nähen, mir einen dieser Cocktails in den Hintern zu jagen, die einen in Ektoplasma verwandeln, und untereinander die üblichen Scherze auszutauschen. Schließlich fiel ich in einen tiefen Schlaf.

Ich hatte gegen die Regeln verstoßen und gegen ihre Allmacht aufbegehrt. Das würden sie mich büßen lassen.

Philippe Bernardet, französischer Soziologe und Experte in Sachen menschenunwürdige Bedingungen in psychiatrischen Einrichtungen, von dem ich später noch erzählen werde, spricht es ganz deutlich aus:

»Die stationären Patienten – die in einer Psychiatrie Eingesperrten – was haben sie noch für Rechte? Ganz sicher jenes, still zu sein, außer vielleicht in der Abgeschiedenheit des Behandlungsraums des Psychiaters. Hierzu müßte der Patient allerdings erst einmal Zugang zu diesem Heiligtum haben; denn wenn man stationär in einer Psychiatrie untergebracht ist, sind, so paradox das auch klingen mag, Ärzte – vor allem der Chefarzt – die Menschen, die am schwierigsten zu erreichen und zu sprechen sind. Befindet

man sich außerhalb des Krankenhauses, erhält man leichter einen Termin, als wenn man drin ist: Es stimmt, daß man sich im letzteren Fall bereits unter seiner Fuchtel befindet, während man ansonsten noch ein potentieller Kunde ist. Darin liegt der ganze Unterschied.«

Später erfuhr ich, daß die Pariser Krankenhäuser geistig kranken Menschen so großes Interesse entgegenbringen, daß sie ab 14 Uhr einen einzigen diensthabenden Arzt bereitstellen, und das nicht etwa pro Station, sondern pro Krankenhaus! Kein Wunder, daß es so schwierig ist, diese Person zu erwischen. Psychiatrische Einrichtungen sind somit auch die – Gott sei Dank – einzigen Krankenhäuser, in denen man Patienten, die den Arzt sprechen möchten, rät, sich schriftlich an ihn zu wenden!

Am nächsten Tag war ich von diesem ganzen emotionalen Ausbruch noch ziemlich mitgenommen, und so hatte ich den ganzen Nachmittag mit einer jener Angstattacken zu kämpfen, die einen wünschen lassen, man wäre nie geboren. Um mich nicht an die Krankenschwestern wenden zu müssen, litt ich still vor mich hin, aber am Abend war es mit meiner Selbstbeherrschung vorbei. Ich wußte nicht, wie ich in diesem Zustand die Nacht überstehen sollte. Ich bat darum, noch einmal die Psychiaterin sprechen zu dürfen. Für die Krankenschwestern war das *die* Gelegenheit, mir eins auszuwischen, und die nahmen sie gerne wahr. Ich war ihnen ausgeliefert, und das ließen sie mich spüren. Daraufhin trat ich heftig gegen eine Art Schmuckvitrine in ihrem Aufenthaltsraum, so daß die Scheibe in tausend Scherben zersprang. Wütend riefen sie den Hausmeister, der mit einer selbstzufriedenen Grimasse herbeigestürzt kam. Ich hatte keine Angst mehr; ich stand über ihr. Physischer Gewalt hatte ich mich noch nie unterworfen; darin hatte ich einige Übung.

Es tat gar nicht weh, als der Gorilla sich auf mich stürzte und mir – wie zufällig – die Fäden meiner frisch genähten Armwunde herausriß. Diesmal wußte ich, was mich erwartete. Und genau das bekam ich auch: eine Spritze in den Po. Wenigstens eins hatte ich erreicht: Die innere Anspannung verflog.

Als ich aufwachte, war ich endgültig davon überzeugt, daß mir niemand zur Hilfe kommen würde. Wenn ich es nicht allein schaffte, würde ich den Rest meiner Tage in dieser Hölle verbringen. Ich fing also an, überall fieberhaft nach irgend etwas zu suchen, womit ich mich auslöschen konnte. Vor den Fenstern hingen Vorhänge mit Schnüren.

Aber meine Schwester, der die Böswilligkeit, mit der die Verwaltung ihr bislang jeden Besuch verweigert hatte, nicht ganz geheuer war, hatte inzwischen beschlossen, etwas zu unternehmen. Sie trickste die Wächter aus und schaffte es, bis auf die Station vorzudringen. Ihre sämtlichen Illusionen über die medizinische Institution verflogen schlagartig: die hohen Gitter vor dem Fahrstuhl, die uns von der Außenwelt abschnitten, die Riemen an den Betten, der Schmutz, die Schreie, die Promiskuität ... Sie war erschüttert. Und als sie sah, in welchem Zustand ich war ... Für mich war es, als hätte ich den lieben Gott gesehen. Ich flehte sie an, mich da rauszuholen.

Sie erklärte mir, das sei rechtlich unmöglich. *»Wenn ich morgen nicht hier rauskomme, hänge ich mich auf«*, warnte ich sie. Ich muß wohl ziemlich überzeugend gewesen sein. Am nächsten Tag erhielt meine beste Freundin Marie-Christine die Erlaubnis, mich zu besuchen. In Wirklichkeit war sie geschickt worden, um mit mir zu verhandeln: Man würde mich nur unter der Bedingung entlassen, daß ich meiner Einweisung in eine andere Einrichtung zustimmte, diesmal einer privaten.

Für mich war das dasselbe. Noch kannte ich den Unterschied nicht. Nach allem, was ich gerade durchgemacht hatte, kam eine Unterbringung in einer Einrichtung, die auch nur im entferntesten etwas mit einer psychiatrischen Anstalt zu tun hatte, für mich nicht in Frage. Marie-Christine mußte ihre ganze Hartnäckigkeit und Freundschaft aufwenden, um mich zu überreden, dieser Regelung zuzustimmen.

Am Abend des achten Tages fuhr ein Krankenwagen uns – meine Mutter, meine Schwester und mich – in eine Privatklinik vor den Toren von Paris. Man hatte mir eine entsprechende Dosis injiziert, damit ich mich ruhig verhielt.

Wie war es möglich, daß ich, obwohl ich mir nichts hatte zuschulden kommen lassen, gegen meinen Willen eingesperrt wurde und Willkür, Gewalt und Erniedrigung erfahren mußte, und zwar in einem Krankenhaus, in dem es zuging wie in einem Gefängnis? Der Schock saß noch jahrelang sehr tief. Jedesmal, wenn ich jemanden kennenlernte, der beruflich irgendwie mit dem Gesetz zu tun hatte, stellte ich ihm dieselbe Frage: »*Wenn in Frankreich Selbstmord kein Vergehen ist, wie läßt sich ein solches Vorgehen dann juristisch rechtfertigen?*« Niemand konnte mir diese Frage beantworten.

Also begann ich, die Gesetzgebung in bezug auf die Rechte von Geisteskranken und vor allem ihre Zwangseinweisung zu studieren. Aber weder die Lektüre des Strafgesetzbuches noch jene des Gesundheitsgesetzes vermochten Licht ins Dunkel zu bringen. Ich mag ja in Rechtsangelegenheiten ein Banause sein, aber ich dachte in meiner Naivität tatsächlich, daß, da ja alle gehalten sind, sich an das Gesetz zu halten, dieses auch allen zugänglich sein müßte. Irrtum.

Das war also der Stand meiner Befragungen, als ich anläßlich der Aufzeichnung einer Radiosendung zum Thema stationäre Einweisung auf dem Gebiet der Psychiatrie einen ehemaligen »Internierten« kennenlernte, J. D., (einen paranoiden Psychotiker, eine Krankheit, die mir bis dahin unbekannt war). Klein, dunkel, nervös, um die 40 und extrem aufbrausend, »halb Jude, halb Araber«, wie er sich selbst gern bezeichnete, schien er alles über die Geschichte der Psychiatrie zu wissen; und dieses Wissen war gepaart mit lebhafter Intelligenz, außergewöhnlicher Rhetorik und einer furchtbaren persönlichen Erfahrung (er hat den Großteil seines Lebens in psychiatrischen Krankenhäusern verbracht und lebte, vermutlich bis ans Ende seiner Tage, allein von seiner Invaliditätsrente). Ich erzählte ihm von meinen Schwierigkeiten, und er riet mir sofort, mich mit Philippe Bernardet in Verbindung zu setzen, Soziologe am CNRS (Centre National de Recherche Scientifique – dem Staatlichen Wissenschaftlichen Forschungszentrum), vor allem aber (es gibt ihrer nur sehr wenige) leidenschaftlicher Verfechter der Rechte stationärer Psychiatriepatienten, für die er sich bis vor französischen und europäischen Gerichtshöfen einsetzt. »*Ein großer Mann*«, meint denn auch J. D. am nächsten Tag und borgt mir mit einer ganzen Litanei von Ratschlägen sein persönliches, stark abgegriffenes Exemplar des Buches von Bernardet: *Die schwarzen Akten der Psychiatrieeinweisung*. Endlich geht mir ein Licht auf.

Aus dem Buch erfahre ich beispielsweise ebenso verblüfft wie konsterniert, daß die Psychiatrieeinweisung bis heute von einem unter Louis-Philippe verabschiedeten Gesetz aus dem Jahre 1838 geregelt wird, das 1956 nur leicht geändert wurde! Dieses Gesetz sieht zwei Arten der Einweisung vor: die »freiwillige Unterbringung« und die »Zwangseinweisung«. Ich hatte alles über die Zwangseinweisung gelesen, und im Hinblick auf die komplizierten Formalitäten (der Präfekt muß sie persönlich anordnen), stand fest, daß dies nicht auf mich zutraf. Freiwillige Unterbringung war aber auch nicht richtig, da ich nicht aufgehört hatte, gegen das zu protestieren, was ich als »Haft« betrachtete.

Und doch fiel ich unter dieses Gesetz. Entgegen jeder Logik handelt es sich bei einer sogenannten freiwilligen Unterbringung (Artikel L. 333 des Gesundheitsgesetzes) um die Unterbringung in einer psychiatrischen Einrichtung auf den schriftlichen und unterzeichneten Antrag eines Dritten hin, dem ein ärztliches Attest beigelegt sein muß, in dem die Eigenheiten der Erkrankung sowie die Gründe für die Unterbringung in einer geschlossenen Anstalt angeführt sein müssen. »Freiwillig« bezieht sich also nicht auf den Willen des Patienten, sondern auf den des »Dritten«, der ebenso gut ein Verwandter sein kann wie ein Freund oder Nachbar, sogar ein Polizist oder eine Krankenschwester der Station, auf der man untergebracht werden soll! Tatsächlich verhält es sich nach Philippe Bernardets Worten so:

»Nichts ist erzwungener als eine sogenannte ›freiwillige‹ Unterbringung, außer vielleicht die Zwangseinweisung.«

Um so erzwungener als demjenigen, der (ob nun freiwillig oder erzwungenermaßen) gerade zum »Geisteskranken«

erklärt wurde, da er in einer psychiatrischen Einrichtung untergebracht wurde, nur juristische Schritte bleiben, um nach Artikel L. 351 des Gesundheitsgesetzes seine Entlassung zu beantragen. Die Justiz kann jedoch erst nach der Einweisung tätig werden, das heißt, nachdem der Kranke je nach Bedarf eine chemische oder physische Therapie begonnen hat. Wie sollte ein Kranker – auch wenn er auf wundersame Weise von dieser Möglichkeit erfährt –, der unter den Nebenwirkungen der Medikamente zu leiden hat und dem oft Telefon, Besuche und Post verwehrt werden, die erforderlichen Schritte unternehmen?

Das Gesetz von 1838 erlaubt eine solche Einweisung gegen den Willen des Patienten nicht nur, wenn es sich um einen Geisteskranken handelt, sondern bei jedem, der eines Tages Störungen oder ein Verhalten an den Tag legt, das von anderen als anormal oder krankhaft angesehen wird, auch wenn es sich nur um einen vorübergehenden Zustand handelt. Dazu gehören auch Depressive, also Sie und ich.

Im Fall einer Einweisung auf Wunsch eines Dritten gestattet das Gesetz es theoretisch jedem Familienmitglied oder sonstigen Dritten, der die Einweisung beantragt hat, eine Entlassung auch gegen ärztlichen Rat zu verlangen. Aber das System ist pervers, und darum hat das Krankenhaus das Recht, unter dem Vorwand, der Patient stelle eine Gefahr für sich und andere dar, eine Zwangseinweisung anzuordnen. Wieder ein Teufelskreis.

Die heutige Situation ist aus einer falschen Interpretation des Gesetzes von 1838 heraus entstanden. Damals gab es noch keine Therapien für Gemütskrankheiten. Die Pflege der Kranken blieb ihrer Familie überlassen, sofern sie eine hatten. Wurde der Kranke allerdings gefährlich, konnte er auf Wunsch der Familie in eine Anstalt gesperrt werden; es handelte sich also auch hier um eine freiwillige Unterbringung (da sie ja von der Familie veranlaßt wurde). Die Zwangseinweisung war für solche Geisteskranken gedacht, die auf sich allein gestellt waren. In beiden Fällen handelte es sich jedoch ausschließlich um gemeingefährliche Kranke, der Unterschied bestand nur darin, ob es Angehörige gab oder nicht. Außerdem mußte in einem sogenannten »certificat de quinzaine«, einer Art Beurteilung im Zwei-Wochen-Takt, die Häufigkeit der gewalttätigen Akte und der Anfälle von geistiger Umnachtung vermerkt werden.

Mit der Zeit ging man dann allerdings dazu über, die harmlosen Kranken wie beispielsweise die Depressiven mit den gefährlichen in einen Sack zu stecken. Daraus ergibt sich folgende Situation: Die Gefährlichen werden zwangseingewiesen und die Harmlosen freiwillig untergebracht. Dabei müßte es eigentlich folgendermaßen aussehen: die Harmlosen werden ambulant behandelt, die Gefährlichen mit Familie freiwillig untergebracht und die Gefährlichen ohne Angehörige zwangseingewiesen.

Heute haben psychiatrische Krankenhäuser als Pflegeeinrichtungen die Irrenanstalten des 19. Jahrhunderts abgelöst, die im Grunde allein dazu dienten, die Kranken wegzusperren. Das Ergebnis ist jedoch das gleiche; zwar hat die chemische die traditionelle Zwangsjacke ersetzt, aber der heutige Kranke ist dem System ebenso ohnmächtig ausgeliefert wie der Irre von anno dazumal.

Ich mußte unbedingt mit Philippe Bernardet sprechen. Wir verabredeten uns an einem Nachmittag in einem Café im Quartier Latin. *»Ich trage eine karierte Mütze«*, hatte er am Telefon gesagt.

Das rundliche, gerötete Gesicht mit dem Schnauzer und

der berühmten karierten Mütze zur passenden Tweedjacke verleihen ihm eine gewisse Ähnlichkeit mit Sherlock Holmes. Ich hatte ihn mir älter vorgestellt; ich schätze ihn auf Mitte 40. Er trinkt Kaffee und macht einen jovialen Eindruck. Seine Stimme klingt genauso wie am Telefon, volltönend, voller Nuancen und Modulationen, so daß man ihn lachen hört, bevor seine Augen sich verengen. Er gehört zu den Menschen, die einem die schrecklichsten Dinge erzählen können, ohne ins Tragische abzurutschen, jedoch auch ohne eine Spur von Zynismus. Er kommuniziert gerne, das spürt man, und er kennt sein Thema in- und auswendig. Es ist ein Vergnügen, sich mit ihm zu unterhalten. Außerdem ist er an diesem Tag ausgesprochen gut gelaunt, weil er eben die Benotung seiner Dissertation in Jura erfahren hat: 18 von 20 Punkten!

Die erste Frage, die mir in den Sinn kommt, lautet: *»Warum verbringen Sie Ihre Zeit damit, sich für stationär untergebrachte Psychiatriepatienten einzusetzen?«* Seine Antwort enttäuschte mich nicht; wie so oft, sind auch seine Gründe persönlich und aufschlußreich.

Vor etwa 20 Jahren geriet er durch eine Verkettung von unglücklichen Umständen wie Liebeskummer, Entlassung, Hepatitiserkrankung und akute Erschöpfung (er arbeitete nebenher, um sich sein Studium zu finanzieren) aus dem Gleichgewicht. *»Eines Abends bin ich im Treppenhaus des elterlichen Ladens zusammengebrochen«*, erzählt er, *»schwer atmend, halluzinierend und einen Wortschwall hervorstoßend, den ich einfach nicht stoppen konnte. Dabei nahm ich mit absoluter Klarheit wahr, was um mich herum geschah.«*

Seine erschrockenen Eltern rufen den Arzt, der eine akute Depression diagnostiziert und verschiedene Medikamente sowie drei Monate Ruhe verordnet. »*Dieser Arzt kam mir vor wie ein Ignorant*«, erinnert er sich. »*Ich hatte mich noch nie besser gefühlt, in völliger Symbiose mit der Welt.*«

Am nächsten Tag war das Delirium vorbei, vermutlich dank der Tabletten, »*aber auch aufgrund der sedierenden Wirkung des Deliriums selbst, das mich von meinem Leid befreit hatte. Aber auch die Euphorie war verflogen, und ich war unfähig zu denken oder zu fühlen, alles kam mir furchtbar öde, traurig und bedrückend vor.*«

Zwei Tage später verläßt er unter großen Anstrengungen das Haus, fest entschlossen, die Lethargie, die ihn gefangenhält, abzuschütteln. Er betritt ein Kino auf den Champs-Élysées, in dem *Uhrwerk Orange* läuft. Der Film bewirkt etwas, »*es macht Klick*« – er findet Sprache und Willenskraft wieder, aber gleichzeitig kehrt auch der Schmerz seines Liebeskummers zurück.

Entschlossen, die allzu schmerzhafte Erinnerung an eine zerbrochene Liebe auszuradieren, eröffnet er seinen Eltern, er wolle dem Rat seines Arztes folgen und eine Schlafkur machen. Diese Neuigkeit löst bei seiner Mutter, deren Nerven zum Zerreißen gespannt waren, einen Wutausbruch aus. »*Jetzt ist Schluß, so kann das nicht weitergehen, ich ertrage das nicht mehr!*« brüllt sie.

Diese Reaktion hat auf ihn die gleiche Wirkung wie ein Elektroschock. Er sieht sich selbst, wie er manipuliert und zum simplen Objekt degradiert wird. Er macht kehrt und geht zurück nach Hause. Zwei Tage später nimmt er seine Aktivitäten wieder auf und macht seinen Magister in Philosophie.

»*Diese Episode hat mich enorm geprägt*«, gesteht er. »*Ich begriff, daß man auch etwas, das nur Ausdruck einer schmerzlichen Erfahrung ist, als Geisteskrankheit interpretieren kann.«*

Einige Zeit später stößt er bei einem Spaziergang durch die Straßen zufällig auf Plakate der Groupe Information Asiles, GIA, der Informationsgruppe Anstalten, die einen Abend unter dem Thema »Psychiatrieeinweisungen« veranstaltet. Er geht hin und erfährt zu seiner Verblüffung, daß seine Eltern, hätten sie gewollt, ihn hätten einweisen lassen können. Als er unsicheren Schrittes und ohne auf den Verkehr oder Ampeln zu achten zu dem Kino auf den Champs-Elysées gewankt war, hätte die Polizei seine Zwangseinweisung anordnen können, auch gegen den Willen seiner Eltern, und das alles nur einem Gesetz gemäß, das unter der Herrschaft Louis-Philippes vom Oberhaus verabschiedet worden war.

Wenn er seitdem mit solch leidenschaftlichem Einsatz für stationär untergebrachte Psychiatriepatienten kämpft, dann darum, weil ihm sehr bewußt ist, wie knapp er selbst an der Katastrophe vorbeigeschlittert ist. *»Ich habe mich sehr bald der GIA angeschlossen, erst einmal, um mich selbst und andere aufzuklären«*, erklärt er mir. *»Allerdings auch, weil es damals keinerlei Einrichtung gab, die sich für Geisteskranke einsetzte. Der GIA hat sich auf die Verfahren spezialisiert, die sich darum bemühen, Patienten aus psychiatrischen Krankenhäusern herauszuhelfen; weniger um des Gewinnens willen, als vor allem, um die Presse zu mobilisieren, da die Militanten alle glaubten, die Justiz wäre ein Sumpf.«* Nach und nach stellten sie fest, daß sie beispielsweise durch Umfragen in der Nachbarschaft, bei denen sie Aussagen sammelten, die den Beschuldigungen der Präfekten zuwiderliefen, Erfolge erzielten. Ihre Taktik bestand darin, sich auf nicht beachtete Formalien zu konzentrieren: Die Verhaftung war unmotiviert erfolgt, es hatte keine amtliche Mitteilung gegeben usw. Sie wollten zeigen, daß man mit einem Menschen, nur weil er psychisch krank war, noch lange nicht umspringen durfte, wie es einem gefiel. Die peinlich berührten Beamten zogen schließlich schwache Experten hinzu, die den zuständigen Richter nicht überzeugen konnten, so daß er die Entlassung des Patienten verfügte. *»Früher gab es keine einzige Aufhebung einer Zwangseinweisung durch einen Präfekten, seit 1984 waren es dank unserer Hilfe mehrere hundert. Ich habe mich auf dieses Fachgebiet des Verwaltungsrechts spezialisiert; inzwischen sind wir auf unserem Gebiet sehr gut, besser als die Anwälte«*, erzählte er sehr zufrieden.

1990 wandte Bernardet sich an die Europäische Menschenrechtskommission und stellte deren Effektivität fest. Der große Vorteil ist der, daß eine Sanktion auf europäischer Ebene zahlreiche Konsequenzen und vor allem Gesetzesänderungen nach sich ziehen kann. Damals war er jedoch offiziell immer noch kein Jurist (*»Und vermutlich habe ich es auch darum geschafft, weil ich keine Scheuklappen hatte«*), und das hätte ihm vor dem Europäischen Gerichtshof zum Nachteil gereichen können. Also wurde er einer.

»Es ist ein furchtbar kompliziertes Recht, weil es Zuständigkeitsüberschneidungen zwischen Verwaltungs- und Zivilrechtsfragen gibt und seit zwei Jahrhunderten jeder die Zuständigkeit an sich reißt. Um eine Vereinfachung der Verfahren zu erzwingen, habe ich die Beamten mit Arbeit überhäuft und mir dabei gedacht: Gestalten wir das Ganze so kompliziert wie möglich, dann werden sie gar nicht anders können, als das bestehende Recht zu vereinfachen. Und es hat funktioniert!«

Tatsächlich beschloß das Pariser Verwaltungsgericht im Juli 1998 in einer Plenarsitzung, das Gesundheitsgesetz dürfe nicht länger rechtliche Grundlage von Zwangseinweisungen sein. Jede Anordnung, die auf Grundlage eines ärztlichen Attests erfolgt, muß die Verfahrensweise anführen, mit der die Verwaltung weiter vorzugehen gedenkt, um die Person über die Beweggründe der polizeilichen Entscheidung zu informieren: Fehlt diese Information, ist die Anordnung nichtig. Seit Anfang des Jahrhunderts gestattet der Staatsrat, daß die Gründe für die Zwangseinweisung auf einem ärztlichen Attest angeführt werden, einem Dokument, das unter die ärztliche Schweigepflicht fällt. Deshalb haben die Richter angeordnet, daß die Polizeipräfekte das Papier dem Betroffenen zustellen müssen, damit der es auf Wunsch der Justiz vorlegen kann. *»Es ist irre! Der Patient muß also entscheiden, obwohl man ihn doch beschuldigt, nicht zurechnungsfähig zu sein! Außerdem müssen die Ärzte auch noch bereit sein, mit den Patienten zusammenzuarbeiten!«* jubiliert Bernardet.

Ohne auf technische Einzelheiten einzugehen, erklärt dieser Rechtsentscheid sämtliche Erlasse von Präfekten seit 1974 für nichtig; da die internationalen Gesetzestexte keinen Unterschied zwischen freiwilliger Unterbringung und Zwangseinweisung machen, gilt für sie das Gleiche.

»Die zweideutige Gesetzeslage ermöglicht die ganzen Übergriffe«, erklärt mir Philippe Bernardet. *»In Frankreich beispielsweise ist Selbstmord kein Vergehen, was allerdings nicht zwangsläufig bedeutet, daß er erlaubt ist, da die Verwaltung verpflichtet ist, gefährdeten Personen Hilfe zu leisten. Also läßt sie Menschen, die eine potentielle Gefahr für sich selbst darstellen, vorsorglich einweisen, um sich rechtlich abzusichern.«*

Darauf erzählt er mir den Fall von Madame Ledrut, einer fünfundsiebzigjährigen Dame, die er vor Gericht vertreten hat. Von betrügerischen Geschäftsleuten ihres gesamten Vermögens beraubt, wurde sie beim Tod ihres Mannes aus ihrem eigenen Haus vertrieben. Der Polizeikommissar ihres Arrondissements hatte ein ganz persönliches Interesse daran, sie loszuwerden (er hatte ein Auge auf ihr wertvolles Mobiliar geworfen). Er interpretierte also einen harmlosen Satz, den Madame Ledrut bei einer Vorladung auf dem Kommissariat gesagt hatte *(»Wenn ich gewußt hätte, daß Sie mich deshalb herbestellt haben, hätte ich andere Schritte unternommen«)* als Selbstmorddrohung (sie will lieber sterben als sich aus ihrem Haus hinauswerfen lassen) und veranlaßt ihre Zwangseinweisung.

Tatsächlich ist Frankreich das einzige Land Europas, in dem eine Zwangseinweisung eine rein administrative Frage ist. Das heißt, daß irgend jemand, der Sie möglicherweise noch nie gesehen hat, Ihre Zwangseinweisung beschließen kann. Anderswo befindet darüber die Justiz.

Philippe Bernardet fragt sich heute, wie wohl sein Leben ausgesehen hätte, wenn er das Pech gehabt hätte, in die Mühlen der Psychiatrisierung zu geraten. Denn abgesehen von den Schwierigkeiten einer Beurteilung psychischer Krankheiten – auch das Delirium ist ein Symptom einer Psychose –, ermöglicht die ärztliche Schweigepflicht jeden Mißbrauch.

Monique Laidin ist sicher ein extremes Beispiel, das nachdenklich stimmt. In Folge einer Verkettung von noch banaleren Umständen als bei Bernardet, vor allem aber aufgrund der Böswilligkeit ihres Umfelds, sah diese ganz normale Frau ihr Leben aus dem Lot geraten: 22 Jahre lang (in denen sie ihren Sohn verlor und ihre Arbeit, ohne jede Chance, jemals wieder eine Anstellung zu finden) hat sie gekämpft, ohne daß sie ein halbes Dutzend Einweisungen sowie erzwungene Therapien mit Neuroleptika verhindern konnte, die schwere Nebenwirkungen hervorriefen (im Bereich der Blase, des Magen-Darm-Traktes und der Haut), ehe festgestellt wurde, daß sie völlig gesund war.

Dabei hat sie sich aller ihr zur Verfügung stehenden Mittel bedient. Aber während seit 1978 jeder eine Kopie der eigenen Krankenakte einfordern kann (er muß diese allerdings beantragen und einen Arzt seiner Wahl bestimmen, an den alle medizinischen Unterlagen geschickt werden sollen), mußte Monique Laidin an die 40 Einschreiben an die Verwaltung schicken, ein dutzendmal die Kommission für Akteneinsicht bemühen und vor dem Pariser Verwaltungsgericht prozessieren, ehe ihr die medizinischen und verwaltungstechnischen Dokumente aus ihrer Krankenakte ausgehändigt wurden!

Ihre Geschichte ist von bemerkenswerter Banalität. Urteilen Sie selbst. Bei der Geburt ihres einzigen Kindes, einem Sohn, ist sie 26 Jahre alt. Sie ist seit zwei Jahren verheiratet und hat verschiedene Arbeitsstellen, bevor sie sich schließlich bei Ferodo-Valeo als Büroangestellte fest anstellen läßt. Drei Jahre später erkrankt sie an einer hartnäckigen Grippe und fühlt sich ständig schlapp (sie versorgt ihren Sohn, führt den Haushalt, arbeitet 48 Stunden die Woche zuzüglich Überstunden und belegt auf Wunsch ihres Arbeitgebers einen Weiterbildungsfernkurs), so daß sie schließlich einen Arzt aufsucht. Sie leidet an gynäkologischen Störungen und Erschöpfungszuständen. Der Arzt schreibt sie für vier Wochen krank und verordnet ihr verschiedene Medikamente, die sie jedoch sehr schlecht verträgt. Sie bekommt Schlafstörungen, was ihre Erschöpfung noch verschlimmert, bis sie sich schließlich nicht mehr in der Lage fühlt, ihren achtjährigen Sohn zu versorgen. Ihr Mann gibt das Kind in die Obhut seiner Mutter und entwickelt seiner Frau gegenüber solche Aggressionen, daß sie sich genötigt sieht, bei der Polizei Anzeige gegen ihn zu erstatten. Sie wird ins Krankenhaus von Bichat eingewiesen, wo man ihr zwei Monate Urlaub auf dem Land verordnet. Sie hat vor, diese Zeit zusammen mit ihrem Sohn bei ihrer Mutter in der Vendée zu verbringen, aber ihr Mann sperrt sich dagegen. Um nicht von ihrem Kind getrennt zu sein, bleibt sie, beschließt aber, die Scheidung einzureichen. Als ihr Mann das erfährt, schickt er sie zu einem Arzt, der ihre sofortige Einlieferung in die psychiatrische Klinik von Maison-Blanche anordnet, eine »freiwillige Unterbringung«, also gegen ihren Willen.

Die erste Diagnose lautet »*Verhaltensstörungen, die eine Psychose vermuten lassen: hat ihre Stelle gekündigt, vernachlässigt den Haushalt, läuft Tag und Nacht ziellos umher, leidet an Anorexie, Weinkrämpfe wechseln sich mit Wutausbrüchen ab, kapselt sich ab, spricht ständig davon, sich mit ihrem kleinen Jungen ausruhen zu wollen*«. Keine Spur von einer Psychose, sondern das von ihrem Ehemann gezeichnete Bild einer erschöpften Frau, die aufgrund von zuviel Unverständnis und ehelicher Gewalt depressiv geworden ist. In den nachfolgenden Diagnosen hieß es, nachdem sie ihren Mann auf dem Polizeirevier angezeigt hatte, gar »*Verfolgungswahn*« und »*krankhafte Mutter-Sohn-Beziehung*«, und das nur, weil sie ihr Kind zurückhaben wollte. Die Störungen, die die Krankenhausärzte noch feststellten, lauteten »*Apragmatismus*« und »*unmotiviertes Lächeln*«, was, wie Philippe Bernardet bemerkt,

»recht wenig ist für jemanden, den man gerade gegen seinen Willen eingesperrt hat«. In dem ersten Untersuchungsbericht nach zwei Wochen hieß es, der stationäre Status müsse aufrechterhalten werden.

Monique war noch weit entfernt von dem gesetzlich geforderten Zustand der geistigen Umnachtung. Hierzu Bernardet: *»Dieser Erschöpfungszustand, der einen lähmt – dieser ›Apragmatismus‹, wie es die Psychiater nennen – und dieses verlegene Lächeln, das man ihnen schenkt, weil einem wohl bewußt ist, daß man nicht verstanden wird und man sich hilflos fühlt, genügen als Rechtfertigung für eine verlängerte stationäre Behandlung.«*

Monique Laidin sollte sechs Monate in Maison-Blanche bleiben, wo sie hochdosierte Neuroleptika bekommt, aber nichts gegen ihre Schlaflosigkeit: *»Ich habe einen ganzen Monat lang nachts kein Auge zugetan. Ich blieb in meiner Ecke, wie gelähmt. Ich streckte allen die Zunge heraus.«*

Bei ihrer Entlassung ist sie von den Neuroleptika derart geschwächt, daß ihr Arbeitgeber ihr eine andere Arbeit zuteilen muß. Hinzu kommt, daß sie stark zugenommen hat. Nach und nach sagt sich ihre ganze Familie von ihr los, ihr Mann wird immer gewalttätiger, weshalb sie ihn wegen Körperverletzung anzeigt und erneut die Scheidung einreicht. Die Justiz gestattet ihr, die eheliche Wohnung zu verlassen. Sie hat keine eigene Wohnung, was ihr Mann sich sofort zunutze macht, um »vorübergehend« das Sorgerecht für den gemeinsamen Sohn zu beantragen – natürlich wird dank einiger geschickter Schachzüge aus der provisorischen eine definitive Entscheidung, und Monique Laidin wird ihren Sohn nie wiedersehen. Deprimiert von diesem Zustand, betäubt von Schlafmitteln und Neuroleptika, fällt ihr das Arbeiten verständlicherweise manchmal schwer.

Fortan setzen ihre Vorgesetzten alle Hebel in Bewegung, sie krank schreiben zu lassen, um sie loszuwerden. Der Kampf zwischen ihr und der Sozialarbeiterin bei Ferodo, der es gelingt, sie mehrmals einweisen zu lassen (ohne daß sie andere Symptome aufgewiesen hätte als Nebenwirkungen der Medikamente), sollte mehrere Jahre währen und sie schließlich überfordern. In all diesen Jahren hat Monique Laidin zahlreiche Briefe geschrieben, in denen sie um Hilfe bat, vor allem an die Staatsanwaltschaft, sie hat sich Therapien verweigert und so die Pfleger gezwungen, ihr gewaltsam Spritzen zu verabreichen, sie hat ein psychiatrisches Gutachten beantragt und ist sogar in den Hungerstreik getreten. Alles ohne Erfolg. Die Sozialarbeiterin ihrer Firma wollte *»Madame Laidin lieber für arbeitsunfähig erklärt haben, als sie zu entlassen«*, und da ihr Arzt sich dieser Auffassung anschloß, wurde sie zu 80 % arbeitsunfähig gesprochen. Die Haltung ihres Arbeitgebers ist nicht weiter überraschend, hätte er ihr doch im Falle einer Kündigung eine Entschädigung zahlen müssen.

Der Preis eines ruinierten Lebens erscheint Philippe Bernardet ziemlich hoch, hat er doch ausgerechnet, daß Monique Laidin die Sozialkasse fast eine Million Francs kosten wird: etwa 600 000 Francs für ihre Unterbringung in verschiedenen psychiatrischen Einrichtungen, 150 000 Francs für Kuren, zuzüglich der Arzthonorare, ambulante Krankenhaustherapie, 14 Jahre Behandlung sowie fast vier Jahre Krankentagegeld!

Jedesmal wenn ich im Rahmen meiner Recherchen einem Psychiater gegenüber das Thema der Krankenhauseinweisung angesprochen habe, sind wir aneinandergeraten. Henri Lôo, Chefarzt am Sainte-Anne, ein sanfter und reizender

Mensch, der von seinen Patienten spricht, als lägen sie ihm alle sehr am Herzen, gibt zu: »*Früher war es furchtbar, und man mußte sich einfach dagegen aussprechen.*« Dann fügt er aber sogleich hinzu: »*Aber heute ist vieles anders.*«

Eine Behauptung, die so gar nicht mit dem Bericht von Laurent Wetzel deckt, dem Bürgermeister von Sartrouville, der vor gar nicht so langer Zeit illegal und gegen seinen Willen ins Sainte-Anne eingewiesen wurde (und dessen Geschichte ich im Anhang detaillierter schildere). Da er während seines Aufenthalts dort weder krank noch von Medikamenten benebelt war, ist seine Aussage um so glaubhafter.

»*Ende Juni 1995 war es in Paris sehr heiß. Flure und Zimmer waren schlecht gelüftet. Die Schiebefenster ließen sich nur wenige Zentimeter öffnen, um Selbstmorden vorzubeugen. Der Gestank war widerlich, auch in den Duschräumen.*

Ärzte, Pfleger und Krankenschwestern verbrachten die meiste Zeit in einer Art Glaskäfig mit einer Tür zur Station. Ich sah sie Kaffee trinken, Snacks essen und aus vollem Halse lachen. Wenn ein Patient schüchtern darum bat, den Arzt sprechen zu dürfen, wurde ihm rüde geantwortet: ›In fünf Minuten.‹ Fünf Minuten, 30 Minuten, eine Stunde verstrichen, ohne daß sich irgend jemand um ihn kümmerte. Der Kranke klopfte erneut an die Tür des Glaskäfigs. ›In fünf Minuten‹, wurde ihm zugerufen. Er gab es auf. Dr. B. bekamen wir nur sehr selten zu Gesicht. Sein Assistenzarzt, Dr. C., war öfter da, aber scheinbar immer in Eile. Wenn ein Patient versuchte, ihn anzusprechen, hieß es immer, er habe keine Zeit, das sei jetzt nicht der richtige Moment. Tatsächlich war nie der richtige Moment.

Pfleger und Krankenschwestern hatten drei Aufgaben: überwachen, bei den Ärzten petzen und Medikamente verteilen. Die Verteilung der Psychopharmaka erfolgte dreimal täglich vor den Mahlzeiten. Die Patienten warteten geduldig, bis sie dran waren, standen in einer Reihe an, um widerspruchslos Pillen und Neuroleptikatropfen zu schlucken, die man ihnen in kleinen Bechern reichte. Mehrfach wollte man mich zwingen, Medikamente zu schlucken, die gar nicht für mich bestimmt waren. Das Essen war rationiert und fade. Ich wurde oft einem alterslosen Patienten gegenüber plaziert, der nie ein Wort sprach, Grimassen schnitt und ständig von irgendwelchen Ticks zuckte – die möglicherweise auf eine Überdosis Neuroleptika zurückzuführen waren. Er spuckte jedesmal einen Teil dessen, was er sich in den Mund schob, in meine Richtung.

14 Stunden am Tag Nichtstun, die ich damit verbrachte, mich zu fragen, wann man mich wieder rauslassen würde. Eine Woche lang waren mir Besuche und Telefonate verboten. Ich mußte jeden verbalen oder tätlichen Fauxpas vermeiden, der den Ärzten einen Vorwand geliefert hätte, meine nicht zu rechtfertigende Einweisung nachträglich zu rechtfertigen und aus der ›freiwilligen Unterbringung‹ eine Zwangseinweisung zu machen.«

Édouard Zarifian – der sich mit Grauen daran erinnert, wie er als junger Psychiater einen Gemeinschaftssaal besichtigte, der angelegt war wie ein Kuhstall: in der Mitte eine Rinne für den Abfluß des Urins und Kranke, die auf beiden Seiten auf dünnen Matten auf dem Fußboden lagen – empfahl mir, mir den Pavillon Jérôme-Bosch in der psychiatrischen Klinik von Armentières in Lille anzusehen, der von Dr. Roelandt geplant und renoviert wurde und heute geleitet wird. »*Sie werden sehen, das ist etwas völlig anderes*«, versicherte er mir.

Ich erwartete von der staatlichen psychiatrischen Einrichtung Lille-Métropole unter Leitung von Monsieur Roelandt also Wunder.

Obgleich in das Krankenhaus von Armentières eingegliedert, das einen denkbar schlechten Ruf genießt, unterscheidet sich dieses Gebäude deutlich von den anderen. Es ist modern, hell, sauber, und die Patienten verfügen über die besten Therapiemöglichkeiten (Bäderbehandlungen, Schönheitsbehandlungen, Ergotherapie, Gymnastik usw.), wie in den modernsten Privatkliniken. Aber warum sind sämtliche Türen abgeschlossen, sogar die zur Treppe? Dabei hatte die Aufsicht doch von einer »offenen« Abteilung gesprochen. Angesichts meiner Verblüffung über diese mitten am Nachmittag leeren, von außen abgeschlossenen Zimmer erklärt er mir, daß sämtliche Patienten bei irgendwelchen Therapien seien. Es handelt sich also um eine Präventivmaßnahme gegen Diebstähle.

Zweifellos bekommt man eine Gänsehaut, wenn man die Fotos von dem Gebäude vor der Renovierung an den Wänden sieht. Schmutzige Gemeinschaftssäle, aneinandergereihte Eisenbetten, einige wenige dreckstarrende Waschbecken, abblätternde Anstriche, Gitter! Heute ist das Erdgeschoß, in dem sich die Kantine und der Empfangsbereich befinden, weitläufig und hell, es gibt einen Münzfernsprecher und einen Getränkeautomaten, und die Anwendungsräume sind blitzsauber. Warum hat man, wo doch genug Platz war, keine Einzelzimmer eingerichtet? Warum dürfen Patienten, die das möchten, nicht mit Eltern oder Freunden zusammen essen, wie man mir erzählt hatte? Und vor allem, warum die verschiedenen Pathologien vermischen, wo doch angesichts der vollständigen architektonischen Umgestaltung der Innenräume die Möglichkeiten bestanden hätten, sie zu trennen?

»*Um keine Ghettos zu schaffen*«, antwortet der Aufseher.

Die meisten Psychiater, die ich kennengelernt habe, klammern sich an dieses Argument: »Ghettos vermeiden.« Warum dann nicht gleich normale Krankenhäuser an den Pranger stellen, die Leberkranke, Wöchnerinnen und Traumapatienten auf verschiedenen Stationen unterbringen? Ich machte diesen Einwand einer Psychiaterin gegenüber, die trotz allem nicht von ihrem Standpunkt abwich, bis ich sie schließlich ärgerlich fragte, ob sie ihre eigene Tochter zur stationären Behandlung in eine psychiatrische Klinik einweisen lassen würde, falls sie an einer akuten Depression litte. Ihre spontane, leidenschaftliche Antwort lautete: »*Nein!*« Das sagt alles.

Ich muß allerdings sagen, daß das, was ich außerhalb des Krankenhauses sah, mir Hoffnung machte. Die Assistentin von Dr. Roelandt zeigte mir die psychiatrischen Infrastrukturen in verschiedenen Stadtteilen und im weiteren Umkreis. So habe ich unter anderem das »Maison Antonin-Artaud« besichtigt, eine Tagesbetreuungsstätte, die stationäre Krankenhausaufenthalte vermeiden helfen soll. Die Patienten können an therapeutischen Maßnahmen teilnehmen (Sport, Musik, Kosmetik, Orientierungs- und Gedächtnistraining, aktuelle Informationen, Gestalttherapie usw.). Das ist eine verdammt gute Alternative, um so mehr, als die Krankenschwestern, die dort arbeiten, Patienten notfalls auch zu Hause aufsuchen und die neue Beziehung zu ihren Patienten durchaus zu schätzen wissen. Die, mit denen ich gesprochen habe, hatten vorher in einem psychiatrischen Krankenhaus gearbeitet und wußten, zu unterscheiden: »*Früher lag es beim Patienten, sich dem Pflegepersonal anzupassen, jetzt ist es genau umgekehrt. Wir stehen zu ihrer Verfügung, und das ist viel interessanter, auch wenn es mühsamer ist.*«

Trotzdem kommt man nicht umhin festzustellen, daß die Positionen der Psychiater und der Kranken unvereinbar sind. Auf der einen Seite die Einrichtungen, von denen auch die mir als die modernsten, offensten und menschlichsten anempfohlenen – wie die des Dr. Roelandt in Lille – weiterhin die Zusammenlegung der Krankheitsbilder, Mehrbettzimmer und »offene« Abteilungen (die in Wirklichkeit geschlossene sind) rechtfertigen und praktizieren. Auf der anderen Seite sind 100 % der an Depressionen leidenden Patienten, die schon einmal in einem psychiatrischen Krankenhaus waren, strikt gegen das bestehende System. Sie haben zu sehr darunter gelitten. Ich beklage diese Situation am Ende meines Interviews gegenüber Philippe Bernardet, der mir riet, mich mit Gérard Massé im Sainte-Anne zu unterhalten. »*Er hat gute Ideen, Sie werden sehen, aber berufen Sie sich lieber nicht auf mich*«, sagte er mit einem schalkhaften Lächeln.

Nach zahlreichen Anrufen bekomme ich einen Tag vor Weihnachten endlich einen Termin bei Dr. Massé. Seine spöttische und direkte Art hatte ich schon am Telefon registriert – etwas überraschende Züge in diesem Beruf. Der Mann entspricht genau der Vorstellung, die ich mir von ihm gemacht hatte: Lederjacke, offener Hemdkragen, keine Krawatte – das mindeste, was man zu seiner Erscheinung sagen kann, ist wohl, daß er alles daransetzt, nicht wie ein abgehobener Akademiker auszusehen.

Auf seiner Station ist in jedem Stockwerk deutlich sichtbar neben dem Fahrstuhl die Charta der Patienten angebracht. Auch wenn diese Präsentation der Rechte des Patienten theoretisch Vorschrift ist, bleibt sie doch eine Ausnahme. Erst als der schon genannte Laurent Wetzel sie am Empfang inmitten eines Wustes von anderen Unterlagen entdeckte, ging ihm auf, wie kraß in seinem Fall gegen das Gesetz verstoßen worden war. Ich für meinen Teil habe in keiner der Einrichtungen, in denen ich untergebracht war, auch nur ein einziges Exemplar dieser Charta zu sehen bekommen. Darum möchte ich mir auch an dieser Stelle erlauben, sie in ihrer Vollständigkeit abzudrucken:

ALLGEMEINE VORSCHRIFTEN

Das stattliche Krankenhaussystem ist jedem zugänglich, erst recht mittellosen Personen. Es hat auch behindertengerecht ausgestattet zu sein.

Die Pflegeeinrichtungen garantieren die Qualität der Behandlung, der Versorgung und des Umgangs mit dem Patienten. Ihr Hauptanliegen muß die Linderung von Schmerzen sein.

Die Aufklärung des Patienten muß für diesen zugänglich und ehrlich sein. Der Patient hat ein Mitspracherecht bezüglich der ihn selbst betreffenden therapeutischen Maßnahmen.

Eine medizinische Behandlung darf nur mit der freien und bei klarem Verstand erteilten Einwilligung des Patienten erfolgen.

Eine spezielle Einwilligung muß vor allem von Patienten eingeholt werden, die Gegenstand einer biomedizinischen Untersuchung sind, aber auch in Fragen der Spende und Verwertung von Organen sowie der Ursachenforschung.

Der stationär untergebrachte Patient, hat, sofern dem keine gesetzlichen Anordnungen entgegenstehen, das Recht, die psychiatrische Einrichtung jederzeit zu verlassen, nachdem man ihn über die möglichen Risiken seiner Entlassung aufgeklärt hat.

Der Patient ist mit Respekt zu behandeln. Sein Glaube muß ebenso respektiert werden wie seine Intimsphäre und sein Wunsch nach Ungestörtheit.

Der Respekt des Privatlebens wird jedem stationär untergebrachten Patienten ebenso garantiert wie der vertrauliche Umgang mit persönlichen, medizinischen oder sozialen Daten.

Der Patient hat das Recht, seine Krankenakte einzusehen und sich über einen von ihm frei gewählten Allgemeinmediziner über die medizinischen Einzelheiten aufklären zu lassen.

Der stationär untergebrachte Patient kann seine die Pflege und seine Behandlung betreffenden Beobachtungen frei äußern, und er hat das Recht, für eventuelle Verstöße gegen seine Rechte Wiedergutmachung zu fordern.

Da glaubt man doch zu träumen, oder? Gérard Massé

nimmt kein Blatt vor den Mund: »*Für mich ist der psychisch Kranke ein Patient wie jeder andere, ein Kunde, der Anspruch auf eine bestimmte Leistung hat. Das psychiatrische Krankenhaus steht, auch wenn es sich um eine private Einrichtung handelt, im Dienst der Öffentlichkeit, da es von der Sozialversicherung bezahlt wird und wir diese Sozialversicherung finanzieren. Und doch ist der Zustand der französischen Kliniken katastrophal, vor allem in der Psychiatrie. Es gibt absolut menschenunwürdige Löcher, das läßt sich nicht leugnen. Es ist einfach inakzeptabel, daß es in einem demokratischen und reichen Land wie dem unseren 1998 Krankenhäuser gibt, die für eine stationäre Behandlung von Menschen völlig ungeeignet sind.*«

Seiner Ansicht nach müßte der Unterbringungsstandard in der Psychiatrie der gleiche sein wie in der Chirurgie oder auf einer Entbindungsstation. Das heißt: Einzelzimmer, Bad, Telefon und Fernsehen auf jedem Zimmer. Und sonst? Wirkliche Öffnung der Abteilungen, Trennung der verschiedenen Krankheitsbilder und Überwachung der Leistungen der einzelnen Krankenhäuser.

Warum sind viele Psychiater der Meinung, eine Mischung der Pathologien sei vorzuziehen? Weil sie noch das alte System gekannt haben. Als 1838 die ersten psychiatrischen Krankenhäuser gebaut wurden, darunter beispielsweise Sainte-Anne (das Musterbeispiel des Asyls des 19. Jahrhunderts, wie er sagt), war das ein Fortschritt, eine Anerkennung der Krankheit und des Leids. Bei der Abstimmung erhob sich einer der Abgeordneten und erklärte: »*Ich schlage vor, ihnen den schön klingenden Namen Asyl zu geben.*«

Die Mittellosen gingen dorthin, um zu sterben. Die Anlage war in Pavillons aufgeteilt; eine Reihe Pavillons zur

Linken für die Männer, und eine rechts für die Frauen, belegt nach den Krankheiten, so wie man sie damals unterschied: von den Agitierten bis hin zu den Bettlägerigen. Gérard Massé fügte hinzu: *»Wenn die Station der Hyperaktiven anfing zu schreien, konnte man sie drei Kilometer weit hören. Damals gab es noch keine Medikamente, mit deren Hilfe man sie hätte ruhigstellen können. Natürlich betrachten jene, die noch diese Zustände gekannt haben, die Zusammenlegung der Pathologien als Fortschritt. Was die anderen betrifft, kümmern sie sich vor allem um die Psychotiker. Für sie sind depressive Patienten nur Randerscheinungen.*

Am unerträglichsten aber ist, daß Menschen, die Jahre dort sind, mit Patienten zusammengelegt werden, die nach ein oder zwei Wochen wieder entlassen werden.«

Alles hängt zusammen. Wenn in Frankreich die meisten psychiatrischen Abteilungen geschlossen sind, *»auch jene, die als offen gelten«,* dann liegt das, wie mir Gérard Massé erklärt, daran, daß das Pflegepersonal gleich alle Türen abschließt, sobald es auf der Station einen einzigen Patienten gibt, bei dem Fluchtgefahr besteht.

Heute sind psychiatrische Behandlungen komplexer geworden: Man behandelt eine junge Magersüchtige nicht mehr wie einen Kranken im Delirium. Als man in den 60er Jahren das Krankenhausnetz in Sektoren einteilte, war man bestrebt, dadurch den allgemeinen Zugang zu den einzelnen medizinischen Fachbereichen zu erleichtern. Das Problem ist, daß ein solcher Sektor zwischen 70 000 und 100 000 Einwohner umfaßt, so daß es möglicherweise nicht genügend Patienten mit der gleichen Krankheit gibt, um eine ganze Station auszulasten. Gérard Massé ist der Ansicht, daß sektorübergreifende Dienste geschaffen werden sollten, damit die zwei Magersüchtigen aus Bezirk A beispielsweise auch in Bezirk B behandelt werden könnten anstatt zusammen mit den anderen geistig Kranken des Bezirks A.

Er erklärt mir, daß dies an einem einzigen Ort in Frankreich praktiziert wird, und zwar in Montpellier, im psychiatrischen Krankenhaus von La Colombière, wo drei verschiedene sektorübergreifende Abteilungen eingerichtet wurden, darunter eine für depressive Patienten.

Warum das nicht überall so gehandhabt wird, fragen Sie? *»Probleme auf der Chefebene«*, erklärt mir Gérard Massé. Es würde die Zusammenlegung eines Teils des Budgets bedeuten sowie für den einzelnen Chefarzt den Verlust verschiedener Verantwortlichkeiten. Und wer von Verantwortung spricht, meint Macht ...

»Die Nutzer dieser Einrichtungen müssen Druck machen«, beharrt er, wobei er einräumt, daß geistig Kranke besonders benachteiligt sind, wenn sie sich Gehör verschaffen wollen. Seit einem Runderlaß von 1996 ist die Mitgliedschaft zweier Patientenvertreter im Verwaltungsrat jedes Krankenhauses zwingend vorgeschrieben, was immerhin ein erster Schritt ist. Die von den bestehenden Verbrauchervereinigungen empfohlenen Personen werden vom Präfekten ernannt, ein Grund mehr diese Organisationen weiter auszubauen – heute gibt es etwa 20 Stück. *»Vor allem aber muß das in Frankreich denkbar schlechte Image der Psychiatrie verbessert werden«*, meint Gérard Massé. *»Wenn man eine Entbindungsstation schließt, auf der jährlich nur 200 Entbindungen, also alle drei Tage eine, stattfindet, geht die Bevölkerung mit Spruchbändern auf die Straße und protestiert lautstark gegen diese Schande. Wenn Sie aber versuchen, in der Stadt eine psychiatrische Bera-*

tungsstelle zu eröffnen, laufen alle dagegen Sturm. Die Psychiatrie wird nicht als notwendig angesehen, darin liegt das ganze Problem. In manchen Ländern werden enorme kommunikative Anstrengungen unternommen, um das Image der Psychiatrie in der Öffentlichkeit aufzupolieren. Bis dahin ist es in Frankreich noch ein weiter Weg.«

Auf Gérard Massés Rat hin bin ich also – aus Prinzip skeptisch – nach Montpellier gereist, um mir diese berühmte sektorübergreifende, depressiven Patienten vorbehaltene Station anzusehen.

»Nach Colombière«, sagte ich am Flughafen zu meinem Taxifahrer, einem Mann mit schütterem Haar und schleppender Stimme.

»Sie sind doch nicht gefährlich, oder?« fragt er mißtrauisch.

Das fängt ja gut an. Als er fragt, ob ich als Patientin zum Krankenhaus möchte, teile ich ihm mit, daß ich ein Buch über Depressionen schreibe.

»Ich hatte auch schon mal eine Depression«, erklärt er mir zögernd.

Es stimmt, daß sein Blick im Rückspiegel irgendwie traurig wirkt.

»Sind Sie in Colombière behandelt worden?« fragte ich.

»Niemals, Gott bewahre! Damit man mich zu den Verrückten sperrt?«

Immerhin sind die Dinge klar. Ich erläutere ihm, daß es dort eine Abteilung nur für depressive Patienten gibt. Ich habe kaum zu Ende gesprochen, als er sich ereifert:

»Aber Patienten mit Depressionen gehören doch nicht in die Psychiatrie, Madame! Wie stehen sie denn hinterher da?«

Natürlich, wenn man es von diesem Standpunkt aus betrachtet!

Der Verantwortliche für die Station »Depressionen und Angstzustände«, Dr. Jean-Claude Pénochet, erwartet mich in seinem Büro der psychiatrischen Poliklinik. Das Krankenhaus ist brandneu, hell und modern und steht im krassen Kontrast zu den anderen Gebäuden von La Colombière, die noch eine gewisse Ähnlichkeit mit den Einrichtungen aus der Zeit der Salpêtrière und von Sainte-Anne haben. Gepflegte Erscheinung um die 50, unverblümt, routiniert und angemessen aggressiv gegenüber »Journalisten«, könnte Jean-Claude Pénochet leicht als etwas durchgehen, was er nicht ist: ein weiterer Technokrat. Nachdem ich mir zwei Stunden lange Notizen gemacht und mir mit ihm Wortgefechte geliefert habe, ist die hölzerne Konversation vergessen, und wir sind endlich auf einer Wellenlänge.

Zwischenzeitlich habe ich erfahren, daß es in der Poliklinik drei sektorübergreifende spezialisierte Stationen gibt: eine für psychotische junge Erwachsene, eine zweite für Jugendliche mit psychischen Problemen und eine dritte für depressive Patienten. Außerdem weiß ich jetzt, daß die Wahl nicht zufällig auf Montpellier gefallen ist. Tatsächlich gibt es in der Stadt eine große Anzahl an Privatkliniken; die Hälfte der 900 Psychiatriebetten der Gegend stehen in privaten Einrichtungen, und deren Unterbringungsniveau liegt deutlich über dem der staatlichen Krankenhäuser. Diese Situation hat zwei völlig verschiedene Bereiche geschaffen: Privat sind die leichten Pathologien untergebracht (depressive Frauen Mitte 30 aus wohlhabendem Hause) und in den staatlichen Einrichtungen die schweren Pathologien, die

Langzeittherapien erfordern (ältere Männer, psychotisch und pensioniert). *»Die starke Präsenz von privaten Einrichtungen ermöglicht einen Vergleich und gibt uns darüber hinaus die Möglichkeit, uns mit Hinblick auf eine größere Akzeptanz in der Öffentlichkeit Gehör zu verschaffen.«*

Das mindeste, was man sagen konnte, war, daß ich Pénochet und seinem Projekt aufgeschlossen gegenüberstand; mehr noch, er war meine letzte Chance, mich ein wenig mit der stationären Psychiatrie zu versöhnen. Das hatte ich ihm bereits am Telefon gesagt, was ihn jedoch nicht davon abhielt, mich wie einen Feind zu behandeln: *»Journalisten spielen denen, die geistige Krankheiten tabuisieren und Investitionen auf dem Gebiet der psychiatrischen Versorgung für überflüssig halten, in die Hände, indem sie beispielsweise verbreiten, der Psychiater wäre ebenso verrückt wie seine Patienten. Kein Wunder, daß es uns da schwerfällt, angemessene Budgets herauszuschlagen. Sie hindern uns am Arbeiten!«*

Ich verstand die Welt nicht mehr. Ich versuchte, ihm verständlich zu machen, daß ich in allem, was er sagte und in seinem Krankenhaus praktizierte, konform ging, während er sich abmühte, mir vor Augen zu führen, daß das alles *»gar nicht so einfach ist und vermutlich nicht überall reproduzierbar«*. Es folgten Beispiele: *»Derzeit habe ich einen leicht psychotischen Patienten, der dekompensiert und stationär behandelt werden muß. Ich kenne ihn gut und weiß, daß er eine stationäre Unterbringung in einer normalen Psychiatrie nicht erträgt, weil es dort zu unbequem ist und er unter der Enge und erzwungenen Nähe leidet. Ich habe also die Initiative ergriffen und ihn auf die Station für depressive Patienten aufgenommen, da er dank der Neuroleptika unter Kontrolle ist. Das beweist, daß letztlich* *nicht die Krankheit entscheidend ist, sondern das Verhaltensmuster. Aber was sollte ich tun, wenn es 20 % wären, wie sollte ich das meinem Pflegepersonal und der Verwaltung erklären? Das läuft unserem Projekt zuwider. Ich kann einen Manisch-depressiven hier aufnehmen, verschlimmert sich aber der manische Aspekt seiner Erkrankung, muß ich ihn auf eine andere Station verlegen lassen, wo ich mich nicht mehr um ihn kümmern kann. Und stellen Sie sich einmal eine spezialisierte Station in den verschiedenen Erregungsphasen vor: Da hätten Sie ganz schnell wieder das Grauen der Asyle vor Augen!«*

Natürlich.

Die Station für depressive Patienten erinnert an ein modernes Zwei-Sterne-Hotel. Dreiviertel der Zimmer sind Einzelzimmer, großzügig, mit Dusche, (gemietetem) Fernseher und Telefon. Die restlichen Zimmer sind doppelt belegt. Die großen, sauberen und den Bedürfnissen angepaßten Gemeinschaftsräume strahlen Heiterkeit aus.

Es ist 13 Uhr, und die Patienten trinken in einer Wolke von Zigarettenrauch Kaffee (das gleiche Bild in allen psychiatrischen Krankenhäusern). Sie sitzen auf zu einem Rechteck formierten Sofas vor einer breiten Fensterfront zum Garten. Kein Geräusch stört ihre Unterhaltungen. Ich bin überwältigt von so viel Ruhe und Frieden. Das Leid steht diesen Menschen ins Gesicht geschrieben, aber jeder von ihnen scheint hierher zu gehören, in völligem Einklang mit der Umgebung. Ihre von den Medikamenten gedämpften Stimmen verlieren sich in der Weite des Raums. Man könnte fast meinen, sie würden Komplotte schmieden.

Ich hatte schon im voraus gebeten, mit den Patienten sprechen zu dürfen. Man läßt mich mit ihnen allein. Ich fordere sie sogleich auf, mir zu sagen, was sie an der Station auszusetzen hätten. Zwei Frauen beklagen sich, daß sie das Krankenhaus bald verlassen müßten. Sie machen mich zur Zeugin des schreienden Unrechts, das ihnen widerfuhr. Ich glaube zu träumen. Die anderen stimmen im gleichen Tenor mit ein. Tatsächlich protestieren sie dagegen, daß sie nicht ganz dort wohnen bleiben können. Warum gibt es nicht mehr Aktivitäten, fragen sie? Ich habe die Ergotherapie-, Balneotherapie-, Massage- und Gymnastikräume gesehen sowie die anderen zahlreichen Einrichtungen. Sie sind großartig, aber leider fehlt qualifiziertes Personal. Es drängt sich der Eindruck auf, wenn die Tage ausgefüllt wären, würde niemand je wieder entlassen werden wollen.

Um der Knappheit an Psychiatern und Psychologen auf seiner Station entgegenzuwirken, bemüht sich Jean-Claude Pénochet um ein System von »Referenzpflegern« mit psychotherapeutischer Grundausbildung. Für die 22 stationär Untergebrachten und die zusätzlichen Patienten von außerhalb stehen – neben ihm selbst, der allerdings oft anderweitig beschäftigt ist –, nur zwei Psychologen in Halbtagsanstellung zur Verfügung, dazu zwei Psychiater, die ebenfalls nur halbe Tage arbeiten, sowie sechs Vakanzen à drei Stunden wöchentlich, die von Psychiatern von außerhalb übernommen werden. Verglichen mit anderen Abteilungen ist das viel, aber wenig gemessen an dem, was er erreichen möchte. *»Bei einer halben Stunde Einweisung pro Person und den zahlreichen unerläßlichen Besprechungen können Sie sich ja ausrechnen, was übrigbleibt«*, bemerkt er ganz richtig. Das Problem ist, daß der »Referenzpfleger« an den Besprechungen teilnehmen muß, um über den aktuellen Zustand des Patienten informiert zu sein und entsprechend auf ihn eingehen zu können. Dabei ist es unmöglich, eine

Psychotherapie zu dritt durchzuführen, zumal manche Patienten Hemmungen haben, vor zwei Personen gleichzeitig zu sprechen.

Ich kann mir eine Bemerkung nicht verkneifen: »*Sie sind nicht von der Wirksamkeit von Antidepressiva überzeugt (das hatte er mir zuvor anvertraut), und sie führen keine richtige Psychotherapie durch; wie behandeln Sie die Patienten dann?*«

»*Man heilt eine neurotische Depression nicht in einigen Tagen stationären Aufenthalts. Die Patienten sind hier, weil sie eine akute Krise durchmachen und oft selbstmordgefährdet sind. Ich bemühe mich, ihr Leid mit Hilfe von Medikamenten, Körper- und Verhaltenstraining und vor allem dem Aufbau einer Beziehung durch Zuhören zu lindern. Wir geben den Patienten die Gelegenheit, eine Pause einzulegen, einen Bruch zu vollziehen, der es ihnen ermöglicht, sich über die Gründe für ihre Krise klar zu werden. Allerdings bräuchte ich hierzu mehr kompetentes Personal. In der Psychiatrie sind nicht die Patienten das Problem, sondern vielmehr eine optimale Koordinierung des Personals. Die Stimmung des Teams ist entscheidend.*«

Eine sehr zierliche junge Frau in Jeans und Marinepullover tritt lächelnd ein. Sie wurde vor kurzem entlassen und kommt in Verbindung mit einem Termin bei ihrem Psychiater »ihre Freunde« besuchen. Man kommt sich beinahe vor wie in einem Ferienlager. Ich bitte sie um ein Gespräch unter vier Augen.

Béatrice ist 28. Sie war Ende 1996 nach einem Selbstmordversuch mit Medikamenten das erste Mal hier. Seither ist sie viermal stationär aufgenommen worden, insgesamt für sieben Monate und zehn Tage. »*Ich war schon immer mehr oder weniger stark deprimiert, aber ohne zu wissen, was mit mir los war«, erzählt sie. »1996, als ich seit einem Jahr dieselben Antidepressiva genommen und eine Psychotherapie bei einer Frau gemacht hatte, die mir maximal eine Viertelstunde widmete und die ich nicht leiden konnte (einmal mußte ich 225 Francs für ein einfaches Rezept bezahlen!), habe ich eine Dummheit gemacht.«*

Sie wird in den alten Krankenhausteil von La Colombière aufgenommen und bekommt dort als erstes eine zehntägige Schlafkur verordnet. *»Man hatte mich derart mit Beruhigungsmitteln vollgepumpt, daß ich nur noch ein Zombie war. Ich habe keine Erinnerung an diese Zeit. Mein Hausarzt war entsetzt. Ich hatte das Glück, hierher überwiesen zu werden. Im traditionellen Krankenhaus, unter Irren, hätte ich es ganz sicher wieder versucht.«*

Hier bekommt sie wie alle anderen eine medikamentöse Therapie, aber sie hat dabei das Gefühl, daß es nicht Ziel der Ärzte ist, die Patienten zu »benebeln«. Und überhaupt ist sie der Ansicht, daß ihr nicht die Medikamente geholfen haben – auch wenn sie psychisch von ihnen abhängig ist –, sondern vielmehr die Möglichkeit, mit jemandem zu sprechen. Mit dem Arzt und mit anderen Betroffenen. *»Wir haben alle den gleichen Schmerz, und es tut einfach gut, ihn zu teilen.«* Sie sagt, sie wäre noch nicht ganz geheilt. Sie habe noch Schmerzen, schlafe schlecht und litte noch immer an Appetitlosigkeit, aber sie fühle sich in der Lage, außerhalb des Krankenhauses allein zurechtzukommen. Zumal sie gerade den Ausbildungsplatz bekommen hat, den sie sich wünschte, und einen jungen Mann kennengelernt hat ... Du bist auf dem richtigen Weg, Béatrice; wenn man deprimiert ist, verliebt man sich nicht!

Zurück zu meiner Geschichte. Ich wurde also nach X verlegt, in die Klinik des Château de Villebouzin in der Nähe von Montléry. Ich hätte mir keine Sorgen zu machen brauchen. Die fünf Wochen, die ich dort verbracht habe, waren Balsam für meine Depression. Auch wenn ich bei meiner Entlassung nicht geheilt war, hatte ich das Gefühl, daß man dort etwas für mich getan hatte, und vor allem hatte man mich mit dem Respekt behandelt, den man einem leidenden Menschen schuldig ist. Das war mir schon lange nicht mehr passiert.

Ohne die finanzielle Unterstützung meiner Mutter hätte ich mir das Einzelzimmer mit Bad niemals leisten können. Der Nachteil dieser Einrichtungen ist ganz klar ihr Preis. Ansonsten sind sie uneingeschränkt zu empfehlen.

Noch am Abend meiner Aufnahme schaute der Chefarzt kurz in meinem Zimmer vorbei, um mich willkommen zu heißen und mir den weiteren Verlauf zu erläutern. Ich bat um eine Schlafkur; ich war einfach am Ende. Am nächsten Morgen wurde er von einer Krankenschwester begleitet, die mit verschiedenen Möglichkeiten aufwartete – ich hatte freie Wahl! Ich mußte mich kneifen, um es zu glauben. Ich verbrachte zehn Tage in einem Dämmerzustand. Um 9 Uhr Frühstück im Bett, den ganzen Vormittag Infusion, Mittagessen im Bett, anschließend fast den ganzen Nachmittag schlafen, um 16.30 Uhr Tee, und um 18.30 Uhr Abendessen im Bett. Ich hatte fast keine Schmerzen mehr. Ich schlief fast die ganze Zeit, ich legte an Gewicht zu, nahm jeden Tag ein lauwarmes Bad in meiner eigenen Wanne. Ich hatte das Gefühl, endlich zur Ruhe zu kommen.

Nach und nach wurde die Dosis der Hypnotika reduziert. Ich schlief immer weniger ... und die Schmerzen kehrten zurück. Anfangs war es noch erträglich. Wenn die Krankenschwester sah, daß die Angstzustände zurückkehrten, massierte sie mich manchmal sanft. Wie unbeschreiblich gut das tat! Es war, als würde sie mich ins Leben zurückholen. Der Chefarzt persönlich war mein Therapeut. Jeden Tag verbrachten wir einige Zeit in seinem Büro und unterhielten uns über Literatur oder irgendwelche aktuellen Themen. Er wußte, daß ich Journalistin war, und sprach von Dingen, von denen er meinte, sie müßten mich interessieren. Ich fühlte mich geschmeichelt und war ehrlich gerührt, daß er mich wie einen normalen Menschen behandelte. Aufgrund der medikamentösen Behandlung fiel es mir schwer, mich zu konzentrieren, aber ich wünschte mir so sehr, ein vernünftiges Gespräch mit ihm zu führen, daß ich mir alles abverlangte. Wir sprachen nur sehr selten über die Gründe für meine Depression. Ich war ihm dankbar dafür.

Er war um die 50, trug vorzugsweise Tweed und rauchte Pfeife. Ich glaube, er war sich der Grenzen seiner Profession bewußt, gab aber sein Bestes, und das war sehr viel. Eines Tages, als ich noch unter starker Medikamenteneinwirkung stand, also ziemlich benebelt war, schlug er mir einen IQ-Test vor. Uns standen in der Klinik verschiedene Aktivitäten offen, von Gymnastik über einen Pychologieworkshop bis hin zur Ergotherapie. Alles auf freiwilliger Basis.

Zuerst lehnte ich entschieden ab. Ich fühlte mich zu jeglicher »Intelligenz« schlicht unfähig. Man fühlt sich so sehr als Versager, wenn man deprimiert ist. Hinzu kam die benebelnde und verdummende Wirkung der Medikamente. Ganz sachte überredete er mich.

Als ich ein paar Tage später sein Büro betrat, empfing er mich mit einem Lächeln.

»Ich gratuliere Ihnen, Catherine«, sagte er überzeugend. *»Die Ergebnisse deuten darauf hin, daß Sie unter normalen Umständen überdurchschnittlich intelligent sind.«*

Auch wenn ich im tiefsten Inneren wußte, daß er keine Beweise für seine Behauptung hatte, kam es mir vor, als würde ich auf das Niveau der restlichen Welt gehievt. Jedenfalls für einige Zeit.

Später las ich in einem Handbuch für psychiatrische Medizin, »*bei einer akuten Angstdepression ist eine unterstützende Psychotherapie mit dem Ziel einer narzißtischen Aufwertung*« empfehlenswert. Das stimmt.

Ich hatte Gelegenheit, noch andere psychiatrische Privatkliniken zu sehen, in denen Freunde untergebracht waren. Sicher ist das Unterbringungsniveau nicht überall gleich – wer »privat« sagt, sagt auch »Gesetze der freien Marktwirtschaft«. Anders ausgedrückt: Je teurer, desto besser. Manche Kliniken werden von den Zusatzkrankenversicherungen bezahlt, aber die muß man erst einmal haben. Für mich steht eindeutig fest, daß es angesichts der derzeitigen Zustände in den staatlichen Einrichtungen im Falle einer Depression in jedem Falle vorzuziehen ist, sich in eine teure Privatklinik zu begeben, in der Intimsphäre, Komfort und Patientenrechte respektiert werden. Es sei denn, man hat das Glück, in der Umgebung von Montpellier zu wohnen ...

6. KAPITEL

WIEDERAUFTAUCHEN

Als ich Villebouzin verließ, glaubte ich, es ginge mir besser. Ich hatte zugenommen (dank der Neuroleptika war ich sogar richtig »aufgegangen«), und ich fühlte mich ausgeglichener; Marie-Christine meinte, ich wäre vielleicht geheilt.

Ich kehrte also nach Hause zurück, voller Zweifel, aber auch Hoffnung. Ich konnte es kaum erwarten, wieder in meinen eigenen vier Wänden zu sein. Psychiatrische Einrichtungen haben eins gemeinsam: Man langweilt sich dort ganz fürchterlich. Und die Depression unterscheidet sich nicht von anderen Krankheiten – man trägt sie mit sich herum. Man glaubt immer, ein Tapetenwechsel wird alles ändern, aber wohin man auch geht und was man auch tut, man fühlt sich nirgendwo richtig wohl.

Ich hielt trotzdem einige Wochen durch. Im Dezember fuhr Eduardo für ein paar Tage mit mir zu einem Konzert nach Rom. Ich war so glücklich, mit ihm zu verreisen! Prompt folgte die Ernüchterung: Er lebte in seiner Welt und ich in einer völlig anderen. Wie streng ich mir auch sagte, daß ich endgültig aufhören müsse, ihn zu sehen, ich brachte einfach nicht die Kraft auf. Mein Leben war so schrecklich leer.

Bei der Rückkehr war alles wie gehabt, Wohnung, Einsamkeit, Schmerzen und Resignation. Ich beschloß, mir keine Chance zu lassen. Der Unfall von Claude François – dem Sänger der Twist-Jahre – brachte mich auf die Idee mit der Badewanne. Den Rest kennen Sie.

Die unvorstellbaren Schmerzen des Stromschlags hatten mich ganz benommen gemacht. Warum nur hatte sich das Schicksal derart gegen mich verschworen? Für welche Verfehlung mußte ich büßen? Hat man je davon gehört, daß es jemandem mißlungen wäre, sich mittels eines Stromschlags zu töten? Fatalismus lastete schwer auf mir. Ich resignierte. Und von da an habe ich alles nur noch ertragen.

Bis eines Tages ein Wunder geschah. Ich erinnere mich noch sehr gut. Ich lag auf meinem Bett und starrte an die Wand – eine »Tätigkeit«, mit der ich mich mehrere Stunden täglich beschäftigte. Der Raum war weiß – das wußte ich um so genauer als ich ihn selbst gestrichen hatte. Und doch nahm ich die Wände seit Monaten als grau wahr. Ich wunderte mich nicht einmal darüber; das paßte zu meinem Allgemeinzustand. Ich starrte also auf diese graue Wand, als sie ganz plötzlich ... wieder weiß wurde! Es war wie ein Traum, denn gleichzeitig spürte ich, wie dieser Mühlstein, der mir schon so lange auf dem Herzen lag, sich langsam hob. Innerhalb weniger Stunden wurde ich zu einem neuen Menschen: Ich rief meine Tochter in Afrika an und sagte ihr, ich käme sie besuchen. Dann borgte ich mir von meiner Mutter das Geld für ein Flugticket, fuhr mit der Metro zu den Champs-Élysées, wo das Büro von Air Afrique liegt, um mir ein Ticket zu kaufen (und das, nachdem ich es nicht einmal mehr geschafft hatte, in meinem eigenen Viertel einzukaufen). Anschließend packte ich meine Koffer, und schon wenige Tage später zog ich nach Abidjan. Einer (fassungslosen) Marie-Christine, die wissen wollte, wie ich dort Arbeit finden wollte, antwortete ich selbstsicher: »*Ich komme schon zurecht, das ist ja nicht das erste Mal.*«

So endete ein Alptraum, der fast zwei Jahre gedauert hatte. Selbstverständlich fand ich nicht von einem Tag auf den anderen zu völliger Normalität zurück. Noch Monate litt ich unter längeren Phasen diffuser Ängste, aber ich war so erleichtert, nicht mehr deprimiert zu sein, daß mir diese Krisen vergleichsweise lächerlich erschienen. Zumal ich nach meiner Ankunft in Afrika – vorübergehend – bei meinem Ehemann untergekommen war und somit mit meiner Tochter zusammenlebte. Ihr fiel nichts Besseres ein, als am Tag nach meiner Ankunft an einer Hepatits zu erkranken, die sie zwei Wochen ans Haus fesselte, so daß wir die ganze Zeit zusammen waren.

Ich war sogar in der Lage, wieder ein wenig zu arbeiten. Innerhalb weniger Wochen wurde ich Korrespondentin verschiedener Radiosender, für die ich bereits in Lateinamerika tätig gewesen war. Vor allem aber wußte dort niemand, was mit mir passiert war. Nach langen Stunden des Sonnenbadens auf der Terrasse der Wohnung sah ich wieder aus wie ein gesunder Mensch. Keine Ähnlichkeit mehr mit dem kreidebleichen menschlichen Häufchen Elend, das seine Tochter »im Stich gelassen« hatte. Ich war nur noch »eine Mutter, die nach Afrika gezogen war, um bei ihrer Tochter zu sein«. Nach und nach wurden die Intervalle zwischen den Angstattacken immer größer. Der Schlaf schien mir allerdings auf ewig abhanden gekommen zu sein. Ich war noch Jahre eine Rekonvaleszentin, könnte man sagen. Wie vom Leben gezeichnet. Aber auch wenn die Umstände dieses Lebens sehr chaotisch waren (Rückkehr aus Afrika wegen Arbeitsmangel, Umzug nach X zu Eduardo, neue Arbeitsstelle, neue Trennung, Rückkehr nach

Paris, ohne Arbeit, ohne Wohnung, die vermietet war, ein höllisches Jahr) brach die Krankheit nicht wieder aus.

Ich habe Ihnen Ausschnitte aus meinem Leben und dem Leben anderer Patienten erzählt; unsere ganz ähnlichen Erfahrungen stützen einander. Ich hoffe, daß es mir gelungen ist zu zeigen, wie sich eine Depression äußert und wie weit sie führen kann. Aber hinter meinem Entschluß, dieses Buch zu schreiben, stand auch der Wunsch, mehr zu erfahren. Auch wenn ich sieben Jahre lang versucht habe, die Erinnerung aus meinem Gedächtnis zu streichen, war tief im Inneren eine vage, von Unwissenheit gestützte Angst geblieben. Was war mit mir geschehen? Mit der gleichen Intensität, mit der ich sie bislang verdrängt hatte, habe ich mich daran gemacht, meine Krankheit zu erforschen. Da ich sowieso – rein beruflich – mittendrin steckte, wollte ich alles über sie wissen, über ihre Ursprünge, die Heilungsmöglichkeiten, die Genesungsaussichten. Ich suchte Gründe, hoffen zu können, daß ich nichts mehr zu befürchten hatte. Ich begann also, bei den spezialisiertesten wissenschaftlichen Stellen zu recherchieren.

Zuallererst wollte ich mit einem Neurobiologen sprechen. Da ich bezüglich der Ursprünge geistiger Erkrankungen keine Vorgabe hatte, konnte ich mich ebenso gut zuerst mit den eher »wissenschaftlichen« Aspekten befassen. Nachdem ich Erkundigungen eingezogen hatte, hob sich vor allem ein Name aus der Masse hervor: Jean-Pol Tassin, ein anerkannter Forscher. Ich suchte ihn in seinem Labor am Collège de France auf.

Ich hatte mir einen sehr bewanderten, alten Herrn vorgestellt und sah mich statt dessen einem jungen, etwa 40jährigen Wissenschaftler gegenüber ... sehr bewandert und ausgesprochen sympathisch. Er schien an diesem Nachmittag sehr beschäftigt zu sein, doch er forderte mich auf, ihm meine Fragen zu stellen ... in dem kleinen eisigen Raum, in dem er gerade einen Versuch durchführte. Ich sah zu, wie er mit merkwürdigen Instrumenten hantierte, mit einer Präzision und Konzentration, die ihn nicht daran hinderten, sich gleichzeitig mit mir zu unterhalten, vor der Geräuschkulisse schnurrender Maschinen, was dem Ganzen eine recht angenehme private Atmosphäre verlieh. Da die Wissenschaft, wie gesagt, nicht meine Stärke war, war ich ein wenig nervös und fürchtete, seine Antworten nicht zu verstehen. Meine Befürchtungen erwiesen sich als unbegründet. Für ihn liegt die Lösung der Depression ... in der Psychoanalyse. Ich träumte von Rationalität, von A + B, und er kam mir mit Freud und dem Unbewußten. Ich war perplex und ein wenig durcheinander, als ich ihn verließ. Wenn man sich nicht einmal mehr auf die Wissenschaft verlassen kann ...

Diese erste aufwühlende Erfahrung stürzte mich in einen Abgrund des Nachdenkens und der Lektüre. So erfuhr ich auch, daß es die Depression schon seit Anbeginn der Zeit gibt ... In der Antike war sie sogar die einzige bekannte Geisteskrankheit, und ihre Beschreibung in den Werken von Hippokrates und Galenus unterscheidet sich nur unwesentlich von der heutigen. Und doch hatte die »Schwermut«, wie man sie seinerzeit nannte, keineswegs den negativen Beigeschmack von heute. Im Gegenteil, man betrachtete sie, da die berühmtesten Philosophen, Politiker und Künstler von ihr befallen waren, als das Vorrecht der kreativen Geister. In moderneren Zeiten gehörten zu den Betroffenen Künstler und Schriftsteller wie Balzac, Hemingway, Modigliani und van Gogh, aber auch Staatsmänner wie Lincoln und Churchill. Es scheint erwiesen, daß Künstler dreimal häufiger an Gemütserkrankungen leiden wie Vertreter anderer Berufsgruppen. Kay Redfield Jamison, eine manisch-depressive amerikanische Psychiaterin, hat sich auf diese Krankheit spezialisiert und anhand von 50 bekannten britischen Schriftstellern und Künstlern eine Studie durchgeführt, mit dem Ziel, die Rolle der seelischen Stimmung für die Kreativität zu erforschen. Mehr als ein Drittel der »Studienobjekte« waren schon einmal wegen geistiger Störungen behandelt worden, vor allem wegen Depressionen oder manischer Depressionen.

Ich glaube nicht, daß Depressionen die Krankheit des 20. Jahrhunderts sind, wie es vielen heutzutage so leicht über die Lippen geht. Wenn schon, dann ist sie das Übel des 18. Jahrhunderts gewesen, da ein schottischer Arzt namens George Cheyne seinerzeit schrieb, mindestens ein Viertel der mittleren und gehobenen Schichten der britischen Gesellschaft sei schwermütig.

Und anders als Alain Ehrenberg es in seinem Buch *La Fatigue d'être soi* (Die Müdigkeit, man selbst zu sein) beschreibt, glaube ich nicht, daß die Depression eine Folge der vielfältigen Wahlmöglichkeiten ist, die uns die moderne Gesellschaft bietet. Historisch betrachtet, waren die »depressivsten« Zeiten eher jene, die auf Kriege folgten, Zeiten, in denen die Anspannung nachließ, in denen man die Toten zählte und finanzielle Schwierigkeiten auf einem lasteten, oder auch Wirtschaftskrisen, in denen Arbeitslosigkeit, Armut und Perspektivlosigkeit jede Hoffnung zerstörten.

Und doch weiß unsere Gesellschaft nicht so recht, was sie mit ihren geistig Kranken anfangen soll. Früher gab es zwei Bezeichnungen für sie: Delinquenten oder Besessene.

Bis vor zwei Jahrhunderten sperrte man sie noch ins Gefängnis. Ein gewisser Monsieur Pinel erkannte sie schließlich als »Kranke« an, woraufhin sie in Asylen untergebracht wurden – was in Anbetracht der damaligen Umstände nicht unbedingt eine Wende zum Guten war. Ich spreche bewußt von »unserer« Gesellschaft, weil ich andere kennengelernt habe, die sich mit ihren Geisteskranken anscheinend besser arrangiert haben. So werden in Afrika Verrückte, sofern sie nicht gemeingefährlich sind, keineswegs systematisch ausgegrenzt; sie gehören einfach zum Ganzen dazu. Weil es keine entsprechenden Einrichtungen gibt, werden Sie einwenden. Trotzdem ist das Fehlen jeglicher Feindseligkeit ihnen gegenüber erstaunlich. Ich erinnere mich, gesehen zu haben, wie ein nackter, verwahrloster Geisteskranker mitten in Abidjan im Zickzack eine Straße überquerte, auf der ihm die Autofahrer ganz selbstverständlich auswichen. Es schien sich niemand an ihm zu stören. *»Wir geben ihm manchmal etwas zu essen; er ist nett«,* erklärten mir die Bewohner des Viertels. In manchen ländlichen Gebieten Frankreichs hätte man ihn gesteinigt.

Im Laufe meiner Nachforschungen fiel mir auf, daß die führenden Experten, mit denen ich sprach oder deren Bücher und Abhandlungen ich las, sehr gegensätzlicher Meinung waren. Warum, fragte ich mich, ist es nicht so wie auf dem Gebiet »organischer« Erkrankungen? Zwangsläufige Schlußfolgerung ist die, daß die Wissenschaft uns tatsächlich wenig über das Gehirn, dieses komplizierte aller Organe, verraten kann. Das Mysterium, das es umgibt, zieht allerlei Vorurteile nach sich, und die Geschichte der Geisteskrankheiten zeigt auf, in welchem Maße der Umgang mit ihr von ideologischen Faktoren abhängig ist.

Die widersprüchlichen Auffassungen zweier der bedeutendsten Persönlichkeiten der modernen Psychiatrie verdeutlichen dies sehr anschaulich. Es handelt sich um Emil Kraepelin (der sich für die biologischen und erblichen Aspekte der Geisteskrankheiten interessierte) und Sigmund Freud, ebenso wie Kraepelin 1856 geboren (der überzeugt war, Geisteskrankheiten seien nur die Folge psychischer Traumata).

Emil Kraepelin war der Ansicht, daß man die Psychiatrie in eine echte Wissenschaft verwandeln müsse (was sie damals nicht war und bis heute nicht wirklich ist), indem man bei mentalen Pathologien die gleichen Forschungs- und Zuordnungsmethoden (wie beispielsweise Autopsien) anwenden würde wie bei organischen Krankheiten. So wies er als erster den Unterschied zwischen der Dementia praecox, mit der ein unaufhaltsamer geistiger Verfall einhergeht, und der manischen Depression nach, bei der zwischen zwei Schüben lange Phasen der Normalität oder gar außergewöhnlicher Kreativität liegen, ohne Einschränkung der geistigen Fähigkeiten. Ihm war aufgefallen, daß manche Kranke nur manische oder ausschließlich depressive Schübe hatten, woraus er schloß, daß es sich um zwei Varianten ein und derselben Krankheit handeln müsse; eine These, die noch heute viele Psychiater vertreten und die von Beobachtungen gestützt wird, denen zufolge in manchen Familien die Nachkommen eines Manisch-depressiven entweder manisch-depressiv sind oder nur depressiv.

Damals manifestierte sich eine recht verbreitete furchtbare Geisteskrankheit namens »progressive Ganzkörperlähmung« zuerst durch einen Stimmungsumschwung, gefolgt von manischen Phasen, die dann in einer vollständigen Lähmung endeten. Die Betroffenen wurden in Asyle gesperrt. 1904 beschrieb Alois Alzheimer, einer der Assistenten von Emil Kraepelin, als erster die mikroskopischen Veränderungen im Gehirn der Opfer dieser Krankheit. Zwei Jahre später entdeckte man, daß Syphilismikroben die Krankheit ausgelöst hatten. Die Patienten wurden fortan nicht mehr in Asylen untergebracht, sondern ins Krankenhaus gebracht, und 1910 entdeckte Paul Ehrlich als erster ein wirksames Mittel gegen die Syphilis. Nachdem sie aus dem Katalog der Geisteskrankheiten gestrichen worden war, verschwand die »progressive Ganzkörperlähmung« nach und nach von unserem Planeten.

Später entdeckte derselbe Alois Alzheimer beim Sezieren eines Gehirns die typischen schweren Schädigungen, die durch eine Krankheit hervorgerufen werden, die heute seinen Namen trägt. Seinerzeit haben diese Entdeckungen die Glaubwürdigkeit Kraepelins und die Gültigkeit seiner wissenschaftlichen Vorgehensweise untermauert.

Aber die angesagte Theorie sollte schon bald eine andere sein, und das wegen eines Ereignisses, das nicht viel mit Wissenschaft zu tun hatte. Im Rahmen einer umfassenden epidemiologischen Studie entdeckte Kraepelin den genetischen Ursprung von Geisteskrankheiten. Diese These wurde von einem seiner Anhänger (der sein Nachfolger werden sollte) aufgegriffen: Ernst Rüdin. Der trieb die Theorie allerdings auf die Spitze, indem er ultimative Konsequenzen forderte: die Zwangssterilisation aller Geisteskranken. Er wurde ein fanatischer Befürworter der eugenischen These der an die Macht gelangten Nazis, und obgleich er selbst kein Nazi war, wirkte er in den Jahren 1939 bis 1940 aktiv an deren Sterilisationskampagne mit. Kraepelin war zu diesem Zeitpunkt bereits verstorben (er starb 1926), aber der Umstand, daß einer seiner Schüler derart mit dem Feind kollaborierte, fügte dem Ruf seiner Schule großen Schaden zu und setzte der genetischen Forschung in der Psychiatrie ein abruptes Ende.

Sie wurde abgelöst von Sigmund Freud. Seine psychoanalytische Theorie war Ende des 19. Jahrhunderts entstanden, nahm aber im Vergleich plötzlich ungeahnte Ausmaße an – sie wirkte menschlicher, weniger klinisch, das genaue Gegenteil der seines Vorläufers. Freud zufolge liegen die Ursachen für Geisteskrankheiten in frühkindlichen Traumata begründet. Neben dieser komplexen Annäherung an die Krankheit nahm Kraepelins Theorie sich farblos-akademisch aus. Das Goldene Zeitalter der Psychoanalyse (im Laufe derer Kraepelins Zuordnungsbemühungen der verschiedenen Geisteskrankheiten aufgegeben wurden) hielt bis zur Entwicklung psychotroper Medikamente in den 60er Jahren an.

Der »schwermütige« englische Intellektuelle des 18. Jahrhunderts würde sich im Grab umdrehen, wenn er wüßte, daß man das äußere Merkmal seiner sozialen Überlegenheit heute wie eine vulgäre Infektion behandelt: mit Pillen. So wie man Hunderttausenden an Magengeschwüren erkrankten Patienten (unter anderem mir selbst) bis zum Exzeß eingeredet hat, ihr Problem wäre psychischer Natur, bis diese chronisch Kranken dann vor ein paar Jahren verblüfft feststellen durften, daß das aggressive Bakterium, der Verursacher ihrer Leiden, sich mit einer kurzen Behandlung mit Antibiotika besiegen ließ.

Kann man sich eine solche Wende in der Krebstherapie oder der Behandlung von kardiovaskulären Erkrankungen vorstellen?

Während in manchen Ländern, wie Argentinien, die Psychoanalyse zum Alltag gehört, ist sie in anderen, wie beispielsweise den Vereinigten Staaten, nur noch eine überholte Praktik, zu teuer und zu unwirksam – abgelöst von Verfahren mit überzeugenderem Preis-Leistungs-Verhältnis wie beispielsweise Kurzzeittherapien. In Frankreich haben wir – wie Jean-Pol Tassin beweist – offenbar den Erkenntnissen Rechnung getragen. Ich habe zwar von Psychiatern gehört, die sich darauf beschränken, eine Depression mit Tabletten zu kurieren, ohne eine Psychotherapie anzuraten, aber sie sind sehr selten. Ich persönlich bin nur einem einzigen Vertreter dieser Methode begegnet.

Bleibt anzumerken, daß die Unwissenheit des Menschen im Hinblick auf sein Gehirn sowie die ideologischen Überzeugungen, die sich daraus in bezug auf die Behandlung seiner Fehlfunktionen ergeben, möglicherweise die Feindseligkeit erklären, die unsere Gesellschaft gegenüber diesen Defekten entwickelt hat. So bleibt die Depression – außer in den eher abgelegenen Welten der Künste oder des Theaters – eine ehrenrührige Krankheit.

Hat man je von einem französischen Politiker gehört, der eingestanden hätte, an Depressionen gelitten zu haben?

Nach einem solchen Eingeständnis würde man sich scheuen, ihm weiterhin Verantwortung zu übertragen. Und welcher Arbeitgeber möchte schon eine »labile« Person beschäftigen, die bei der geringsten streßbedingten Belastung möglicherweise zusammenbricht? Da ist es doch besser, den Mund zu halten und eine heilbare organische Krankheit vorzuschieben. Dabei ist der labile Zustand von depressiven Patienten nicht immer endgültig – ich selbst bin das beste Beispiel dafür –, und sie brauchen, vielleicht noch mehr als andere, das Gefühl, dazuzugehören.

In manchen Ländern werden Aufklärungskampagnen durchgeführt, um die Vorurteile der Öffentlichkeit gegenüber Geisteskrankheiten abzubauen. In Holland erklärte beispielsweise der Ehemann der Königin persönlich vor laufender Kamera, er leide häufig unter manisch-depressiven Schüben (wie im übrigen sehr viele Politiker).

Scham und Isolation sind in den meisten Fällen immer noch das Los des Depressiven, wie auch Patricia Karen James feststellt, Mitbegründerin der Vereinigung France Dépression und selbst Betroffene:

»Die Scham ist zu groß; man muß seine Krankheit um jeden Preis vor Nachbarn, Angehörigen, Verkäufern, Freunden und Dozenten verbergen. Viele haben mir gestanden, sie würden sich ihre Medikamente in einer Apotheke holen, die weit von ihrem Wohnort entfernt ist, nur damit ja niemand etwas erfährt. Dem Depressiven wird vorgeworfen, seinen Verpflichtungen nicht nachzukommen, labil zu sein, sonderbar, wenig umgänglich und so weiter und so weiter! Darüber hinaus wird ihm oft vorgeworfen, er sei selbst verantwortlich für seine Krankheit. Der Kranke spürt das Unverständnis seiner Umwelt so stark, daß er sich gar nicht mehr traut zuzugeben, woran er überhaupt leidet. Er hat nicht einmal das Recht, in Frieden zu leiden.«

Eine Situation, die um so ungerechter ist, als die Konsequenzen wirklich tragisch sein können, wie es auch bei ihr der Fall war:

»Ich werde für die erlittenen Ungerechtigkeiten nie Schadenersatz und Schmerzensgeld einklagen können; das Übel ist geschehen, und ich bezahle einen hohen Preis für meine Ausgrenzung: Wegen Invalidität zwangsweise pensioniert, beziehe ich eine Pension, die deutlich niedriger ist als das vom Staat festgelegte Mindesteinkommen. In Anbetracht

des Mißtrauens, mit dem man der Krankheit begegnet, sind meine Aussichten, eine neue Arbeit zu finden, gering. Daraus ergibt sich ein kafkaesk anmutender Prozeß: Aus der sozialen Welt ausgeschlossen, habe ich meinen Platz unter den anderen Menschen verloren, was unterschwellig eine chronische Depression zur Folge hat! Das ist das Prinzip der Schlange, die sich in den eigenen Schwanz beißt, ein Teufelskreis, eine Abwärtsspirale, vom Regen in die Traufe!«

7. KAPITEL

VON ÄPFELN UND BIRNEN

In meiner Familie gab es zwei Clans: die Derivery und die Schaedeli. Die Verwandtschaft väterlicher- und die mütterlicherseits. Auf der einen Seite waren die Armen, auf der anderen die Reichen; auf der einen Seite Zola, auf der anderen Balzac. Mich hatte man von vornherein Zola zugeordnet, weil ich blond war und blaue Augen hatte wie mein Vater und darüber hinaus seine Willensstärke geerbt hatte. Ich hätte Balzac vorgezogen, aber mich hat niemand gefragt. Meine Schwester hatte das Glück, dunkelhaarig und mit braunen Augen auf die Welt zu kommen. Ich habe sie immer um diese Eigenheiten beneidet, die ihr einerseits den gesellschaftlichen Aufstieg innerhalb der Familie ermöglichten und ihr darüber hinaus halfen, dem Schicksal der Derivery zu entgehen: dem Alkoholismus. Außerdem genoß sie in meinen Augen noch zahlreiche weitere Privilegien, vor allem jenes, 14 Monate früher geboren worden zu sein als ich. Nachdem die erste Enttäuschung überwunden war, hatte mein Vater ihr schließlich verziehen, daß sie kein Junge war, und auf die nächste Gelegenheit vertraut. Als man ihm dann im darauffolgenden Jahr auf der Entbindungsstation verkündete, sein Christian (das war der einzige Vorname, den er ausgewählt hatte) sei ein Mädchen, verließ er türenknallend das Krankenhaus. Ich glaube, er hat diesen Schicksalsschlag nie überwunden. Auch ich habe mich damit schwer getan. Einen dritten Versuch hat es nicht gegeben.

Jedenfalls gab es im Laufe der Zeit immer weniger Zweifel daran, daß der Fluch sich erfüllen würde: Auch wenn ich nur eine Unter-Derivery war (da ich ja kein Pipimännchen hatte), war ich doch unleugbar eine Derivery. Sofern noch Zweifel bestanden hätten, hätten mein erstes Glas und meine erste Zigarette es mir bestätigt.

Meine Großmutter väterlicherseits war Bretonin, sie hat mich nach lokaler Tradition initiiert, als ich zehn Jahre alt war. Es hat mir auf Anhieb geschmeckt. Ich habe erst vor drei Jahren aufgehört, zwei Packungen am Tag zu rauchen. Und der Alkohol hat mich meine ganze Jugend hindurch begleitet. Sobald ich ein Problem hatte – was sehr oft der Fall war –, ertränkte ich es in Promillen. Gott sei Dank besitze ich die Eigenschaft des *»vin gai«*, das heißt, Alkohol macht mich fröhlich, auch wenn das nicht ungefährlich ist. Aber die Traurigkeit und die Aggressivität der anderen Derivery waren mir eine Lehre – seit meiner Schwangerschaft behalte ich mich selbst im Auge. Heute weiß ich, daß, anders als man es mir ein wenig hastig beigebracht hatte, der Wille allein nicht alles vermag. Ich habe von einem Tag auf den anderen aufgehört zu rauchen, ohne Medikamente oder sonstige Hilfe. Und ich kann auch meinen Alkoholkonsum soweit begrenzen, daß er sich auf den Genuß beschränkt; seit frühester Kindheit schon übe ich mich in Willensstärke. In der aufregenden Zeit meiner Pubertät aß ich mehrere Tage lang nichts, um zu sehen, ob ich durchhalten würde. Ich hielt durch. Als ich aber später versuchte, meine Schlaflosigkeit und Depression mit Hilfe schierer Willenskraft zu heilen, bin ich gescheitert.

In meiner Jugend dachte ich, mein Vater hätte keine Willenskraft, weil er vier Packungen Zigaretten am Tag rauchte und soff wie ein Loch. Damals wußte ich noch nicht, was eine Depression ist.

Willenskraft mußte er wohl gehabt haben, um es als Sohn eines einfachen Arbeiters bis zum Ingenieur zu bringen. Mit hohen Krediten und viel Schweiß hatte er es geschafft, seine eigene Maschinenwerkzeugfabrik aufzubauen. Wir wohnten im Haus meiner Großeltern mütterlicherseits, wodurch er die Miete sparte. Jeder Franc wurde umgedreht und wieder in die Firma gesteckt.

Eines Tages – er muß damals um die 40 gewesen sein – kam er, gestützt von seinem Werkmeister, mitten am Nachmittag in Tränen aufgelöst nach Hause. Eine ganze Woche blieb er im Bett, dann nahm er seine alte Routine wieder auf. Meiner Schwester und mir wurde gesagt, er hätte einen Herzanfall gehabt. Der Zwischenfall hatte uns um so mehr gezeichnet, als unser Vater schuftete wie ein Wahnsinniger. Er stand jeden Morgen um halb sechs auf und war um sieben in der Fabrik, »um den Arbeitern mit gutem Beispiel voranzugehen«, wie er meinte, und meine Mutter hatte Mühe, ihn davon abzuhalten, auch sonntags noch in die Firma zu fahren. Als großer Sportler wurde er nie krank und hatte sich stets nur nach kleineren Unfällen eine kurze Pause gegönnt (einmal hatte er beispielsweise beim Tennis einen Ball aufs Auge bekommen). Und da hatte es uns schon sehr erschreckt, ihn so zu sehen, wie er mit leerem Blick im abgedunkelten Zimmer lag und in die Luft starrte. Meine Mutter hat nie verstanden, was mit ihm los war, aber heute gibt sie zu, daß es sich, wenn es tatsächlich mit dem Herzen zu tun hatte, kein organisches Problem war.

Meinen Großvater väterlicherseits habe ich nie anders

als traurig erlebt. Sicher, die Familie war sehr arm, und das Leben mit meiner Großmutter war bestimmt nicht immer leicht. Von Geburt an fast blind (nach einer mißlungenen Operation hatte sie dann den letzten Rest ihrer Sehkraft verloren), war sie außerdem sehr zänkisch. Sie hatte daheim die Hosen an und erdrückte ihren viel zu sanftmütigen Gatten völlig. Mir war nie aufgefallen, daß er trank, aber mein Vater hatte uns erzählt, daß er während seines Ingenieurstudiums die halbe Zeit im Handwerksbetrieb seines Vaters hatte arbeiten müssen, weil der zu betrunken war, die Aufträge auszuführen.

Das Leben meiner Tante hingegen, der älteren Schwester meines Vaters, diente mir als Gegenbeispiel. Von Geburt an von der eigenen Mutter gehaßt, hatte sie ihre ersten Lebensjahre bei einer Amme in der Bretagne verbracht, bevor man sie dann bei der Geburt des kleinen Bruders als billiges Dienstmädchen nach Paris geholt hatte. Sie mußte auf einem Feldbett in der Diele schlafen, während ihr Bruder im Eßzimmer nächtigte. Und dort lernte er auch – die Familie konnte es sich nicht leisten, beiden Kindern ein Studium zu finanzieren. Meine Tante sollte den Rest ihres Lebens als Tippse arbeiten und sich systematisch abrackern in der – vergeblichen – Hoffnung auf ein wenig Zuneigung von ihrer Mutter. Sie verliebte sich in einen verheirateten Mann, der zu egoistisch war, die Verantwortung für sein Doppelleben zu übernehmen, so daß sie, die Kinder über alles liebte, auf eigenen Nachwuchs verzichten und mehrere Abtreibungen vornehmen lassen mußte. Bei jedem neuen Schicksalsschlag (Fehlgeburt, Tod ihres Geliebten ...) versank sie ein wenig tiefer in der Alkoholsucht, wurde unförmig bis hin zur Groteske mit gewaltigem Bauch und aufgeschwemmtem, lila verfärbtem Gesicht. Als sie ganz allein im Krankenhaus starb, sagte ich mir, daß es auf der Welt nichts Traurigeres und Bemitleidenswerteres geben konnte als ihr Leben.

Es hatte keiner alkohol- oder nikotinsüchtigen Mutter bedurft, um ihr Leben zu ruinieren. Diese war von der Stiefmutter verstoßen worden, hatte, obwohl sie blind war wie ein Maulwurf, nie eine Brille bekommen und mußte schon mit 14 als Akkordarbeiterin in einer Fabrik schuften, bis ihre Sehkraft sich schließlich derart verschlechterte, daß sie ihrer Aufgabe nicht mehr gewachsen war. Je schlechter sie sah, desto mehr kapselte sie sich ab, verbitterte, unfähig, ihren Mann oder ihre Tochter zu lieben, ja nicht einmal ihren »Lieblingssohn«, meinen Vater, den sie nicht lange überleben sollte. Ein Leben wie aus einem Roman von Zola, sage ich Ihnen.

Keiner dieser Menschen war je wegen einer Depression in Behandlung. Übrigens auch nicht wegen Alkoholismus. Und doch sind sie alle mehr oder weniger direkt und vorzeitig daran gestorben (Alkohol und Depression verstärken einander wechselseitig und erhöhen außerdem die krebserregende Wirkung von Tabak): Mein Großvater und mein Vater sind an Krebs der Atemwege gestorben, der erste mit 61, der zweite mit 47, während meine Tante nur wenige Jahre nach ihrem Bruder an einer anständigen Leberzirrhose starb. Meine Großmutter ihrerseits grämte sich zu Tode.

Es ist also allzu verständlich, daß ich es vorgezogen hätte, meiner Mutter nachzuschlagen, deren Eltern beide über 80 wurden und ein glückliches, friedliches und doch nicht langweiliges Leben führten. Ich habe mich immer gefragt, was ihr einziges Kind, meine Mutter, dazu getrieben hat, sich in diese Horrorehe zu stürzen. Aber es heißt, mein Vater sei früher einmal ein hübscher Kerl gewesen – vielleicht ist das die Erklärung. Außerdem war er intelligent, auch wenn das ihn nicht davon abhielt, sich sein Leben zu versauen. Als ich klein war, dachte ich, Unglücklichsein wäre eine genetische Veranlagung. Ich übersprang eine Etappe. Kürzlich habe ich dann erfahren, daß nicht Unglücklichsein an sich erblich ist, wohl aber Sucht und Depression. Diese Vorstellung weckt in mir zwei widerstreitende Gefühle.

Einerseits empfinde ich sie als tröstlich – wenn es erblich bedingt ist, ist es nicht meine Schuld. Andererseits beunruhigt es mich als Mutter natürlich, auch wenn meine inzwischen achtzehnjährige Tochter trotz der Probleme, die sich aus der Scheidung ihrer Eltern und meiner Krankheit ergeben haben, einen recht ausgeglichenen Eindruck macht.

Den epidemiologischen Studien von Doktor Antoine Pelissolo vom Fernand-Widal-Krankenhaus zufolge besteht tatsächlich ein konkreter Zusammenhang zwischen Alkohol und Depression. Beide Störungen sollen sogar den gleichen genetischen Ursprung haben. 30 % der Depressionspatienten hatten in ihrem Leben mindestens eine Periode, in der sie alkoholabhängig waren. Aber es ist schwer zu sagen, welches der beiden Leiden das andere hervorruft. In zwei von drei Fällen scheint es allerdings so zu sein, daß die Depression der Alkoholsucht vorausgeht. Außerdem litten die Hälfte der alkoholkranken Frauen unter starken Depressionen, bevor sie zur Flasche griffen. Während starke Depressionen doppelt so viele Frauen wie Männer befallen, ist das Verhältnis beim Alkohol genau umgekehrt.

Entschlossen, mehr über dieses für den Laien schwierige Thema zu erfahren, suchte ich Dr. Bellivier auf, einen Experten auf dem Gebiet der Ursachen manischer Depression an der Salpêtrière, sowie Dr. Feingold, Kinderarzt, Genetiker, Epidemiologe und Forschungsleiter beim INSERM.

Letzterer hatte ungekämmtes graues Haar, war nachlässig gekleidet, ausgesprochen höflich und so streng, daß er meinen Text Wort für Wort korrigierte. Seiner Meinung nach birgt die Aufdeckung des genetischen Ursprungs einer Krankheit eine große Hoffnung: »*Man wird zukünftig extrem spezifische Medikamente entwickeln. So war es auch bei Aids: Man wußte einfach nicht mehr weiter, und dann entdeckte man genetische Faktoren, die diese Krankheit fördern oder gegen sie resistent sind, und diese Entdeckung wird neue therapeutische Wege eröffnen.*«

Allerdings ist die Depression keine genetische Krankheit im klassischen Sinne; vielmehr handelt es sich um eine Erkrankung komplexer Heredität, bei der genetische wie umweltbedingte Faktoren eine Rolle spielen.

Um zu verstehen, inwiefern diese feine Unterscheidung von Bedeutung ist, ist es vielleicht sinnvoll, einige grundlegende Punkte zu verdeutlichen. Tatsächlich gibt es vier Gruppen genetischer Erkrankungen:
- **Die Mendelschen Krankheiten**. Das sind die klassischen Erbkrankheiten wie Duchenne-Myopathie, Mukoviszidose oder Hämophilie (Bluterkrankheit). In diese Kategorie fällt keine einzige psychiatrische Pathologie.
- **Defekte auf Chromosomenebene**. Hierbei handelt es sich um Anomalien in bezug auf Zahl oder Struktur von Chromosomen, die Ursache sind für Krankheiten wie die Trisomie 21 oder das Down-Syndrom.
- **Mitochondrische Krankheiten**. Sie sind auf Anomalien im Bereich der Mitochondrien (Energiezentren der Zellen) zurückzuführen. Diese Krankheiten sind verhältnis-

mäßig selten wie beispielsweise die Leber-Optikus-Atrophie.
- **Krankheiten komplexer Heredität**. Sie benötigen verschiedene Anlage- und Umweltfaktoren, um sich zu entwickeln. Sie treten in bestimmten Familien gehäuft auf und weisen eine genetische Komponente auf – im vorliegenden Fall sogar eine polygene, das heißt eine, von der mehrere Gene betroffen sind –, die diese Konzentration innerhalb einer Familie erklärt. Es handelt sich nicht um einen genetischen Defekt – Veranlagungsgene sind ganz banale Gene, die jeder von uns besitzt –, aber der Zufall führt dazu, daß bei einer bestimmten Person gleich fünf oder sechs von ihnen zusammenkommen, was ihn für gewisse Belastungsfaktoren der Umwelt empfänglich macht. Die Mehrzahl der Krankheiten gehören dieser Kategorie an.

Um zu beweisen, daß es sich um eine »Familienkrankheit« handelt, muß nachgewiesen werden, daß sie bei den Verwandten des Kranken vergleichsweise häufiger auftritt als bei der restlichen Bevölkerung. In dieser Hinsicht sind geistige Krankheiten auf der gleichen Ebene anzusiedeln wie organische Krankheiten wie Diabetes, Krebs oder Bluthochdruck. So wurde beispielsweise festgestellt, daß die Erkrankungsrate von Depressionen bei 5 % der Gesamtbevölkerung liegt, während sie auf 11 bis 18 % ansteigt, wenn ein Familienmitglied daran erkrankt ist, und höher ist, je enger der Verwandtschaftsgrad ist.

Anschließend gilt es, den Einfluß der Umwelt zu betrachten. In Sachen Lungenkrebs wurde beispielsweise festgestellt, daß Nichtraucher und Personen, in deren Verwandtschaft kein Lungenkrebs vorgekommen ist, am wenigsten gefährdet sind. Wenn sie rauchen, erhöht sich das

Risiko um ein Fünffaches. Wenn sie nicht rauchen, aber einen nahen Verwandten haben, der an Lungenkrebs erkrankt ist, ist das Risiko, selbst zu erkranken, um ein Vierfaches höher. Rauchen Sie und haben darüber hinaus noch einen an Lungenkrebs erkrankten Verwandten, ist das Risiko dreizehnmal so hoch. Man kann also abschließend feststellen, daß der Umweltfaktor »Rauchen« eine erhebliche Rolle spielt, jedoch auch erbliche Faktoren nicht zu vernachlässigen sind.

Die Schwierigkeit bei der Erforschung von Krankheiten liegt darin, daß eine Häufung von Erkrankungen innerhalb einer Familie nicht zwangsläufig bedeutet, daß auch eine genetische Komponente vorliegt. Die Häufung kann auch allein auf das Umfeld zurückzuführen sein; in solchen Fällen spricht man von »soziokultureller Heredität«. In einer Familie von Übergewichtigen beispielsweise muß man davon ausgehen, daß die Mahlzeiten gemeinsam eingenommen werden und alle das Gleiche essen. Wenn alle Mitglieder der Familie sich mit fetten Speisen, Süßigkeiten und Wurstwaren vollstopfen, ohne zum Ausgleich Sport zu treiben, ist es logisch, daß sie auch alle übergewichtig sind. Und doch spielt in die Fettsucht auch ein genetischer Faktor hinein. Man muß also unterscheiden. Hierzu werden verschiedene Methoden angewandt:

- **Der Vergleich von Zwillingen**: Wenn die Krankheit bei Monozygoten (eineiigen Zwillingen mit dem gleichen Erbgut) häufiger auftritt als bei Dizygoten (zweieiige Zwillinge, bei denen nur 50 % des Erbgutes übereinstimmen), dann spielt der genetische Faktor eine Rolle. Beispielsweise liegt die Übereinstimmung bei der Epilepsie bei den Monozygoten bei fast 73 % und bei den Dizygoten nur bei 13 %. Bei der Sklerodermie liegt sie bei den Monozygoten bei 26 % und bei den Dizygoten bei 12 %. Schizophrenie tritt in 30 % der Fälle bei beiden eineiigen Zwillingen auf, und nur in 6,5 % der Fälle bei beiden zweieiigen Zwillingen. Bei manisch-depressiven Psychosen (oder Erkrankungen) liegt das Verhältnis bei 51 bis 93 % bei den Monozygoten und 0 bis 30 % bei den Dizygoten. Den Epidemiologen zufolge weisen diese Zahlen bei diesen Erkrankungen auf eine starke genetische Komponente hin.

- **Der Vergleich von adoptierten Kindern**: Hierbei wird die Häufigkeit einer Krankheit bei den biologischen Eltern eines erkrankten Kindes und bei seinen Adoptiveltern verglichen. Bei der Schizophrenie liegt das Verhältnis beispielsweise bei 15 % auf Seiten der biologischen Eltern gegenüber 1,8 % bei den Adoptiveltern. Hieraus läßt sich also schließen, daß auch bei der Schizophrenie genetische Faktoren eine Rolle spielen. Bei der Adipositas (Fettsucht) wurde der Prozentsatz der stark übergewichtigen Mütter dreier verschiedener Kategorien von Kindern verglichen: untergewichtigen, normalgewichtigen und übergewichtigen Kindern. Die Ergebnisse liegen bei jeweils 18 %, 35 % und 41 %. Dem gegenüber stehen die Ergebnisse bei den Adoptivmüttern: 34 %, 37 % und 35 %. Das beweist, daß auch bei Übergewicht ein genetischer Faktor im Spiel ist.

Die genetische Komponente bei diesen Erkrankungen ist meist polygen, das heißt, daß mehrere betroffenen Gene ihren Beitrag leisten. Sobald die Veranlagung eine gewisse Schwelle überschreitet, bricht die Krankheit aus (das bezeichnet man als polygene Schwellenheredität). Die betroffenen Gene sind immer normal – tatsächlich handelt es sich bei manchen Genen, die eine gewisse Prädisposition für eine gewisse Erkrankung mit sich bringen, um Gene, die gegen eine andere Krankheit resistent machen. Das Gen DR2 beispielsweise scheint eine gewisse Empfänglichkeit für Sklerodermie mit sich zu bringen, gleichzeitig jedoch für die Resistenz gegen insulinabhängige Diabetes verantwortlich zu sein.

Ich war überrascht, daß die beiden größten französischen Forschungszentren, die sich mit der Krankheit Depression befassen – Sainte-Anne und die Salpêtrière –, diese als Untergruppe der manisch-depressiven Psychose (oder Erkrankung) betrachten. Sie bezeichnen sie dann als unipolare oder monopolare Depression, zur Unterscheidung von der bipolaren Depression oder manisch-depressiven Psychose, die sich auf die Phasen der Depression folgende Phasen der Euphorie auszeichnet. Die Forscher gehen jedoch von der Hypothese aus, daß der für die Erkrankung verantwortliche genetische Faktor ein anderer ist, zumal die Zahlen die beiden Krankheiten betreffend weit auseinanderliegen: An manisch-depressiven Psychosen erkranken beispielsweise ebenso viele Männer wie Frauen, während von der einfachen Depression doppelt so viele Frauen wie Männer betroffen sind. Das Risiko, an einer manisch-depressiven Psychose zu erkranken, liegt bei der normalen Bevölkerung bei 1 % und bei Mitgliedern von Familien, in denen sie bereits aufgetreten ist, bei 8 %; bei der Depression liegt das Verhältnis bei 5 %, bei einer vorbelasteten Familie bei 11 bis 18 %. Desgleichen hat sich bei der Zwillingsforschung herausgestellt, daß die Krankheit (Übereinstimmungsrate) bei den bipolaren Patienten häufiger auftritt als bei den unipolaren.

Obgleich genetische Forschungen auf dem Gebiet psychischer Erkrankungen überaus wichtig sind, vertritt Dr.

Feingold den Standpunkt, daß die Ergebnisse bislang dem Investitionsaufwand noch nicht gerecht werden: Im Klartext, bislang ist es noch nicht gelungen, die Gene zu identifizieren, die für die Depression verantwortlich sind.

Der genetische Aspekt der Depression bleibt kontrovers, da, wir, wie Daniel Widlöcher unmißverständlich erklärt, *»nicht das Geringste über die Kette oder Ketten wissen, die für die Depression verantwortlich sind. Wirkt sich die genetische Veranlagung auf die Sensibilität für seelischen Schmerz aus, bewirkt sie eine motorische oder mentale Verlangsamung oder hat sie einen Einfluß auf den Schlafrhythmus? Zwischen der genetischen Anomalie und dem Verhalten befindet sich möglicherweise ein Glied, über das wir nicht das geringste wissen: jenes der biochemischen Grundlagen für das Verhalten.«*

Die Psychoanalytiker »der ersten Stunde« neigen dazu, jeglichen genetischen Faktor der Depression zu leugnen. Sie erklären den Umstand, daß es scheinbar keinen erkennbaren Grund für einen depressiven Schub gibt, damit, daß dieser Grund im Verborgenen liegt. Eine medikamentöse Behandlung ist für sie das gleiche wie eine Beseitigung der Symptome, das heißt, man schafft sich das Problem vorübergehend vom Hals, womit man jedoch nur erreicht, daß es bei der erstbesten Gelegenheit wieder auftaucht. Sie sind der Überzeugung, daß nur das Darüberreden Linderung verschaffen oder gar heilen kann.

Nadine Gabin, Psychoanalytikerin und Beraterin bei SOS Suicide meint hierzu: *»Ich glaube, indem man versucht, das Problem über die Genetik einzukreisen, läßt man möglicherweise das individuelle Schicksal eines Menschen außer acht. Die Genetik steht gleich in doppeltem Widerspruch zur Freiheit des Einzelnen, weil Forscher es sich* *ganz allgemein zum Ziel gemacht haben, den Anteil der Subjektivität zu minimieren. Und ich wüßte nicht, wie man beides unter einen Hut bringen sollte, es sei denn, man billigt den Genen eine gewisse Freiheit zu.«*

Der Standpunkt von Nadine Gabin reflektiert die weitverbreitete Furcht vor der Genetik, die zu ihrer Verteufelung führt. Heute würde beispielsweise niemand mehr den genetischen Ursprung der Mukoviszidose abstreiten. Auf dem Gebiet der Depression läuft die Forschung noch, aber für den »Nutzer« sind die philosophischen Zweifel in Anbetracht der großen Hoffnungen, die sie mit den wissenschaftlichen Studien verknüpfen, unbedeutend.

8. KAPITEL

WARUM ICH?

Meine Mutter hat mir erzählt, als ich nach meinem vierten Selbstmordversuch im Krankenhaus von X im Koma lag, habe ihr ein ungeduldiger Assistenzarzt auf ihre Fragen hin geantwortet: *»Ihre Tochter ist nicht krank, Madame, und wir haben anderes zu tun, als uns um sie zu kümmern. Wir sind hier, um Menschen zu versorgen, die wirklich krank sind!«*

Psychiater und Psychologen, die glauben, eine Depression wäre keine Erkrankung im klassischen Sinne, gibt es zuhauf. »Echte« Krankheiten sind organischer Natur, ein richtiger Krebs, ein ordentlicher Herzinfarkt ...

Von allen Therapeuten, mit denen ich gesprochen habe, hat Nadine Gabin diese Einstellung wohl am deutlichsten formuliert: *»Die Depression ist keine Krankheit; das klinische Konzept Depression existiert nicht; bei ein und demselben Patienten können mehrere Symptome auftreten, ohne daß man eindeutig feststellen könnte, ob er an einer starken Neurose leidet oder an einer Psychose.«* Und um dem Ganzen die Krone aufzusetzen: *»Im übrigen bestehen Parallelen zu anderen Pathologien wie der Perversion oder der Psychose, und das ist doch der beste Beweis.«*

(»Als könnte man nicht an Krebs und an einer Migräne leiden«, ging mir sofort durch den Kopf.)

Für sie sind die neun Kriterien nach dem DSM-IV nur ein

»subjektives Bastelwerk«, das in bezug auf die Symptome zutreffend und hinsichtlich der Diagnose gleichzeitig falsch sein kann.

Noch erschütterter war ich nach einem Gespräch mit Professor Zarifian, der sich ebenfalls weigerte, von einer Krankheit zu sprechen. Seine Argumente unterschieden sich allerdings so sehr von denen Nadine Gabins, daß mir ein Rätsel war, wie sie zu ein und demselben Schluß gelangen konnten.

Édouard Zarifian ist eine Größe auf dem Gebiet der französischen Psychiatrie. Er ist Chefarzt am Krankenhaus von Caen und erfolgreicher Autor, so daß er mir über seine Bücher und auch seinen Ruf bekannt war: dem Ruf eines mutigen Mannes, der es gewagt hatte, die Absprachen zwischen dem psychiatrischen *Establishment* und der Pharmaindustrie in einem offiziellen Bericht anzuprangern, ein Phänomen, das dafür verantwortlich ist, daß Frankreich den weltweit höchsten Verbrauch an Psychopharmaka hat. Was Zarifian im übrigen einige erbitterte Feindschaften eingebracht hat.

Ich wollte den Professor unbedingt sprechen. Wir verabredeten uns im Nebenraum eines Cafés auf dem Montparnasse.

Édouard Zarifian ist eine ausgesprochen gepflegte Erscheinung mit sorgfältig getrimmtem Bart, sehr beredt, mit gleichgültigem Gesicht und auffallenden Augen: sehr hellen Augen, die zuweilen feucht werden, wenn er von bestimmten Leiden spricht – ein überraschender Hinweis auf eine Seele, die sensibler ist als vermutet. Abgesehen von dieser Eigenart entspricht er exakt der Vorstellung, die man sich von einem Psychiater macht.

Für ihn gibt es nicht *die* Depression, sondern nur viele Menschen, die aus den verschiedensten Gründen deprimiert sind. Während es den Pharmalabors nicht gelungen ist, ein

Heilmittel für die Depression zu entwickeln, haben sie Medikamente auf den Markt gebracht, die einige Symptome dieses Leidens bekämpfen, wie Erregtheit, Trauer oder Halluzinationen. Die Ärzte gehen also – irrtümlich, wie er meint – davon aus, daß die Depression geheilt ist, sobald die Symptome verschwunden sind, ohne daß sie die Ursachen der Erkrankung ausgemacht hätten. *»Bei der erstbesten Gelegenheit tauchen die Symptome wieder auf«*, stellt er fest. *»Das erklärt auch, weshalb die Depression als eine wiederkehrende, ja chronische Krankheit gilt, die eine präventive Behandlung über einen langen Zeitraum hinweg erfordert, manchmal sogar bis ans Lebensende. Und das kommt selbstverständlich den Pharmakonzernen sehr zugute.«*

Er vertritt einen weniger radikalen Standpunkt als Nadine Gabin und erkennt zumindest die Notwendigkeit einer chemischen Behandlung an, was mich nur noch mehr verwirrt: Warum Medikamente einnehmen, wenn man gar nicht krank ist?

»Wenn man Medikamente mit einer echten Therapie verbindet, die den Patienten gleichzeitig moralisch stützt und ihm hilft, die Ursachen für seine Depression auszumachen, gibt es auch keinen Rückfall. Das erfordert aber seitens des Therapeuten einen Aufwand und Einsatz, zu dem er wegen der mangelnden Rentabilität oft nicht bereit ist.«

Damit stimme ich hundertprozentig überein. Aber warum sich dann scheuen, die Dinge beim Namen zu nennen?

Ich habe mich auf mein Wörterbuch gestürzt. Was ist eigentlich eine Krankheit? Antwort laut Petit Robert: *»Organische oder funktionelle Beeinträchtigung, die in ihrer Entwicklung und als definierbare Einheit betrachtet wird.«* Genau das ist eine Depression doch aber, oder nicht? Wozu also sich so beharrlich gegen diesen Status wehren?

Antonio Damasio, ein in die USA ausgewanderter portugiesischer Neurologe, leitet den Fachbereich Neurologie an der Universität von Iowa. In seinem Werk *L'Erreur de Descartes* (Descartes' Irrtum) schreibt er:

»Die Unterscheidung zwischen Krankheiten ›des Gehirns‹ und ›Geisteskrankheiten‹, zwischen ›neurologischen‹ und ›psychischen‹ Problemen ist auf ein unglückliches kulturelles Erbe zurückzuführen, das die Gesellschaft ganz allgemein und die Medizin im Besonderen prägt. Sie reflektiert eine fundamentale Fehleinschätzung der Wechselbeziehungen zwischen Gehirn und Geist. Im Rahmen dieser Tradition geht man davon aus, daß Erkrankungen des Gehirns Beeinträchtigungen sind, für die man den Kranken nicht verantwortlich machen kann, während es sich bei Krankheiten psychischer Natur – vor allem bei jenen, die Verhaltensweisen und emotionale Reaktionen betreffen – um Probleme auf zwischenmenschlicher Ebene handelt, für die weitestgehend die Patienten selbst verantwortlich sind. In diesem Kontext kommt es laufend vor, daß man den Betroffenen ihre Charakterschwächen, affektive Unausgeglichenheit etc. vorwirft. Man betrachtet einen Mangel an Willenskraft als die Hauptursache für ihre Probleme.«

Damasio hat festgestellt, daß sich bei seinen Patienten, denen (infolge einer Operation oder eines Unfalls) ein Teil des vorderen Hirnlappens fehlte, Persönlichkeit und Charakter radikal veränderten: Sie legten alle Hemmungen ab, empfanden nichts mehr für ihren Partner oder ihre Kinder, kehrten ihrer Familie den Rücken und trafen systematisch die falschen Entscheidungen, was sie letztlich ins Unglück stürzte. Dieser spezielle Teil des Gehirns spielt eine wichtige Rolle bei der Kontrolle der Emotionen. Die Intelligenz der Patienten war unangetastet, aber aufgrund der Beeinträchtigung auf emotionaler Ebene waren sie nicht mehr in der Lage, ihre Situation richtig einzuschätzen.

Daher auch der Titel seines Buches. Descartes vertrat die Ansicht, daß »*die Leidenschaften* (Emotionen) *die Sklaven der Vernunft*« seien. Wenn man den Arbeiten Damasios Glauben schenkt, verhält es sich genau umgekehrt. Diese Patienten, die ihre Emotionalität eingebüßt haben (eingebüßt, ja, sie fühlen praktisch nicht mehr: weder Angst noch Haß oder Liebe oder sonst irgendeine menschliche Regung), haben gleichzeitig auch die Fähigkeit verloren, rationale Entscheidungen zu treffen.

Das gibt einem zu denken. Bei depressiven Menschen sind die Emotionen stark beeinträchtigt, verzerrt (die Engländer bezeichnen die Depression somit auch nicht als Geisteskrankheit, sondern als *mood disorder* = Stimmungsstörung. Würde man Krebs als »Zellstörung« bezeichnen?). Und ein Charakteristikum eines Depressiven ist eben diese Entscheidungsunfähigkeit. Schlimmer noch, es scheint, als wären sie dazu verdammt, systematisch die falschen Entscheidungen zu treffen. Wenn Damasio recht hätte, könnte dann nicht das eine das andere erklären?

Emotionen gehören zu unserem biologischen Erbe. Sie sind, wie die Biologen behaupten, eine »adaptive« Größe, eine nützliche Eigenschaft: Wenn sie heute noch existieren, dann weil sie unseren Vorfahren bei ihrer »Adaptation« (Anpassung) an ihre Umwelt nützlich waren (Angst als Auslöser für Flucht in einer Gefahrensituation, Wut als Triebfeder für den Kampf etc.), das heißt, sie war notwendig für das Überleben der Art. Der britische Psychiater Anthony Stevens hat die Theorie entwickelt, derzufolge Geisteskrankheiten wie die Depression aus adaptiven Emotionen wie Trauer und Kummer heraus entstanden sind und einen eigenen adaptiven Wert besitzen. Der britische Biologe Lewis Wolpert (den ich bereits in Kapitel 3 erwähnt habe) hat das Buch über seine eigene Depression *Malignant Sadness* betitelt, »Bösartige Trauer«. Bösartig im medizinischen Sinne, also gleichzusetzen mit »pathologisch«. Er widerspricht der These, daß die Depression irgendeinen Nutzen haben könnte. *»Nur weil eine Krankheit weit verbreitet ist, ergibt sie noch lange keinen Sinn«,* argumentiert er, *»Herzkrankheiten sind ebenfalls weit verbreitet und genausowenig adaptiver Natur.«* Seiner Meinung nach liegt der Schlüssel zu dieser Krankheit in der Traurigkeit, eine Theorie, die schon Freud vertreten hat. Seiner Ansicht nach wäre eine Depression eine entartete Form von Trauer. *»Das Verhältnis der Trauer zur Depression läßt sich mit dem der gutartigen Wucherung zum Krebs vergleichen«,* schreibt Wolpert. Wie sonst ließe sich erklären, daß tiefe Trauer ganz ähnliche Symptome hervorruft wie eine Depression? *»Wenn man anerkennt, daß es sich bei Trauer um eine universelle und völlig normale adaptive Emotion handelt, dann kann man daraus schließen, daß es sich bei der Depression um eine krankhafte Trauer handelt. Es handelt sich um eine **Krankheit**, die den von ihr befallenen Menschen in seiner Funktionsweise beeinträchtigt.«*

Trauer, Traurigkeit und Depression: die Psychoanalytiker haben schon immer geglaubt, daß zwischen diesen dreien ein enger Zusammenhang besteht. Schon Freud, Abraham und Klein haben erklärt, daß die Depression ganz wie die Trauer eine versteckte Aggression gegenüber dem verlorenen Gegenstand oder Menschen beinhaltet. Freud erklärt in seinem Buch *Trauer und Melancholie*, daß der einzige Unterschied zwischen Depression und Trauer darin besteht, daß letztere das Bild seiner selbst nicht beeinträchtigt. Ansonsten sind alle Punkte vergleichbar: der Schmerz, der Verlust jeglichen Interesses an der Außenwelt, die Unfähigkeit, das geliebte Objekt zu ersetzen, und die Ablehnung jeglicher Aktivität, die keinen Bezug zu diesem hat. Auch die Entwicklung beider Affekte ist die gleiche: eine Phase der inneren Starre, Schockzustand, intensiver seelischer Schmerz, ein Gefühl der Leere, Anspannung. Freud vertritt den Standpunkt, daß der geliebte Mensch, den man verloren hat, gleichzeitig angebetet und gehaßt wird; die Depression resultiert aus dieser Mischung aus Liebe und Haß – der Depressive identifiziert sich mit dem verlorenen Menschen und richtet seine Aggressionen gegen sich selbst.

Aber auch wenn die Übereinstimmungen zwischen den beiden Affekten verblüffend sind, ist der Trauer eigen, daß man stets ihre Ursache kennt und daß sie eine bestimmte Zeit lang anhält (wird dieser Zeitraum überschritten, wird sie zur Depression). Kann man also, wenn man die Mechanismen der Trauer versteht, daraus ableiten, wie die der Depression funktionieren?

Es gibt unzählige Theorien, die versuchen, den Ursachen der Depression auf den Grund zu gehen, und es ist schwierig, einen Überblick zu bekommen. Abraham behauptete, eine Depression könnte die Folge mangelnder verbaler Anerkennung und einer schlechten Beziehung zur Mutter sein. Rado seinerseits verglich den Depressiven mit einem Kleinkind, das zu abhängig wäre von der Meinung seiner Eltern, weshalb es keine Enttäuschung ertrüge. Bribing meinte, bei der Depression spiele das *Ego* die Hauptrolle, weil sie dann auftrete, wenn man sich unerreichbare Ziele gesteckt habe. Für Jacobson waren der Verlust der Selbstachtung und narzißtische Kränkungen die wahren Schuldigen. Melanie Klein ihrerseits vertrat den Standpunkt, daß Kinder nur sehr schwer mit der Entwöhnung von der Mutter fertig würden und daß die Unerträglichkeit dieser Trennung später zur Depression führen könnte. Andere haben den Schwerpunkt im Kastrationstrauma der Frauen gesehen, der ihrem – angeblichen – Neid auf den männlichen Penis zugrunde liegt (den man ihnen genommen haben soll) ...

Ganz egal, wie richtig oder falsch diese Theorien sind – und ich schätze, daß einige durchaus vertretbar sind –, weisen sie doch alle den gleichen Fehler auf: Sie lassen sich nicht verifizieren. Das Leben ist ein einziges großes Trauma, vor dem niemand gefeit ist. Älter werden bedeutet, es tagtäglich von neuem zu meistern. Das Trauma der Entwöhnung von der Mutter ist ebenso unausweichlich wie die Trennung von den Eltern oder der Verlust eines geliebten Menschen. Aber auch wenn vermutlich jeder im Kindesalter unter der Entwöhnung von der Mutter gelitten hat, entwickelt nur ein sehr geringer Prozentsatz der Bevölkerung deswegen eine Depression.

Biologen betrachten die Depression von einer völlig anderen Warte aus als Psychiater und Psychologen. Letztere gehen vom Individuum aus (dem Patienten, den sie vor sich haben), um von dort aus auf das Allgemeine überzugehen (die psychoanalytische Theorie, an die der konkrete Fall sie erinnert).

Biologen und experimentelle Psychologen (die sich stark von den klinischen Psychologen unterscheiden) betrachten die Sache anders. Ihnen ist es wichtig, die grundlegenden Mechanismen der Depression zu begreifen, und ihr größter Feind ist ihre Komplexität. Als Spezialisten des experimentellen Vorgehens besteht ihre Taktik darin, zu teilen, um besser regieren zu können: Das Problem ist zu umfassend und komplex? Dann wird es eben in mehrere einfachere Probleme geteilt, die sie eins nach dem anderen zu lösen versuchen. Im Falle der Depression streben sie danach, einen ihrer Aspekte künstlich zu erzeugen und zu analysieren. Da sich Experimente am Menschen im Bereich geistiger Krankheiten jedoch nur schwer oder gar nicht durchführen lassen, benutzen sie, bevor sie sich am Menschen selbst versuchen, als Zwischenträger das »Tiermodell«.

Kehren wir zurück zur Frage der Trauer (einem »Aspekt« der Depression) und zu den Parallelen, die man zwischen ihr und der Depression ziehen kann. Was die Trauer so unerträglich macht, ist der Umstand, daß man nichts tun kann, um den Menschen, den man verloren hat, zurückzuholen – es geht also um den Verlust von Kontrolle. Man hat Experimente »erlernter Ohnmacht« an Hunden durchgeführt, mit dem Ziel, auf experimentellem Wege die psychischen Auswirkungen des Kontrollverlustes zu studieren. Wenn man einen Hund Elektroschocks aussetzt, denen er sich nicht entziehen kann und über die er keinerlei Kontrolle hat, gibt er es schließlich auf, fliehen zu wollen, wie sein Instinkt es ihm gebietet; statt dessen nimmt er sein Schicksal schließlich reglos und passiv hin. Auch wenn man ihm hinterher die Möglichkeit zur Flucht einräumt, wird er weiter ausharren. Natürlich kann man das grausam und lächerlich finden. Aber wenn man dieses Experiment an anderen Tieren wiederholt, gelangt man zu den gleichen Ergebnissen. Auch auf den Menschen übertragen (hierbei wurden Probanden einem äußerst unangenehmen Geräusch ausgesetzt) blieben die Resultate die gleichen. Diese Situation läßt sich mit einer Trauerphase vergleichen (wenn man schließlich resigniert und die Hoffnung aufgibt, den verlorenen Menschen zurückholen zu können). Babyaffen, die man von ihrer Mutter trennt, suchen zunächst mit herzzerreißenden Schreien fieberhaft nach ihr, um dann schließlich aufzugeben und sich in sich selbst zurückzuziehen.

Menschen (oder Tiere), die der erlernten Ohnmacht ausgesetzt werden, reagieren genauso wie Depressive. Sie nehmen ab, werden passiv, tun sich schwer, Neues zu erlernen. Die Versuchung ist groß, daraus – wie es einige Forscher wie Seligmann getan haben – zu schließen, eine Depression wäre auf Hoffnungslosigkeit zurückzuführen, auf die Überzeugung, daß man doch nichts tun kann, um den verlorenen Menschen zurückzubekommen, seine finanziellen Probleme zu regeln, Arbeit zu finden oder eine Krankheit zu überwinden. Könnte man im richtigen Leben und auf den Menschen bezogen, nicht ebenso gut daraus schließen, daß die Depression nicht Konsequenz, sondern Auslöser all dieser Symptome ist?

Warum ich? Auch wenn ich oft guten Grund hatte, deprimiert zu sein, steht fest, daß viele Menschen, die es im Leben noch viel schwerer hatten als ich, deswegen noch lange nicht in Depressionen verfielen. Andere wiederum, denen scheinbar nichts Schlimmes passiert ist, geraten ganz plötzlich wegen einer Kleinigkeit aus dem Gleichgewicht. Die Psychoanalytiker erklären dies damit, daß es in unserer Vergangenheit zwangsläufig ein oder mehrere Traumata gab, die für unsere späteren geistigen Probleme verantwortlich sind. Aber ist das Leben nicht ein einziges großes

Trauma? Mußten wir nicht alle den Bauch und später die Brust unserer Mutter verlassen, einen geliebten Menschen verlieren, eine Niederlage erleiden? Warum können manche Menschen diese Schicksalsschläge scheinbar mühelos verkraften und andere nicht?

»Nachdem man früher die Mutter (für Geisteskrankheiten) verantwortlich gemacht hat, schiebt die amerikanische Psychiatrie heute dem Gehirn die Schuld in die Schuhe«, meint Elliot Valenstein, Dozent für Psychologie und Neurologie an der Universität Michigan, ironisch in seinem Buch-Pamphlet gegen das Allheilmittel *Blaming the Brain*. Das faßt recht gut die Widersprüche zusammen, in denen die Psychiatrie sich verstrickt, wenn sie versucht, Depressionen zu erklären.

Ich dachte naiv, ich bräuchte nur einige Bücher zu lesen und mit ein paar Spezialisten zu sprechen, um »wissenschaftlich« zu verstehen, worin eine Depression und vor allem meine eigene eigentlich besteht. Aber meine Psychiater waren sich ja nicht einmal bezüglich ihrer Definition meines Leidens einig. Die ersten bezeichneten meine Depression als »reaktiv« (eine Reaktion auf ein Übermaß an Streß), während jene, die ihr abruptes und unverhofftes Ende erfahren haben, von ihrer »endogenen« Natur überzeugt waren (etwas, was ohne konkreten Grund auftaucht und wieder verschwindet).

Es gibt tatsächlich verschiedene Arten von Depressionen, die bereits erwähnten »endogenen« oder »reaktiven« (was den Ursprung betrifft), man kann sie jedoch auch anhand ihrer dominantesten Symptome charakterisieren: als »katatonisch« (bei völliger Apathie des Patienten) oder als »agitiert« (wenn der Patient unter akuten Angstzuständen leidet). Dazu gibt es noch die seltenen Fälle, bei denen Depressive sogar wie Schizophrene unter visuellen oder auditiven Halluzinationen leiden. Bislang ist es nicht gelungen, diesen Depressionskategorien biochemische Anomalien zuzuordnen oder auch nur vorherzusagen, welche Gruppe auf welche Behandlung anspricht. Wenngleich man oft hört, daß Patienten mit endogener Depression besser auf Antidepressiva reagieren als solche, die unter einer reaktiven Depression leiden, konnte mir keiner meiner Gesprächspartner wissenschaftliche Studienergebnisse vorlegen, die diese Theorie beweisen.

Auf dem Gebiet der Depression gibt es einige renommierte Persönlichkeiten wie Daniel Widlöcher, Autor eines der ersten der breiten Öffentlichkeit zugedachten Bücher zu diesem Thema und ein Mann, den man mir oft genannt hat als Beispiel für einen Arzt, der es versteht, Biologie und Psychologie zu vereinen.

Ich hatte Mühe, zu ihm vorzudringen. Zuerst zeigte er sich äußerst widerwillig, mit mir zu sprechen, auch telefonisch, und dann empfing er mich bei unserem Termin, zu dem ich ihn nur mit großer Mühe hatte überreden können, recht grob, beinahe unhöflich, als hätte er nicht die geringste Lust, dieses Thema mit einem Laien zu besprechen. Nach einem flüchtigen Wortwechsel verwies er mich unmißverständlich auf seine Bücher: »*Sie brauchen nur meine Bücher zu lesen, da steht alles drin.*« Also gut.

Dort schreibt er, daß bei endogenen Depressionen der äußere Einfluß sehr wenig und die individuelle Disposition um so mehr zählt. Ihm zufolge ist die Wahrscheinlichkeit, an einer Depression zu erkranken, bei den folgenden drei Wesenszügen relativ hoch: ein ausgeprägtes Verantwortungsgefühl, extremes Pflichtbewußtsein und eine verborgene starke aggressive Komponente. Die depressiven Phasen sind klar definiert. Zwischen den Schüben hingegen gibt es keinerlei Störungen des Befindens. Es besteht also ein Kontrast zwischen der gewohnten Persönlichkeit des Patienten und seinem melancholischen Zustand; und da diese Persönlichkeit nicht der Grund für die Depression ist, muß man sich in der Biologie umsehen.

Diese Hypothese ist für einen Depressiven schwer zu akzeptieren. Vielmehr verstärken die üblichen Anzeichen der Depression einen Zustand, den jeder kennt: Traurigkeit, Gleichgültigkeit, Schuldgefühle etc., anders als bei den anderen Geisteskrankheiten, deren Symptome im normalen Leben nicht existent sind (Delirium, Halluzinationen). Bei der reaktiven Depression (der häufigsten Form) steht diese »Verstärkung« in direktem Zusammenhang mit der Situation des Depressiven; sie sind auf eine Streßsituation oder ein bestimmtes Trauma zurückzuführen. Man kann sich vorstellen, wie schwer es einem Depressiven fällt, zu akzeptieren, daß seine Symptome auf kein bestimmtes Ereignis zurückzuführen sind.

Die Psychoanalytiker sind der Ansicht, daß die Wurzeln der Depression in Traumata der frühen Kindheit zu finden sind. Aber kann die Neurobiologie diese Theorie auch wissenschaftlich begründen? Einigen Schriften zufolge würde starker Streß in dieser Phase die Schwelle des Widerstands gegen eine Depression herabsetzen, indem er dauerhaft die Neuronen stimuliert, die für die Ausschüttung des kortikotropen Hormons zuständig sind (= CRF – Cortisone releasing factor), das in der Hirnflüssigkeit depressiver Menschen im Übermaß vorhanden ist. Bleibt diese Hyperaktivität auch im Erwachsenenalter erhalten, reagieren die sensibilisierten Neuronen auch bei geringfügigen Traumata sofort in extremer Form. Um diese Hypothese zu beweisen, wurden Experimente an Ratten vorgenommen, vor allem durch den Stab von Charles Nemeroff, dem Leiter der Abteilung Psychiatrie und Verhaltensforschung am medizinischen Fachbereich der Universität Emory in den Vereinigten Staaten.

Neugeborene Ratten wurden in den ersten drei Lebenswochen immer wieder für kürzere Zeiträume von ihrer Mutter getrennt und durften anschließend zu ihrer Familie zurückkehren. Als erwachsene Tiere wiesen die Ratten, die der mütterlichen Fürsorge entzogen worden waren, einen dauerhaft erhöhten CRF-Spiegel auf, und ihr Verhalten ähnelte dem depressiver Menschen. Ähnliche Versuche wurden mit Makaken (meerkatzenähnlichen Affen) durchgeführt, die dem Menschen näher stehen als Ratten. Diese Testreihe bestätigte die bereits vorliegenden Ergebnisse. In den ersten drei Lebensmonaten waren die kleinen Makaken zusammen mit ihren Müttern in Käfigen untergebracht, in denen das Futterangebot mal überreichlich und dann wieder äußerst knapp war. Dieser Zustand machte die Muttertiere derart nervös, daß sie darüber ihre Jungen vernachlässigten. Die Jungen wurden hierauf weniger aktiv, mieden Kontakte mit anderen Affen und erstarrten in Regungslosigkeit, sobald sie mit einer für sie neuen Situation konfrontiert wurden. Als sie dann ausgewachsen waren, war der CRF-Spiegel in der Hirnflüssigkeit dieser Tiere unnatürlich hoch.

Nemeroff zufolge werfen diese Ergebnisse verschiedene das Gesundheitswesen betreffen Fragen auf. »*In Frankreich*«, erklärt er, »*wurden allein 1995 fast 65 000 mißhandelte oder vernachlässigte Kinder behördlich erfaßt. Überträgt man die Ergebnisse der Tierversuche auf den Menschen, müßten Mißhandlung oder Vernachlässigung das in der Entwicklung befindliche Hirn irreparabel schä-*

digen, so daß im Erwachsenenalter die CRF-Produktion und die Sensibilität auf dieses Hormon unweigerlich ansteigen dürften, was zu einer erhöhten Depressionsneigung führen dürfte.«

Die Schlafstörungen, die eine der häufigsten und unangenehmsten Begleiterscheinungen der Depression sind, gehören übrigens auch zu den neun im DSM-IV aufgeführten Kriterien des Krankheitsbildes. Legt man als Ursache eine Störung gewisser chronobiologischer Rhythmen zugrunde, könnten sie ebenfalls zu einer Verstärkung der Veranlagung zur Depression führen.

Unser Leben ist den Rhythmen der Natur unterworfen: Tag, Nacht, Jahreszeiten. Der Wach-Schlaf-Rhythmus – auch 24-Stunden-Rhythmus genannt – läuft in der Regel über einen Tag (24 Stunden) ab. Die Körpertemperatur paßt sich ihm an und drosselt je nach den Bedürfnissen des Organismus die Ausschüttung gewisser Stoffe. Bei einer Depression scheint dieser Rhythmus aus dem Lot zu geraten: Der Kranke wacht meist schon im Morgengrauen auf (in dieser Phase sowie am Morgen fühlt er sich im übrigen auch am elendsten). Außerdem treten depressive Schübe vermehrt im Frühling und Herbst auf. Heißt es nicht, im Frühling hätte der Selbstmord Hochsaison?

Wenn man den Schlaf von Depressiven überwacht, stellt man fest, daß sie häufiger zwischendurch aufwachen als gesunde Menschen; Tiefschlafphasen sind seltener, Phasen leichten Schlafes dagegen häufiger. Die deutlichsten Anomalien sind allerdings im Bereich des paradoxen Schlafes feststellbar, der so genannt wird, weil der Körper scheinbar in eine Starre verfällt, während die Hirnströme gleichzeitig einen Wachzustand anzeigen und auch deutliche Augenbewegungen zu verzeichnen sind (man spricht auch von REM-Schlaf, REM für Rapid Eye Movement, schnelle Augenbewegung). Der Mensch scheint zu schlafen, aber die Hirnaktivität ist mit jener im Wachzustand vergleichbar. Die REM-Schlaf-Phasen wiederholen sich anfangs alle 90 Minuten, treten aber im Verlauf der Nacht immer häufiger auf und halten länger an.

Die Störungen auf REM-Schlaf-Ebene bei depressiven Menschen müßten also auf eine Umkehrung des 24-Stunden-Rhythmus zurückzuführen sein. *»Es ist, als würde der Rhythmus der REM-Schlaf-Phasen sich umkehren, vom Ende zum Anfang der Nacht«,* schreibt Daniel Widlöcher. *»Um dieses Phänomen zu verstehen, muß man wissen, daß Tiefschlaf und REM-Schlaf nicht demselben Rhythmus folgen. Man kennt heute zwei Grundrhythmen: Das eine ist der Wach-Schlaf-Rhythmus, der tatsächlich nur den Tiefschlaf betrifft; der zweite Rhythmus betrifft den REM-Schlaf, er wird von der Körpertemperatur und der Ausschüttung bestimmter Hormone gesteuert. Die beiden Schlafarten, sind was den Rhythmus betrifft, im Grunde völlig unabhängig voneinander. Sie gehorchen zwei völlig verschiedenen inneren Reglern. Nun sind diese beiden Regler aber nicht gleich stark.«*

Die Rhythmen des REM-Schlafes und der Temperatur werden von einem starken Regler gesteuert, der nicht auf 24, sondern etwa 25 Stunden programmiert ist. Er läßt sich nicht leicht verändern. Ganz anders der Rhythmus des Tiefschlafs, der dem Wach-Schlaf-Rhythmus unterliegt und der – wie man bei Zeitverschiebungen, die sich im Grunde leicht ausgleichen lassen, feststellen kann – flexibler ist.

Es stellt sich die Frage, ob die Depression Ursache oder

Konsequenz dieser Anomalie auf Synchronisator-Ebene ist? Um dies herauszufinden, hat man verschiedene Versuche durchgeführt und festgestellt, daß, wenn der Patient acht Stunden früher als üblich zu Bett geht, eine Besserung seines Befindens eintritt, die jedoch nur 14 Tage anhält. Auch wenn man dem Patienten den REM-Schlaf nimmt, erfolgt eine deutliche, aber nur vorübergehende Besserung seines Zustands. Leider beweisen diese Ergebnisse nicht mehr, als daß zwischen Schlaf und Depression eine Beziehung besteht, während die Natur dieser Beziehung nach wie vor Rätsel aufwirft.

Die Neurobiologen ihrerseits erklären die Gemütsstörungen durch eine Fehlfunktion bestimmter Neurotransmitter (chemische Substanzen, die die Verbindung zwischen den Nervenzellen herstellen) des Gehirns, und zwar der sogenannten Monoamine. Serotonin, offenbar ein besonders wichtiger Neurotransmitter, würde bei der Regulierung von Schlaf und Stimmungslage ebenfalls eine Rolle spielen. Sinkt die Serotoninkonzentration, sinkt auch die Laune, gefolgt von einem Abfall in verschiedenen Bereichen: Schlaf, Appetit, Energie, Sprache, Intellekt, Gedächtnis, Selbstvertrauen und Libido. Und an diesem Punkt würde man dann anfangen, negative Ideen zu wälzen: Das hätte ich ganz anders machen müssen, es ist alles meine Schuld, das wird nie wieder was, alle halten mich für einen Versager etc.

Diese Verbindung zwischen Monoaminen und Stimmung wurde zufällig entdeckt. In den 50er Jahren stellten Ärzte fest, daß etwa 15 % der Patienten, die an Bluthochdruck litten, in tiefe Depressionen verfielen, wenn sie Reserpin einnahmen, ein Medikament, das die Konzentration von Monoaminen in den Neuronen vermindert. Parallel dazu beobachteten andere Ärzte, daß Tuberkulosepatienten nach der Einnahme eines bestimmten Medikaments trotz ihrer schweren Krankheit auffallend guter Dinge waren – besagtes Medikament bewirkte eine Erhöhung der Monoaminkonzentration im Gehirn. Nachdem also die Hypothese geboren war, daß Depressionen auf einen Abfall der Monoamine im Gehirn zurückzuführen seien, machte man sich auf die Suche nach Substanzen, die den Prozeß umkehrten und die Produktion von Monoaminen ankurbelten. Und so wurden Mittel entwickelt, die die Monoaminoxydase (ein Enzym, das die Monoamine zerstört) hemmen, die ersten sogenannten Antidepressiva.

Bis dahin konnte ich der Argumentation ja noch einigermaßen folgen. Die ersten Studien (1976) schienen darauf hinzudeuten, daß ein niedriger Serotoninspiegel das Verhalten eines Menschen offenbar beeinflussen kann, wobei vor allem Tendenzen hin zu Aggressionen und/oder Alkoholsucht eines ganz bestimmten Typs (frühzeitig auftretend und mit gewalttätigem Verhalten einhergehend) und/oder akuten Selbstmordabsichten gefördert werden.

Natürlich ist es schwierig, wissenschaftlich nachzuweisen, daß depressive Menschen – oder solche, die an einer anderen Geisteskrankheit leiden – an einem chemischen Ungleichgewicht im Gehirn leiden, da sich die Produktion von Substanzen innerhalb eines lebendigen menschlichen Hirns nicht direkt messen läßt. Und was die Untersuchungen an den Gehirnen von Selbstmördern anbelangt, sind diese wenig zuverlässig, da eventuelle vorausgegangene Behandlungen sowie der durch den Suizid erzeugte Streß im Gehirn ganz eigene chemische Prozesse auslösen können.

Dennoch haben mehrere Forschungsgruppen versucht,

auf indirektem Wege die Produktion der Neurotransmitter des Gehirns zu verfolgen, indem sie die Konzentration ihrer Abfallprodukte (Stoffwechselprodukte, sogenannte Metabolite) im Urin und in der Hirnflüssigkeit Betroffener gemessen haben. Je geringer die Serotoninkonzentration im Gehirn, desto größer die Menge seiner Abfallprodukte. Dabei hat man festgestellt, daß die Serotoninkonzentration bei der Mehrzahl der Depressiven nicht erhöht ist. Da jedoch Serotonin auch in anderen Organen als dem Gehirn vorhanden ist und die Hälfte der Serotoninmetaboliten im Urin oder in der Hirnflüssigkeit aus diesen anderen Quellen stammen, ist bei der Interpretation dieser Ergebnisse Zurückhaltung geboten.

Die Konzentration von Monamidoxydase hingegen läßt sich über die Blutkörperchen messen. Manche Forscher behaupten, daß sie die Konzentration dieses Enzyms im Gehirn widerspiegelt, der Monamidoxydasespiegel bei Depressionspatienten ungewöhnlich hoch ist und er sich mit Hilfe von Antidepressiva senken läßt. Allerdings konnten diese Ergebnisse nicht systematisch wiederholt werden. Darüber hinaus ist der Monamidoxydasespiegel auch bei vielen Depressiven normal und bei zahlreichen Gesunden erhöht.

Aber es gibt noch erstaunlichere Erkenntnisse. Noch andere Faktoren können das biochemische Gleichgewicht des Gehirns stören. Streß beispielsweise. Zahlreiche Versuche scheinen zu belegen, daß langanhaltende Streßsituationen sich dauerhaft auf besagtes Gleichgewicht auswirken können. Beispielsweise reagierten Tiere, die wiederholt Streß ausgesetzt wurden, übertrieben stark auf eine Amphetamininjektion, auch wenn diese erst mehrere Monate später erfolgte. Darüber hinaus waren die Tiere fortan streßanfälliger als vorher. Man weiß heute, daß die Nebenniere bei Streß bestimmte Hormone ausschüttet, und nach erst kürzlich durchgeführten Tierversuchsreihen scheint es, als könnte ein Übermaß dieser Hormone Neuronen des Hippocampus zerstören, einer Hirnregion, die mit dem Gedächtnis verknüpft ist. Elliot Valenstein bemerkt hierzu: »*Die unglaubliche Fähigkeit der Menschen, sich an traumatisierende Ereignisse aus ihrer Vergangenheit zu erinnern, kann sich sehr stark auf ihr Streßempfinden auswirken. Interessanterweise wurde festgestellt, daß viele Geisteskranke fast permanent unter Streß stehen.*« Fazit: Streß erzeugt Streß, der wiederum die Depression fördert und umgekehrt.

Erschwerend kommt hinzu, daß psychotrope (die Psyche beeinflussende) Medikamente im Gehirn möglicherweise ebenfalls langanhaltende oder sogar bleibende biochemische Veränderungen auslösen, wie es die Versuche der beiden amerikanischen Biopsychologen Terry Robinson und Bryan Kolb zu belegen scheinen, die eine Verlängerung der Dendriten gewisser Neuronen nach Amphetamininjektionen festgestellt haben. Damit stellt sich wieder die Frage nach Ursache und Wirkung: Sind die festgestellten Fehlfunktionen Ursache der Krankheit oder Konsequenz der Behandlung derselben?

In Valensteins Augen gibt es keinerlei Beweise dafür, daß geistige Störungen auf irgendein chemisches oder strukturelles Ungleichgewicht im Gehirn zurückzuführen wären, was der Überzeugung der meisten Psychiater, mit denen ich mich unterhalten habe, entspricht.

Für mich steht nur eins zweifelsfrei fest: Je weiter ich komme, desto verwirrender wird das Ganze.

9. KAPITEL

KÜNSTLICHES GLÜCK

Ich bin schlecht geeignet als Fürsprecherin für Antidepressiva, da ich zu den 30 % jener Patienten gehöre, bei denen sie nicht die geringste therapeutische Wirkung zeigen. Und dabei habe ich sie in erschreckenden Mengen geschluckt, mit einer Sturheit, die der verzweifelten Sehnsucht entsprang, gesund zu werden, da die Wirkung sich auf Nebenwirkungen beschränkte, wie sie auf dem Beipackzettel aufgeführt waren.

Die Chemotherapie war der einzige konkrete Behandlungsvorschlag, der mir von sämtlichen Ärzten, die ich konsultiert habe, gemacht wurde – abgestimmt auf eine »unterstützende Therapie«, die nur begleiten, aber nicht heilen sollte. Das Szenario ist fast immer das gleiche: Erst werden mehrere Antidepressiva verordnet, die über mehrere Monate eingenommen werden sollen, und dazu auf Wunsch Anxiolytika. Wenn nach zwei bis drei Wochen keine Besserung eingetreten ist, wird die Dosis des bereits eingenommenen Medikaments erhöht, oder aber es wird ein anderes verordnet. Und das setzt sich fort, bis man die drei großen Gruppen von Antidepressiva durchprobiert hat (die trizyklischen, die Monoaminoxydase- oder MAO-Hemmer und die Serotoninwiederaufnahmehemmer, auf die ich später noch zu sprechen komme), wobei man sich langsam vorgetastet und verschiedene Dosierungen versucht hat.

Als mein Zustand sich weiter verschlechterte, kamen Neuroleptika hinzu, die ebenso wenig Wirkung zeigten, aber um so mehr Nebenwirkungen. Wenn drei Wochen ausreichen, um sich einen Eindruck von der Wirkung eines Antidepressivums zu verschaffen, läßt sich schnell ausrechnen, daß ich innerhalb von sechs Monaten sämtliche Möglichkeiten der medikamentösen Therapie ausgeschöpft haben müßte. Warum hat man mich, wenn ihre Nutzlosigkeit doch längst erwiesen war, zwei Jahre lang mit Antidepressiva behandelt?

Irgendwann konnte ich mich folgender Frage nicht mehr erwehren: Und wenn die Antidepressiva nur ein Trick sind, ein Riesenbetrug, der von den Pharmaunternehmen initiiert wurde und von der Ärzteschaft fortgeführt wird? Das würde erklären, warum in psychiatrischen Krankenhäusern sämtliche Depressionspatienten monate-, ja jahrelang Antidepressiva einnehmen, ohne daß sich an ihrem Geisteszustand etwas ändert. Ein Eindruck, der durch die widerstreitenden Meinungen der Psychiater und Psychotherapeuten, mit denen ich im Rahmen meiner Recherchen sprach, noch verstärkt wird.

Ich machte mich also auf die Suche nach Zeugen, nach Menschen, die ihre Depression allein mit Hilfe von Medikamenten überwunden hatten. Alexis ist einer von ihnen.

Alexis ist ein sehr gutaussehender Mann mit eisblauen Augen und dickem, lockigem grauem Haar. Er ist wortkarg und macht einen eher verschlossenen Eindruck, was weniger zum Image des international tätigen Journalisten paßt – einem Beruf, den er immerhin seit 25 Jahren ausübt – als zu dem leidenschaftlichen Bergsteiger, der er ist. Seit ebenfalls 25 Jahren ist er mit einer Frau verheiratet, die er über alles liebt und die das genaue Gegenteil von ihm ist, so offen, extrovertiert und gesellig, wie er in sich verschlossen, introvertiert und eigenbrötlerisch ist. Ein Paar, bei dem sich die Partner ergänzen. Sie üben beide den gleichen Beruf aus, haben eine 22jährige Tochter, einen großen Freundeskreis und genug Geld. Alles in allem kein Grund für Depressionen.

Alexis hat keine schlimmen Traumata erlebt, weder in der Jugend noch später. Wie viele andere Kinder auch hatte er Schwierigkeiten mit der väterlichen Autorität, aber mehr auch nicht. Das heißt, vielleicht doch. Denn sein Vater gehörte der Gattung der Unfehlbaren an, streng aber fair, sich selbst gegenüber ebenso anspruchsvoll wie gegenüber Dritten. Alles in allem also ein Vorbild, dem nicht leicht zu entsprechen ist. Und genau das ist der Punkt. Was er auch tut und obgleich er ein hervorragender, bei den Kollegen angesehener Journalist ist, Alexis kann seinen eigenen Ansprüchen nicht genügen. Vielleicht ist das die Erklärung dafür, daß er bei jeder Beförderung in Depressionen verfällt. Aber wie viele Männer seines Alters (er ist 55), hat Alexis eine Aversion gegen Psychiater und Psychologen, so daß er lieber wartet, bis er ganz unten ist, ehe er zum Arzt geht. Zwar sucht er letztendlich doch einen Spezialisten auf, aber mit größtem Widerwillen.

Er lebt mit seiner kleinen Familie seit drei Jahren in Mexiko, als seine Zeitung ihm den Posten seiner Träume anbietet: Leiter des Büros in Rom. Alle sind glücklich (vor allem er selbst, da er Mexiko immer unerträglicher findet) und bereiten sich auf den Umzug vor. Alexis verbringt einen Monat ganz allein in den Pyrenäen, bevor er sich in die neue Aufgabe stürzt.

»*Ich fühlte mich sonderbar, schwermütig, ein wenig überdrüssig*«, erinnert er sich. »*Aber ich schob das auf die Erschöpfung nach drei Jahren harter Arbeit, die es erfordert hatte, ganz Zentralamerika journalistisch abzudecken.*«

Er weiß, daß ihn eine Herausforderung erwartete: die Übernahme einer zwölfköpfigen Redaktion, deren Mitarbeiter unter seinem Vorgänger schwer gelitten hatten.

Gleich bei seiner Ankunft in Rom an einem brütendheißen Tag im Juli spürt er, daß »alles schiefgeht«. »*Das erste Symptom war die Schwierigkeit, ›zu erscheinen‹. Ich wollte niemanden sehen, mit niemandem sprechen. Es war, als würden meine Charaktereigenschaften sich noch stärker herausbilden. Allein der Gedanke, Chef sein und mit einem ganzen Team zusammenarbeiten zu müssen, machte mich ganz krank. Es kostete mich große Überwindung, morgens zur Arbeit zu gehen; ich wußte, daß ich einen Haufen Entscheidungen würde treffen müssen, und das fiel mir so schwer wie noch nie. Außerdem würde ich diese Beschlüsse durchsetzen und somit argumentieren müssen. Das überstieg meine Kräfte.*«

Nach einem Monat begannen die Alpträume. Er wachte um drei Uhr in der Nacht auf und konnte nicht wieder einschlafen. »*Die ganze Nacht lang zerbrach ich mir den Kopf über die kleinsten alltäglichen Kleinigkeiten: in welcher Reihenfolge ich meine Termine vereinbaren sollte, was ich wem sagen wollte und so weiter. Schon nach kurzer Zeit schien mir das Ganze unlösbar, schier nicht zu bewältigen. Wenn ich im Büro ankam, konnte ich einfach nicht verstehen, wie ich all das früher in wenigen Minuten hatte erledigen können. Ich fing an, mich mit Selbstmordgedanken zu tragen. Tatsächlich hatte ich schon im ersten Monat selbstmörderische Gedanken. Es kam mir vor, als wäre ich für alle nur eine Last, und da ich keine Lust hatte zu leben, wozu das alles?«*

Medikamenten gegenüber von Natur aus mißtrauisch, nimmt er erst Beruhigungsmittel, als er völlig am Ende ist. Er hat zu nichts mehr Lust, und nichts bereitet ihm mehr Freude. Das einzige, was ihm noch Erleichterung verschafft, sind die Wochenenden in den Bergen, wo er endlich allein sein kann.

Für seine Frau und seine Tochter war sein Schweigen am schwersten zu ertragen. *»Monatelang hat er zu Hause kein Wort gesprochen. Er antwortete nicht einmal, wenn man ihn etwas fragte. Es war zum Verrücktwerden«*, gestanden sie mir.

Seine Frau überredet ihn schließlich, einen Arzt aufzusuchen. *»Mir war klar, daß es so nicht weitergehen konnte, daß ich krank war. Ich habe versucht, die Krise ganz allein zu überwinden, schaffte es aber nicht.«*

Er erklärte sich bereit, die Antidepressiva und Anxiolytika zu schlucken, die der Arzt ihm verordnete: Der Psychotherapie beugte er sich nur widerwillig. *»Zum einen konnten ich den Kerl nicht leiden, und ich hätte auch keinen anderen leiden können, weil ich nämlich eine Aversion dagegen habe, über mich selbst zu sprechen. Außerdem verlangte er von mir, mich auf seine Couch zu legen!«*

Sechs Monate später war Alexis über den Berg. Er, der mir zu Beginn unseres Gesprächs versichert hatte, die Medikamente wären völlig wirkungslos gewesen, gestand mir später, sie noch lange, nachdem er die Sitzungen bei seinem Psychiater aufgegeben hatte, weiter genommen zu haben »um die Packungen leer zu machen«.

Ich habe ganz am Anfang meiner Recherchen mit Alexis gesprochen. Damals schien er überzeugt zu sein, daß es bei dieser ersten depressiven Episode bleiben würde. Obgleich er diesbezüglich empfindlich reagiert – aus Angst, sich »anzustecken« meidet er seither die Gegenwart depressiver Menschen –, behauptete er, verstanden zu haben, daß sein Problem auf seine Beziehung zu seinem Vater zurückzuführen war, und da der gerade gestorben war ...

Einige Jahre später wurde Alexis erneut befördert. Unmöglich, abzulehnen – auch wenn er große Lust dazu gehabt hätte. Zwei Wochen später konnte er plötzlich nicht mehr schlafen. Er hielt einen Monat durch, ehe er sich eingestand, daß er wieder einen depressiven Schub hatte (seiner Frau war das längst klar). Das gleiche Szenario wie beim erstenmal. Was ihn nicht daran hinderte, noch einmal dieselben Fehler zu machen. Zuerst die Weigerung, sich überhaupt helfen zu lassen. Ein paar Lexomil in den Nächten, in denen er überhaupt keinen Schlaf fand, und ansonsten Funkstille. Nach zwei Monaten war er am Ende und bat seinen Hausarzt, ihm Prozac zu verordnen. Als nach drei Wochen noch keine Besserung eintrat, beschloß er, einen Psychiater aufzusuchen, der ihm dasselbe Antidepressivum verordnete wie sein römischer Kollege einige Jahre zuvor. Drei Wochen später war er geheilt. Heute geht Alexis gern zur Arbeit, löst mühelos allerlei Schwierigkeiten, lächelt, schläft und spricht. Seine Frau, die sich bewußt war, daß er Schwierigkeiten hatte, sich auszudrücken, hatte ihn während seiner Depression aufgefordert, seine Tage abends bei seiner Heimkehr zu benoten: Sie reichten nie auch nur an ein Mittelmaß heran. Nach Einnahme der Antidepressiva vergab er plötzlich höhere Noten als vor seiner Erkrankung.

Alexis ist ein Paradebeispiel. Bernard ebenfalls. Er ist in den 40ern, Vater von drei Kindern, leitender Angestellter eines Pharmakonzerns. Als ihm eine Beförderung verweigert wurde, verfiel er ganz plötzlich in eine tiefe Depression. Er hatte sich für einen Posten in der Chefetage beworben, aber sein Vorgesetzter hatte ihm taktvoll beigebracht, daß er ein hervorragender Untergebener war und immer bleiben würde, weil es ihm an den erforderlichen Qualitäten mangelte, in höhere Gefilde aufzusteigen.

Zwei Monate später verspürt Bernard die ersten Symptome, versucht aber, allein damit fertig zu werden. Zehn Tage später fühlt er sich so elend, daß er sterben will; er bekommt es mit der Angst zu tun und sucht seinen Hausarzt auf. *»Ein Mann, der wenig Ahnung auf dem Gebiet der Psychiatrie hatte«*, fügt er an, um zu erklären, weshalb der sich damit begnügte, ihm eine Zoloft (ein Antidepressivum) pro Tag zu verordnen sowie drei Xanax (Anxiolytikum) täglich und ihn für eine Woche krankschreibt, ohne eine weitere Betreuung für nötig zu erachten. Bernard nimmt nach Ablauf der Krankschreibung seine Arbeit wieder auf, aber sein Zustand ist immer noch katastrophal. Unfähig, zu arbeiten, sucht Bernard einen zweiten Allgemeinmediziner auf, der um so größeres Verständnis für ihn hat, als seine Frau sich in Folge seiner Depression das Leben genommen hatte. Er schreibt ihn sofort krank, verdreifacht seine Dosen Zoloft und Xanax und überweist ihn an einen Psychiater. Als nach zwei Wochen keinerlei Besserung zu verzeichnen ist, beschließen die beiden Ärzte, einen Gang zuzulegen: Sie ersetzen das Zoloft durch Anafranil (ein Antidepressivum, das stärker wirkt, allerdings auch unangenehmere Nebenwirkungen hat) und das Xanax durch Lexomil und fügen sogar Largactyl hinzu (ein Neuroleptikum). Innerhalb von vierzehn Tagen überwindet Bernard die Krise. Heute beklagt er sich über die Nebenwirkungen (extrem trockener Mund und so starkes Zittern, daß er nicht schreiben kann), aber er ist wieder obenauf, und das ist für ihn das Entscheidende.

Ich hatte keine große Mühe, Patienten zu finden, deren Depression noch ganz frisch war und die positiv auf Antidepressiva reagierten. Aber im Laufe meiner Recherchen wurde mir klar, daß die Medikamente um so weniger wirken, je länger die Depression bereits besteht. Als ich die Psychiater unter meinen Gesprächspartnern bat, mich mit Patienten bekannt zu machen, die mit Hilfe von Antidepressiva eine starke und lange bestehende Depression besiegt hatten, waren sie hierzu gern bereit, aber wenn es dann um konkrete Namen ging, stand dem immer irgend etwas im Wege: Der eine litt nicht nur an Depressionen, ein anderer nahm bereits seit fünf Jahren Antidepressiva (die Wirkung schien also nicht so überzeugend), und ein Dritter hatte Elektroschocks bekommen ...

Trotz allem stellte ich fest, daß in den Krankenhäusern und vor allem den Patientenvereinigungen die meisten Langzeitpatienten jahrelang Medikamente schluckten (so wie ich selbst), und das gegen jede Logik: Wenn sie immer noch krank waren, dann bedeutete das doch wohl, daß die Tabletten keine Wirkung hatten. Natürlich prangerte ich Psychiater und Pharmakonzerne an. Anders als sie es ihre Patienten gerne glauben machen, sind diese Medikamente keineswegs harmlos; ihre Nebenwirkungen sind so stark, daß sie die Person, die sie zu spüren bekommt, daran hindern, ein aktives, normales Leben zu führen. Eine tolerierbare Schattenseite, wenn parallel hierzu eine positive Wirkung verzeichnet wird, meiner Ansicht nach jedoch unerträglich, wenn das nicht der Fall ist. Außerdem konnte ich feststellen, daß die Patienten sich an ihre Antidepressiva klammern, auch wenn diese keinerlei Wirkung zeigen; der symbolische Effekt der Wunderpille.

Marie ist da anderer Ansicht. Obgleich die Antidepressiva sie nicht geheilt haben, haben sie für sie eine entscheidende Rolle gespielt, »*indem sie die unerträglichsten Symptome gelindert haben*«. Sie ist überzeugt davon, daß sie sich ohne die Tabletten das Leben genommen hätte. Und das erklärt wohl auch, daß sie diese Tabletten über 20 Jahre lang einnahm.

Wie ist man überhaupt darauf gekommen, sich einzubilden, man könnte »Wahnsinn« – wie man seinerzeit alle Arten von geistigen Erkrankungen nannte – medikamentös heilen? Und was sind überhaupt psychotrope Medikamente? Ihre Entdeckung liegt noch nicht lange zurück, da sie erst in den 50er Jahren erfolgte, und man kann sagen, daß sie eine neue Ära eingeläutet hat. Bis dahin wurden Geisteskranke, gleich ob sie aggressiv, apathisch oder im Delirium waren, in Asyle gesperrt, von ihrem Umfeld abgeschnitten, von der Welt abgeschnitten und behandelt wie Gefängnisinsassen. Wenn sie gegen die Zustände aufbegehrten, wurden sie in Zwangsjacken gesteckt oder mit kalten Duschen »beruhigt«; seit Ende der 30er Jahre wurden besonders schwere Fälle gar mit Elektroschocks behandelt. In dieser Zeit fiel Henri Laborit, damals Militärchirurg, auf, daß das Chlorpromazin, ein Antihistaminikum, das er seinen Patienten verabreichte, um den postoperativen Schock zu lindern, bei diesen eine friedliche Gleichgültigkeit hervorrief. Die Psychiater Pierre Denicker und Jean Delay probierten das Mittel systematisch an ihren erregten Patienten am Krankenhaus Sainte-Anne aus und stellten fest, daß diese sich nicht nur beruhigten, sondern daß darüber hinaus ihre Halluzinationen und Delirien verschwanden. Das erste Neuroleptikum war geboren. In den Asylen trat eine radikale Wende ein. Da es keine Angst mehr vor den Kranken zu haben brauchte, begann das Pflegepersonal, mit den Patienten zu kommunizieren, und die Elektroschockbehandlungen wurden – vorübergehend, wie wir noch sehen werden – als veraltet aufgegeben.

Die Wissenschaft hat erst vor etwa 30 Jahren angefangen, die zerebralen Mechanismen der Depression zu verstehen, was zeigt, wie komplex sie sind. Bis dahin waren alle therapeutischen Erfolge auf zufällige Beobachtungen zurückzuführen. In den 20er Jahren hatte man begonnen, aufgrund der falschen Theorie, Schizophrenie und Epilepsie wären Antagonisten, Elektroschocks einzusetzen. Von dort war es nur noch ein kleiner Schritt, epileptische Anfälle künstlich zu erzeugen. Diese Methode erwies sich bei der Therapierung der Schizophrenie als wenig wirksam; im Gegenzug zeigte sie bemerkenswerte Erfolge bei Depressionen, vor allem bei deren akuteren Formen.

15 Jahre später entdeckte man innerhalb eines Zeitraums von zehn Jahren – ebenso zufällig – die drei Hauptgruppen von Psychotropen: die Antidepressiva (zur Behandlung der depressiven Stimmungslage), die Beruhigungsmittel oder Anxiolytika (zur Behandlung von Angstzuständen) und die Thymoregulatoren (die die Stimmungslage bei manisch-depressiven Patienten regulieren). Seither ist nichts Wesentliches mehr hinzugekommen.

Édouard Zarifian sieht einen der Gründe für diese Stagnation trotz aller Bemühungen darin, daß die Forschung heute von Neurobiologen betrieben wird und nicht mehr von Klinikern. Ihre Protokolle sind äußerst streng und verbieten es, ein Medikament auszuprobieren, solange man nicht im voraus seine Wirkung kennt. Dabei wurden die bisherigen Erfolge von Praktikern erzielt, die nach dem Prinzip Versuch und Beobachtung vorgingen.

Weil der Stoff bei erregten Patienten nicht wie vorhergesehen gewirkt hatte, probierte Dr. Roland Kuhn 1957 bei Tests neuer Allergiemedikamente an Depressiven einen Vetter von Largactil aus, das Imipramin. Auf diesem Wege entdeckte er das erste trizyklische Antidepressivum.

Im selben Jahr erfuhr der amerikanische Psychiater Nathan Kline von Chirurgen von der euphorisierenden Wirkung eines Tuberkulosemedikamentes, also eines Antibiotikums: Iproniazid. Er probiert das Mittel sofort an depressiven Patienten aus und belegt so die Wirksamkeit einer weiteren Familie von Antidepressiva: den Monoaminoxydasehemmern (MAO).

Gleichzeitig versuchten die Labors des Pharmariesen Roche, ein Sedativum zu entwickeln, das den Patienten nicht einschläfert. Sie testeten Chlordiazepoxid, das unter dem Namen Librium auf dem Markt ist, das erste Anxiolytikum der Familie der Benzodiazepine.

Wie wirken diese Medikamente? Um das zu verstehen, müssen wir kurz auf die Funktionsweise des Gehirns zurückkommen. Man weiß, daß über Milliarden von Neuronen, die untereinander kommunizieren, indem sie Neurotransmitter freisetzen, ständig Botschaften übermittelt werden. Ein Mangel an drei dieser Neurotransmitter, den sogenannten Monoaminen – Serotonin, Noradrenalin und Dopamin – soll die Ursache für Depressionen sein. Eine These, die von der Feststellung untermauert wird, daß etwa

15 % der Hochdruckpatienten, die mit Reserpin (einem Medikament gegen Bluthochdruck, das die Monoaminkonzentration auf Neuronenebene senkt) behandelt wurden, Depressionen bekamen.

Die drei großen Familien der Antidepressiva sind die **Monoaminoxydasehemmer** (MAO), die **trizyklischen Antidepressiva** und, neueren Datums, die **Serotoninwiederaufnahmehemmer**, die selektiv den Serotoninanstieg hemmen. Durch unterschiedliche Mechanismen fördern sie alle die Noradrenalin- und die Serotoninausschüttung.

Vor gar nicht so langer Zeit (1987) tauchte der Wirkstoff Fluoxetin, der erste Serotoninwiederaufnahmehemmer, auf dem Markt auf (unter dem Namen Prozac). Inzwischen nehmen Millionen Menschen weltweit (die Schätzungen liegen bei 30 Millionen!) dieses Medikament – hinzu kommen noch die Patienten, die mit anderen Serotoninwiederaufnahmehemmern behandelt werden. Worauf ist dieser Riesenerfolg zurückzuführen? Es liegt nicht etwa daran, daß Prozac wirksamer wäre als andere Antidepressiva; vielmehr ist es so, daß es weniger unangenehme Nebenwirkungen hat. Und das ist ein großer Vorteil, da die Patienten dadurch seltener ihre Behandlung abbrechen. Prozac hat keine anticholinergische Wirkung, das heißt, daß es die Schleimhäute nicht austrocknet, der Blutdruck wird nicht gesenkt, und es kommt auch nicht zu Herzrasen. Außerdem kommt es weder zur Gewichtszunahme noch zu Benommenheit; Prozac kann sogar Herzkranken verordnet werden, die beispielsweise keine trizyklischen Antidepressiva einnehmen dürfen. Es können in Ausnahmefällen Nervosität, Muskelzuckungen, Kopfschmerzen oder Übelkeit auftreten. Außerdem ist Prozac ein Psychostimulans, was erklärt, weshalb manche Menschen das Präparat zweckentfremdet als Stimmungsaufheller einnehmen. Dabei vergessen sie leichtfertig, daß Prozac sich wie jedes andere Antidepressivum negativ auf die Libido auswirkt – und gleichzeitig eine Rechtfertigung für das mangelnde sexuelle Interesse liefert –, so daß das Mittel »glückliche Eunuchen« schafft, wie Édouard Zarifian es ausdrückt.

Worauf mir ein (mit Prozac behandelter) Exdepressiver philosophisch erwiderte: »*Wenn man ganz unten im Loch ist, steht einem sowieso nicht der Sinn nach Sex.*« Ich kann ein Lied davon singen. Trotzdem ist Einsamkeit nicht unbedingt das beste Heilmittel für eine Depression.

Es läßt sich nicht leugnen, daß die Nebenwirkungen generell die Hauptkrux der Psychotropen sind. Die therapeutische Wirkung der Anxiolytika tritt fast sofort ein, aber die Nebenwirkungen, vor allem der Gedächtnisverlust, machen sich erst nach einigen Tagen bemerkbar. Bei den Antidepressiva verhält es sich genau umgekehrt. Es dauert fast drei Wochen, ehe ihre therapeutische Wirkung einsetzt, aber manche ihrer Nebenwirkungen – wie Mundtrockenheit, Verstopfungen, Zittern, Übelkeit etc. – treten schon sehr bald auf. Andere Nebenwirkungen wiederum kommen schleichend, wie das Nachlassen der Libido, Gewichtszunahme oder -abnahme, das Nachlassen des Intellekts, Gedächtnisverlust, Konzentrationsschwäche etc. Da einige dieser Symptome sich mit denen der Krankheit decken, weiß man manchmal gar nicht mehr, wo man eigentlich steht.

Kein einziger der Ärzte, die mir Antidepressiva, Anxiolytika oder sogar Neuroleptika (deren Nebenwirkungen die Lebensqualität in noch viel stärkerem Maße beeinträchtigen) verordnet haben, hat sich gefragt, ob ich nach Einnahme dieser Mittel noch in der Lage sein würde zu arbeiten.

Auch hat mich niemand vor ihren verheerenden Auswirkungen auf den Intellekt, die Reflexe und die Koordinationsfähigkeit gewarnt. Ich wurde höchstens darauf hingewiesen, daß Mundtrockenheit oder Verstopfungen auftreten könnten. Und dabei hatte ich ihnen eben erst erzählt, daß ich ganz allein im fünften Stock eines Gebäudes ohne Fahrstuhl lebte, kein Geld und keinerlei Anspruch auf staatliche Unterstützung hatte. So kam es, daß ich schon bald nicht mehr klar denken, geradeaus gehen oder die Treppe hinaufsteigen konnte; ich konnte mich nicht mehr an meine eigene Telefonnummer und mein Geburtsdatum erinnern, und manchmal vergaß ich sogar meine Adresse! Keiner der Ärzte erteilte mir Fahrverbot, und so baute ich mit dem Auto eines Freundes einen Crash, als ich auf nasser Fahrbahn zu spät bremste. Einer Studie Édouard Zarifians zufolge sind »*Beruhigungsmittel schuld an einem von zehn Unfällen, und in der Hälfte der Fälle wird derjenige, der unter Medikamenteneinfluß in einen Unfall verwickelt wurde, ganz allein für diesen verantwortlich gemacht*«. Darüber hinaus trinken Depressive häufig Alkohol, der die einschläfernde Wirkung der Medikamente noch verstärkt. Und während Alkohol am Steuer verboten ist, gibt es in Frankreich keine solche Regelung bezüglich Psychotropen.

Ein weiterer, allen Antidepressiva gemeinsamer Nachteil ist, daß sie eine allgemeine Verlangsamung hervorrufen und die psychomotorischen Fähigkeiten schneller beeinträchtigen, als sie den seelischen Schmerz lindern. Es gibt also eine kritische Phase, während derer der Patient unvermindert weiterleidet und ihn nichts mehr davon abhält, seinem Leben ein Ende zu setzen, da die Hemmschwelle nicht mehr vorhanden ist. Daniel Widlöcher geht sogar noch weiter: »*Antidepressiva sind besonders wirksam bei sol-*

chen Depressionen, bei denen die Erschöpfung nicht mit seelischem Schmerz einhergeht, während sie wirkungslos sind, wenn diese nicht mit einer gewissen Gehemmtheit verbunden ist.« Für ihn sind es also weder Euphorika noch Analgetika, sondern Enthemmer.

Dr. Ismait Debesse ist »pharmakologischer« Psychiater, das heißt, daß er ausschließlich medikamentöse Behandlungen durchführt. Diese Spezialisierung ist in Frankreich recht selten (und in den USA sehr verbreitet, wo er im übrigen einen Teil seines Studiums absolviert hat), die große Mehrheit der Psychiater bieten parallel zur Pharmakotherapie auch eine Psychotherapie an.

Er praktiziert in einer Privatpraxis im XVI. Arrondissement, wo die Tarife im luxuriösen Wartezimmer angeschlagen sind – in weiser Voraussicht, da sich noch lange nicht jeder seine Honorare leisten kann. Er ist groß, dunkel, hat einen samtweichen Blick und eine sanfte Stimme mit dem Hauch eines ausländischen Akzents – kurz, er ist ein Bild von einem Mann. Was ihn nicht daran hindert, in seiner Domäne sehr bewandert zu sein. Im übrigen ist er überzeugt von der Wirksamkeit seiner Behandlungsmethoden. *»Es ist eine beinahe exakte Wissenschaft«,* versichert er mir.

Anders als die meisten seiner Kollegen, die, in der Hoffnung, irgendwann auf das richtige Mittel zu stoßen, an ihren Patienten mehr oder weniger nach dem Zufallsprinzip die verschiedenen Kategorien von Antidepressiva ausprobieren, ist er der Überzeugung, daß bestimmte Symptome einer Störung eines der drei wichtigsten Neuromodulatoren entsprechen: Serotoninergiker würden mehr zu düsteren und suizidalen Gedanken neigen, Noradrenergiker seien hingegen eher gehemmt und in ihren Funktionen verlangsamt, während die Dopaminergiker besonders unter Angstzuständen litten. Und jeder dieser Eigenarten entspräche eine ganz spezielle Gruppe von Antidepressiva.

Ismait Debesse ist so überzeugt von der Wirksamkeit der von ihm verordneten Medikamente, daß in seinen Augen sogar die Nebenwirkungen einen therapeutischen Zweck erfüllen. Man kann noch nachvollziehen, daß Beruhigung bis hin zu Schläfrigkeit, Angstlösung oder Muskelentspannung dazu beitragen können, einen Patienten zu entspannen und ihm einen gewissen Abstand zu verschaffen, aber wie sollten ein trockener Mund, Blutdruckabfall oder Zittern irgend etwas anderes bewirken, als ihn zu stören.

»Wie erklären Sie dann, daß die Antidepressiva der ersten Generation trotz stärkerer Nebenwirkungen wirksamer waren als das fast nebenwirkungsfreie Prozac?« kontert er unerschütterlich.

Es ist äußerst schwierig, die Wirksamkeit eines Antidepressivums objektiv nachzuweisen. Die mit den Tests betrauten Wissenschaftler müssen zuerst einmal die »depressive Phase« diagnostizieren. Hierzu bedienen sie sich der im DSM-IV aufgeführten Symptome. Dabei könnten einige dieser Symptome (negative Gedanken, Schlafstörungen, Nachlassen der Libido oder des Appetits etc.) ebenso gut auf ein vorübergehendes Stimmungstief zurückzuführen sein, auf eine charakterliche Eigenart oder auch auf irgendeine andere Erkrankung.

Jean-Claude Pénochet aus Montpellier erläutert die Problematik dieser Wirksamkeitstests: *»Die Probanden werden nach Symptomen ausgewählt. Aber auch wenn ihre Depression in ihrer Intensität vergleichbar sein mag, muß sie nicht* *unbedingt gleichen Ursprungs sein und die gleiche Bedeutung haben. Ein echter Schwermütiger kann da beispielsweise mit einer Frau in eine Gruppe gesteckt werden, die nach dem Tod ihres Mannes an einer reaktiven Depression leidet. Beide weisen die typischen Symptome einer starken Depression auf: Schlafstörungen, Störungen in bezug auf Appetit und Libido, Verlangsamung der Psychomotorik oder auch das Gegenteil, keine Freude mehr an irgend etwas, düstere Gedanken, die bis zu Selbstmordgedanken reichen können. Und so steckt man beide in dieselbe Kategorie, und wenn einer von ihnen positiv auf das getestete Antidepressivum reagiert, wird die Indikation dieses Mittels sofort auf die Gesamtheit der ›stark Depressiven‹ erweitert, seien diese Depressionen nun reaktiver, neurotischer oder schwermütiger Art.«*

Bei der Auswertung ist Vorsicht geboten, damit man die einzelnen Therapieansätze nicht miteinander verwechselt. Wenn der Patient eine Psychotherapie macht und gleichzeitig Medikamente schluckt, wie soll man dann wissen, was von beiden letztlich gewirkt hat? Andererseits stellt sich die Frage, ob es ethisch vertretbar ist, einem depressiven Menschen keine Psychotherapie nahezulegen.

Auch darf man die Wirkungen der verschiedenen Medikamente nicht durcheinanderwerfen. Da Antidepressiva häufig mit Anxiolytika zusammen verordnet werden, kann man die jeweilige Wirkung beider Mittel durchaus verwechseln. Angst ruft viele Symptome hervor, die sich mit jenen der Depression decken (Schlafstörungen, Appetitverlust, Rhythmusstörungen etc.). Ganz zu schweigen vom Placeboeffekt, der auf dem Gebiet der psychotropen Medikamente bei bis zu 40 % liegen kann.

Alle Medikamente haben einen Placeboeffekt um die 30

Prozent. Die Überzeugung, daß eine bestimmte Pille oder Person die Macht hat, einen zu heilen, kann genügen, um die Symptome einer Krankheit verschwinden zu lassen; so ließen sich die Wunder von Lourdes erklären oder die »Heilkunst« der Medizinmänner in einigen afrikanischen Ländern.

Édouard Zarifian sagt hierzu: »*Eine Besserung im Verlauf einer Behandlung ist nie ausschließlich auf pharmakologische Wirkungen zurückzuführen. Es ist bekannt, daß die Verabreichung einer der Heilung dienenden Substanz, die auch als solche kenntlich gemacht wird, in der Regel eine bis zu dreißigprozentige Besserung erzielen kann, ganz gleich, um welche Krankheit es sich handelt. Eine therapeutische Wirkung setzt sich aus der Summe des pharmakologischen Effekts des Medikaments, des Placeboeffekts und des umweltbedingten Effekts zusammen. Bei den stärksten Depressionen führt das Placebo zu einer dreißig- bis vierzigprozentigen subjektiven Besserung; bei den wirksamsten Antidepressiva liegt die Besserungsrate bei 60 bis 70 Prozent. Hieraus ergibt sich, daß der rein pharmakologische Effekt sich um die 30 % bewegt.*«

Als ich Jean-Claude Pénochet aus Montpellier fragte, ob Antidepressiva seiner Ansicht nach eine Depression heilen könnten, begann seine Antwort mit einem ausweichenden »Vermutlich« – bevor er dann zugab, eher skeptisch zu sein.

»Aber Sie verabreichen Ihren stationären Patienten doch solche Medikamente, oder?«

»Ja, natürlich. Ich war im übrigen verblüfft, als ich mir die Statistiken meiner Station angesehen habe, weil ich dachte, nur eine Minderheit der Patienten würde Antidepressiva nehmen. Dabei bekamen an diesem Tag alle welche!«

»Warum also?«

»Oft sind es die Patienten, die danach verlangen. Sie betrachten die Einnahme des Antidepressivums als eine Art Rettungsring. Ich muß allerdings auch zugeben, daß man sich auf einem Gebiet, auf dem die wissenschaftliche Literatur keine eindeutigen Beweise liefert und sich sogar häufig widerspricht, den Marketingstrategien der Pharmaindustrie nur schwer entziehen kann. Und im Zweifelsfall wollen wir nicht riskieren, dem Patienten eine Chance vorzuenthalten. Grob betrachtet kann man sagen, daß man die Wirkung eines Antidepressivums bei Depressionen, manisch-depressiver Psychose und den verschiedenen Formen von Schwermut unmöglich voraussehen kann. Darum neigt man auch dazu, sie eins nach dem anderen auszuprobieren.«

»Würden Sie denn Ihrer eigenen Frau ein Antidepressivum verabreichen, wenn sie eine starke Depression bekäme?«

»Ich glaube nicht«, gestand er mit einem beinahe überraschten Lächeln. »Es sei denn, es würde sich um eine schwermütige Depression handeln. Ansonsten würde ich ihr lieber einen guten Psychiater suchen!«

Wenn die Depression erst überwunden ist – und sie endet zwangsläufig eines Tages, mit oder ohne Medikamente, das darf man nicht vergessen –, fällt es manchen Patienten aus Angst vor einem Rückfall oder, weil sie nicht mehr auf die anregende Wirkung verzichten möchten, schwer, ohne diese »chemische Krücke« auszukommen, vor allem, wenn sie nur wenig Nebenwirkungen hat.

Die Pharmalabors arbeiten natürlich darauf hin, gestützt von Studien wie der Collaborative Study of the Psychobiology of Depression, in der es heißt, daß in einem Zeitraum von zehn Jahren nach einer depressiven Phase die Rückfallquote bei 75 % liegt. Außerdem heißt es dort, daß das Rückfallrisiko mit der Zahl der vorausgegangenen Krisen steigt. Es wird also bei starken wiederkehrenden Depressionen zu einer Verlängerung der Behandlung von drei auf fünf Jahre geraten, in manchen Fällen gar zu einer lebenslangen Einnahme. Aus reiner Vorsicht ziehen es manche Ärzte vor, diesen Rat zu befolgen und verordnen auf Teufel komm raus. Und was die Patienten anbelangt, fällt es in Anbetracht ihrer Panik vor einem Rückfall nicht schwer, diese zu überreden. Wenn ich für meinen Teil mir eine Chance einräumen wollte, zu den 25 % zu gehören, die keinen Rückfall erlitten, dann weil die Nebenwirkungen der Behandlung mir unvereinbar erschienen mit einem normalen Berufs- und Privatleben: Ich konnte am Ende keinen einzigen Satz mehr formulieren, ohne ins Stottern zu geraten! Ich habe mich also schnellstens von den Medikamenten getrennt, und bis heute, sieben Jahre später, habe ich noch keinen Rückfall erlebt. Natürlich empfinde ich das als beruhigend, aber nur die Zukunft wird mir sagen können, ob meine Entscheidung richtig war.

Paradoxerweise verhält es sich so, daß die verrufenste Therapie überhaupt, jene, die in der Vorstellung die schlimmsten Bilder weckt und die man am wenigsten erklärt, bei starken Depressionen am wirkungsvollsten ist. Tatsächlich weiß man nicht genau, warum einige Sitzungen Elektroschocktherapie die Stimmungslage des depressivsten Depressiven sofort und radikal zu verwandeln vermögen. Das ist um so ironischer, wenn man bedenkt, daß es sehr komplexe Theorien über die Wirkungsmechanismen der Antidepressiva gibt, wo deren Wirkung tatsächlich nur sehr begrenzt ist.

Und so kam es, daß ich entsetzt abwinkte, als mein an Tetraplegie leidender Psychiater – der mich nicht empfangen konnte, weil er in Urlaub fuhr – mir zu einer Elektroschocktherapie riet. Warum mich nicht gleich noch rädern? Für mich war es eine Art Elektrofolter, bei der die Opfer teilweise oder ganz den Verstand verlieren. Das einzige Beispiel, das ich kannte, stammte aus dem Film *Einer flog über das Kuckucksnest*, und das war kein gutes! Bei Jack Nicholson stand als nächstes die Lobotomie auf dem Programm! Und da auch mein Umfeld nicht eben begeistert reagierte, kniff ich. Heute glaube ich, daß das vermutlich ein Fehler war.

Während der Arbeit an diesem Buch habe ich meine Meinung geändert. Sämtliche Studien stimmen überein: Wenn alles andere versagt hat, erweisen sich Elektroschocks in 80 bis 90 % aller Fälle als wirksam. Und anders als bei Medikamenten oder Psychotherapie sind sich fast alle einig: Von ein oder zwei Ausnahmen abgesehen (deren Zweifel sich auf die Nebenwirkungen bezogen), hat keiner der zahlreichen Psychiater, Psychoanalytiker oder Psychologen, denen ich im Laufe meiner Recherchen begegnet bin, abgestritten, daß die Ergebnisse oft ans Wunderbare grenzen.

Wenn Frau J. heute mit 75 eine glückliche Frau ist, dann hat sie das nicht zuletzt Elektroschocks zu verdanken. Diese kräftige Frau mit den warmen Augen und der tiefen, verrauchten Stimme, Mutter von drei Kindern und siebenfache Großmutter, ist sich darüber im klaren, daß sie ein ausgesprochen leichtes und angenehmes Leben gehabt hat. Nach 50 Ehejahren ist ihr Mann noch so verliebt wie am ersten Tag – und das sieht man. Geld war nie ein Problem, und das Ehepaar lebt auch im Alter von einer sehr großzügigen Rente. Aber in dem Alter, da andere in Rente gehen, verfiel Frau J. urplötzlich in eine katatonische Depression, die fast zehn Jahre anhielt: »*Ich hatte nicht den geringsten Grund, deprimiert zu sein. Im übrigen litt ich gar nicht wirklich*«, erinnert sie sich. »*Ich war nicht einmal traurig, sondern einfach gleichgültig, gefühllos. Mein Mann hat vermutlich mehr darunter gelitten als ich.*«

»*Man mußte sie drängen, sich zu waschen, zu essen*«, meint der dazu. »*Es war zum Verzweifeln, um so mehr als sie, wie Sie selbst gemerkt haben werden, im Grunde eine ausgesprochen energiegeladene Frau ist.*«

Wirklich schwer zu glauben.

Die Medikamente hatten keine therapeutische Wirkung, aber sie litt unter den Nebenwirkungen. Nach einem zweiwöchigen Krankenhausaufenthalt hatte die Behandlung ihr derart zugesetzt, daß sie nicht einmal mehr gehen konnte. Nach vielen Jahren des Spießrutenlaufens von einem Krankenhaus zum anderen akzeptierte sie schließlich die scheinbar letzte Möglichkeit, die ihr angetragen wurde: Elektroschocks. Das Resultat war verblüffend, auch wenn sie wieder einmal unter starken Nebenwirkungen zu leiden hatte.

»*Es war furchtbar*«, gesteht sie. »*Tatsächlich sollten es zehn Sitzungen sein, und ich habe nur neun machen können. Hinterher mußte ich mich an einem Stück übergeben, konnte zwei Stunden nicht gehen und war völlig erledigt; der Arzt meinte, eine so extrem negative Reaktion auf die Behandlung sei allerdings selten.*«

In den sechs Monaten nach der Therapie mußte sie »*ihrem Gedächtnis hinterherlaufen*«, wie sie es formulierte;

sie vergaß Zahlen, Namen, wo sie etwas hingelegt hatte. Nach und nach kehrte das Gedächtnis aber zurück, bis sie schließlich auch wieder Bridge spielen konnte.

Heute betrachtet Frau J. sich als restlos geheilt. Als sie zwei oder drei Jahre nach ihrer Depression das Gefühl hatte, daß sich ein Rückfall ankündigte, und sie fürchtete, weitere Elektroschocks über sich ergehen lassen zu müssen, nahm sie Antidepressiva, und diesmal hatte sie das Gefühl, daß diese etwas bewirkten. Seitdem will sie nicht mehr auf sie verzichten, trotz der eindringlichen Bitten ihres Hausarztes. Die Schlaflosigkeit ist ihr geblieben – typische Begleiterscheinung von Depressionen – und sie geht mit Keksen dagegen vor. »*Das ist zwar nicht so gut für die Figur, und ich schlafe regelmäßig erst ein, wenn mein Mann aufwacht, aber man gewöhnt sich daran*«, meint sie philosophisch.

Pierres Geschichte ist ebenso aufschlußreich, auch wenn es um ihn nicht ganz so gut steht. Seine Augen verschwinden förmlich hinter den dicken Brillengläsern, sein Rücken ist gebeugt, er bewegt sich sehr langsam, und seine Züge erhellen sich nur, wenn er lächelt. Er ist heute 74 und lebt seit 25 Jahren mit der ständigen Bedrohung einer Depression vor Augen. Der ehemalige Firmendirektor und aktive Sportler war extrem diszipliniert. So absolvierte er, noch bevor er (bei jedem Wetter mit dem Fahrrad) ins Büro fuhr, eine Stunde Gymnastik und lernte eine Stunde Englisch. Pedantisch und arbeitsam wie er war, bekam er seine erste Depression mit 50. Sie hat seinen Charakter verändert. Sein ganzes Wesen hat sich ins Gegenteil verkehrt: Plötzlich war er schwerfällig, immer müde, konnte keinen klaren Gedanken mehr fassen, hatte ein Gedächtnis wie ein Sieb ...

Es gab keinen speziellen Streßfaktor und auch kein Trauma, das den Ausbruch der Krankheit hätte erklären können, allerdings scheint es in der Familie eine starke genetische Veranlagung zur Depression zu geben. Die Hälfte seiner sechs Geschwister leiden an Depressionen (eines von ihnen hat sogar versucht, sich das Leben zu nehmen), ebenso wie der Vater.

Pierre war in Sainte-Anne in Behandlung und hat sämtliche damals auf dem Markt existierenden Antidepressiva ausprobiert, jedoch ergebnislos. Schließlich riet sein Psychiater ihm zu einer Elektroschocktherapie. Die plötzliche Genesung war eindrucksvoll. Seltsamerweise, und das ist heutzutage keine Seltenheit (damals war das noch anders), hat man ihm trotz seiner Heilung und obgleich diese nicht auf Medikamente zurückzuführen war, auf Lebenszeit Antidepressiva verordnet. Wie fast alle Patienten hat er aus Angst vor einem Rückfall den ärztlichen Rat befolgt und sogar über drei Jahre eine Therapie gemacht. Der erste schwere Rückfall erfolgte vor zwei Jahren nach einem Hirntrauma in Folge eines Treppensturzes. Sein Sehvermögen hat sich drastisch verschlechtert (er leidet an einer erblichen Augenkrankheit), und er ist wieder in Depressionen verfallen. Da die neueren Medikamente ebenso wirkungslos blieben wie die alten, hat er sich zu einer neuen Elektroschockbehandlung durchgerungen, und das Wunder hat sich auch diesmal wieder vollzogen.

Später wurden bei ihm jedoch Ansätze von Alzheimer festgestellt. Diese Krankheit ist schwer zu diagnostizieren, wenn sie mit einer Depression einhergeht (was recht häufig der Fall ist), weil beide Pathologien dieselben Symptome aufweisen wie Gedächtnisstörungen, geistige Verwirrung und Erschöpfung. Und je weiter diese Krankheiten fortschreiten, desto schwerer ist es zu beurteilen, auf welche von beiden Erkrankungen der Zustand des Patienten letztlich zurückzuführen ist. Trotz des fortschreitenden Verlusts seiner Sehkraft war Pierres Stimmungslage einigermaßen stabil, bis es dann vor einigen Monaten ganz plötzlich und ohne Vorwarnung zu einem weiteren Rückfall kam.

Vielleicht sind die Umstände der Erfindung der Elektroschocktherapie für ihren schlechten Ruf verantwortlich. Anfang der 30er Jahre hatte man festgestellt, daß bei manchen Alkoholikern (etwa die Hälfte der Patienten in den Asylen), die depressiv und Epileptiker waren (eine häufige Komplikation bei Alkoholsucht), nach den Anfällen eine deutliche Besserung der Gemütsverfassung zu verzeichnen war. Also hat man versucht, die Wirkung eines epileptischen Anfalls künstlich zu erzielen, zuerst mit Hilfe chemischer Substanzen wie Kampfer oder mit Gasen. Die Nebenwirkungen waren verheerend und die Ergebnisse dürftig. Die Idee schien allerdings gut: Der erste Patient, an dem man den »Pharmakoschock« ausprobierte, hatte sich seit drei oder vier Jahren kaum noch gerührt. Schon nach der ersten Sitzung war er nicht mehr katatonisch, nach der dritten war er wieder in der Lage zu sprechen und allein zu essen, nachdem er bis dahin mit Hilfe eines Trichters zwangsernährt worden war.

1938 kamen zwei italienische Psychiater unter Mussolini auf die Idee, einen epileptischen Anfall dadurch zu simulieren, daß sie Strom von einer Schläfe zur anderen leiteten. Strom hat schon immer Angst erzeugt, und ich werde einfach den Verdacht nicht los, daß die breite Masse ihn mit dem Faschismus in Verbindung brachte – was leicht nachzuvollziehen war. Abgesehen von diesem »teuflischen«

Aspekt wurde diese revolutionäre Technik als solche verrissen, weil sie vorgab, das Unmögliche bewirken zu können: die Heilung dessen, was man damals als »Dementia praecox« bezeichnete, die die meisten psychischen Störungen einschloß. Sie zwang dazu, den Status des psychisch Kranken völlig neu zu überdenken, den die Gesellschaft bequemerweise zum Untermenschen degradiert hatte.

Hierzu äußert sich Dr. Carvalho, ein junger Arzt am Krankenhaus Sainte-Anne, mit dem gleichen Enthusiasmus, mit dem mein kleiner Neffe von seinen Videospielen spricht. *»Elektrischer Strom ist ungefährlich, sicher und für Arzt und Patienten gleichermaßen praktisch«*, 1938 gab es die Anästhesie noch nicht (sie wurde erst 1946 erfunden), *»aber das spielte keine Rolle, weil epileptische Anfälle eine völlige Amnesie zur Folge haben und somit kein Bewußtsein körperlicher Schmerzen besteht«*, erklärt er. *»Während des Elektroschocks kommt es zu tonisch-klonischen Bewegungen – man verkrampft sich und läuft Gefahr, sich die Zunge durchzubeißen oder Zähne abzubrechen. Deshalb wurde die Anästhesie eingeführt. Nicht wegen des Schmerzes, sondern um das Muskelrelaxans Curare verwenden zu können. Da dieses die Muskeln lähmt, vor allem jene des Oberkörpers, hat man das überaus beklemmende Gefühl, nicht mehr atmen zu können. Deshalb betäubt man den Patienten für etwa zwei Minuten. Daher auch der Name Narkose, der manchmal auch für Elektroschocks verwendet wird. Die offizielle Bezeichnung lautet aber Elektrokonvulsivtherapie (EKT) oder zerebrale Elektrostimulation.«*

Und doch gab es – und das ist noch gar nicht so lange her – eine Zeit, in der diese Praktik in ihrer Anwendung recht barbarisch war. Sylvia Plath berichtet davon, wie man sie Anfang der 50er Jahre ohne ihre Einwilligung und ohne Anästhesie in einer psychiatrischen Praxis einer Elektroschockbehandlung unterzog.

»*Doktor Gordon schloß eine Abstellkammer auf, zog einen Rolltisch hervor, auf dem eine Maschine stand, und schob ihn hinter das Kopfende meines Bettes. Die Krankenschwester begann, mir die Schläfen mit einem übelriechenden Fett einzureiben (...)*
›*Nur keine Angst*‹, *grinste die Krankenschwester zu mir herunter.* ›*Beim ersten Mal ist jeder zu Tode erschrocken.*‹ *(...)*
Doktor Gordon befestigte zwei Metallplatten an beiden Seiten meines Kopfes. Mit einem Band, das sich mir in die Stirn einschnitt, schnallte er sie fest und gab mir einen Draht zu beißen.
Ich schloß die Augen.
Es trat eine kurze Stille ein, wie ein Atemanhalten.
Dann kam etwas über mich und packte und schüttelte mich, als ginge die Welt unter. Wii-ii-ii-ii-ii schrillte es durch blau flackerndes Licht, und bei jedem Blitz durchfuhr mich ein gewaltiger Ruck, bis ich glaubte, mir würden die Knochen brechen und das Mark würde mir herausgequetscht wie aus einer zerfasernden Pflanze.
Ich fragte mich, was ich Schreckliches getan hatte.«

Die Zeiten haben sich geändert. Im Dezember 1998 wurde sogar eine Elektroschocksitzung im Fernsehen gezeigt. Das Ganze war erstaunlich harmlos. Ein kleiner Ruck, weiter nichts. Das heißt zwar nicht, daß es keine Unfälle gäbe, wie sie in allen Bereichen der Medizin vorkommen, aber sie sind selten.

Und doch haben manche Patienten mir entgegen der Versicherungen der Psychiater, die diese Therapieform anwenden, von Nebenwirkungen berichtet, vor allem von Gedächtnisstörungen, die viel stärker sein sollen als offiziell eingeräumt wird. So hat Frau V. beispielsweise die Kindheitsjahre ihrer Tochter vergessen. Und Frau R. hat ihre schönsten Erinnerungen verloren, und da diese schon nicht zahlreich waren ... Aber es stimmt, daß diese Fälle Gott sei Dank selten sind.

Im Sainte-Anne haben manche Patienten im Laufe ihres Lebens mehrere Hundert Elektroschocks erhalten. Sie haben ihnen das Überleben ermöglicht, aber es läßt sich nicht leugnen, daß die Nebenwirkungen mit der Zeit immer deutlicher hervortreten.

Obgleich Elektroschocks überaus wirksam sind, besteht ihr Hauptproblem darin, daß sie Störungen des Kurz- oder Langzeitgedächtnisses hervorrufen. Zwar sind diese in den allermeisten Fällen nur vorübergehender Natur, aber deswegen nicht minder traumatisierend.

Deshalb hat man eine neue Methode ersonnen, die transkraneale magnetische Stimulierung, bei der über ein Magnetfeld ein sehr schwacher elektrischer Strom an die Neuronen weitergeleitet wird. Das Gerät befindet sich in zahlreichen Ländern noch im Versuchsstadium und ist in Frankreich noch nicht zugelassen, aber die Technik wird auch hierzulande erforscht, unter anderem auch am Sainte-Anne-Krankenhaus.

Der Gedanke ist daraus entstanden, daß bei Elektroschocks über 80 % der elektrischen Energie verlorengehen, da die Schädelhöhle diese Energie von einem Patienten zum anderen sehr unterschiedlich streut. Das erklärt auch, weshalb manchen Patienten ein zehnmal stärkerer Stimulus verabreicht werden muß als anderen. Im übrigen sind EKT nicht sehr exakt (»Ein Elefant im Porzellanladen«, wie es Dr. de Carvalho ausdrückt); demgegenüber läßt sich das Magnetfeld einem Laserstrahl gleich auf ein konkretes Ziel richten: bestimmte Hirnstrukturen (beispielsweise das limbische System oder der Stirnlappen), die in die biologische Hypothese der Depression einbezogen sein sollen.

Damit wäre in etwa das therapeutische Arsenal zusammengefaßt, über das man heute verfügt, um Depressionen zu behandeln. Keine der Methoden ist perfekt, aber sie alle können funktionieren, natürlich abhängig vom einzelnen Patienten. Keine ist empfehlenswerter als eine andere. Im konkreten Fall sind theoretische Spekulationen zugunsten der praktischen Wirksamkeit abzulegen; das Schlimmste wäre, gar nichts zu tun, da es sich, vergessen wir das nicht, um eine Krankheit handelt, die durchaus tödlich verlaufen kann. Allerdings behandeln die pharmakologischen Mittel (Antidepressiva) sowie auch die Elektroschocks nur die Symptome – was schon sehr viel ist, nicht aber die Ursache der Erkrankung. Wenn wirklich gar keine Therapie anschlägt, muß man sich vor Augen halten, daß eine depressive Phase früher oder später endet; das hilft, nicht zu verzweifeln.

Und wenn der depressive Schub auf eine ganz bestimmte Persönlichkeitsstruktur zurückzuführen ist, entstanden aus einem traumatischen persönlichen Erlebnis, was am häufigsten der Fall ist, dann können nur Insichgehen und eine Analyse Rückfälle vermeiden und verhindern, daß sich ein chronischer Zustand entwickelt.

10. KAPITEL

DIE RICHTIGEN WORTE

Für mich sind die drei unverzichtbaren Eigenschaften, die einen guten Psychotherapeuten ausmachen, fachliche Kompetenz, Aufrichtigkeit und Menschlichkeit. Nach meinem dritten Selbstmordversuch konnte ich an einem einzigen Tag ermessen, was dieser Beruf anrichten kann, wenn er von Menschen ausgeübt wird, denen es an einer oder mehreren dieser Eigenschaften mangelt.

Nachdem sie mich erstversorgt hatten, hatten die Feuerwehrmänner mich in der Notaufnahme des Hôtel-Dieu abgeliefert. Dort hatten meine Mutter und ich endlos auf dem Flur gewartet. Ich hatte mehrere Tage nichts mehr gegessen, hatte viel Blut verloren, und von den Medikamenten war mir speiübel. Ich war also, gelinde gesagt, nicht ganz frisch. Nicht frisch, aber resigniert, ganz anders als meine Mutter, die sich, vor Angst mit den Nerven am Ende, hilfesuchend nach allen Seiten wandte. Hin und wieder gelang es ihr, eine der vorbeihastenden Krankenschwestern auf sich aufmerksam zu machen und diese darauf hinzuweisen, daß es mir schlecht ginge.

Worauf man ihr systematisch erwiderte, daß ich kein Notfall wäre und wir »wie alle anderen auch« warten müßten, bis wir dran wären. Ah ja ...

Mehrere Stunden später war ich dann endlich an der Reihe. Man nähte mir sehr sorgfältig die Wunde am Handgelenk. Ich bedankte mich und ging zur Tür. »*Sie müssen zum Psychiater!*« meinte der Arzt. Ich protestierte; ich hatte nicht die Kraft, zum x-ten Mal einem Fremden, den ich doch nicht wiedersehen würde, zahllose Fragen über mein Leben zu beantworten.

Ich kam aber nicht darum herum. Der diensthabenden Psychiaterin war anzusehen, daß sie lieber woanders gewesen wäre, sie aber aus Pflichtbewußtsein das ganze Programm durchziehen würde. Sie war um die 30, pummelig, hatte dünnes Haar und ein verschlossenes Gesicht. Sie musterte mich so eindringlich, als könnte sie von meiner äußeren Erscheinung meine ganze Schande ablesen. Ich hatte ihr wirklich nicht das geringste zu sagen. Und sie ihrerseits war fest entschlossen, mich zum Sprechen zu bringen. Schließlich erkannte ich, daß es, wenn ich ihr nicht irgend etwas antwortete, noch lange dauern konnte, bis sie mich endlich nach Hause entließ. Ich gab mich also ganz nüchtern (was mir, da ich immer noch nichts gegessen hatte, nicht weiter schwer fiel), was sie aber nicht davon abhielt, mir in betont ruhigem Tonfall, so als hätte sie es mit einer Irren zu tun, die Frage an den Kopf zu werfen: »*Und Ihre Tochter? Haben Sie auch nur einen Gedanken an sie verschwendet?*« Sie hatte den idealen Augenblick für diesen Vorwurf gewählt.

Als ich rauskam, stürzte meine Mutter, die nach drei Stunden des Wartens vor Sorge ganz aufgelöst war, sich auf sie, um sie zu fragen, wie sie sich verhalten sollte.

»Ich wüßte nicht, was Sie tun könnten, Madame.«

»Geben Sie ihr denn nicht einmal eine Überweisung mit?« wunderte sich meine Mutter.

»Madame, Sie und ich, wir wissen doch beide, daß sie es wieder versuchen wird, wozu also das Ganze?«

Sprach's, machte auf dem Absatz kehrt und ließ meine am Boden zerstörte Mutter einfach stehen.

Dieser schicksalsträchtige Tag war der Auslöser meiner Sicht der Psychiatrie, der Psychoanalyse und aller, die sie anwandten.

Tatsächlich ist es so, daß sich in Frankreich diese beiden Disziplinen klammheimlich vermischt haben (nach ihrer Pensionierung arbeiten zahlreiche Psychiater wie Daniel Widlöcher weiter als Analytiker), so daß die Psychoanalyse hier eine Sonderstellung einnimmt und heute quasi zur Allgemeinbildung gehört. Sie stellt das gemeinsame intellektuelle Gepäck der meisten Vertreter der »Psy-Berufe« dar – dort akzeptiert jeder ganz selbstverständlich die Existenz des Unbewußten, die Realität des Ödipuskomplexes, die Bedeutung der Sexualität und der Kindheitstraumata für die Entwicklung der Persönlichkeit sowie die Deutung des Verhaltens. Freud – und in geringerem Maße auch Lacan – wird als ein großer Wissenschaftler vom Kaliber eines Einstein oder Darwin betrachtet; ein Riese, der die Abgründe der menschlichen Seele in ein neues Licht gerückt hat. Die Psychoanalyse ist zu der ultimativen Instanz geworden, der man sich zuwendet, sobald man sich nicht mehr wohl fühlt in seiner Haut. Ich bin immer wieder von neuem verblüfft, wenn ich höre, wie manche Psychoanalytiker ernsthaft behaupten, Ziel der »Kur« wäre nicht die Linderung des Leids des Patienten, sondern die sich ihm bietende Gelegenheit der Selbstfindung. Wenn hierbei eine Besserung seines Krankheitsbildes eintritt, um so besser für ihn. Das erklärt wohl, weshalb die Sozialversicherung noch zögert, die Kosten für solche Sitzungen zu tragen. Von außen betrachtet erinnert die Analyse ein bißchen an einen Initiationsparcours: die Praxis, auf die selten ein Schild draußen vor der Tür hinweist, die priesterliche, geheimnisvolle Gestalt des Therapeuten hinter seinem Schreibtisch, der wenig oder gar nicht spricht, die Couch, die Einsamkeit, die man in der liegenden Position empfindet, die langen Stunden, die man damit verbringt »frei zu assoziieren« oder auch zu schweigen, Geld, das von einer Hand in die andere wechselt, häufig bar, und das angeblich Teil der »Kur« sein soll, die sich über acht, zehn oder 20 Jahre erstrecken kann, ohne daß irgend jemand daran etwas fände. Das alles fasziniert und erschreckt zugleich. Zumal in den Augen der Öffentlichkeit eine gewisse Verwirrung innerhalb der »Psy-Berufe« zu bestehen scheint. Psychiater, Psychologen, Psychotherapeuten, Psychoanalytiker, wer soll sich da noch zurechtfinden?

Psychiater dürfen Psychotherapien durchführen, obgleich sie in ihrer fachärztlichen Ausbildung an der Universität praktisch nicht darauf vorbereitet werden. Ein deutscher Psychiatriepfleger erhält eine einjährige Ausbildung in der Arzt-Patient-Beziehung, während der französische Psychiater sich ohne besondere Ausbildung in diesen Bereich hineinstürzen kann.

Psychologen praktizieren Psychologie, Psychoanalytiker Psychoanalysen. Auch wenn für die Ausübung dieses Berufes ein Psychologie-Diplom notwendig ist (hierzu gehören eine Ausbildung in klinischer Psychologie sowie mehrere Praktika in den psychiatrischen Abteilungen verschiedener Krankenhäuser), bilden die Psychoanalytiker sich selbst aus, innerhalb ihrer eigenen Vereinigungen und nach ihren ganz eigenen Kriterien. Theoretisch braucht man nur selbst eine Analyse mitgemacht zu haben, um Psychoanalytiker zu werden. Da die Sozialversicherung aber nicht für diese speziellen Leistungen aufkommt, gibt es auch keine staatlichen Kontrollen – was zu entsprechenden Mißständen führen kann. Die Honorare werden frei vereinbart, nach Gutdünken des Therapeuten (wie diese Psychiaterin-Psychotherapeutin, die mich aufforderte, die 450 Francs zu übernehmen, die jede künftige Sitzung kosten würden – was im Fachjargon soviel bedeutete wie auf jegliche Erstattung seitens der Sozialversicherung zu verzichten. Als ich ihr erwiderte, meine Einkünfte würden mir dies nicht gestatten, entgegnete sie: »*Wenn die Kasse zahlt, sind es 600 Francs pro Sitzung!*«)

Zu den zu Dogmen erhobenen Freudschen Prinzipien gehört auch jenes, daß jede Sitzung bezahlt werden muß – auch wenn der Patient gute Gründe hat, sie nicht wahrnehmen zu können, muß er die nicht in Anspruch genommene Leistung bezahlen. Der Therapeut ist der Alleinherrscher: Er kann, ganz wie Daniel Auteuil in dem Film *Passage à l'acte* (das Drehbuch stammt von dem Psychoanalytiker Gérard Miller), beschließen, eine Sitzung nach zehn Minuten zu beenden – und trotzdem den vollen Satz kassieren. Schon allein seine Position hinter dem Patienten eröffnet ihm ungeahnte Möglichkeiten: Eine Frau hat mir erzählt, sie habe sich in ihrem achten Jahr der Psychoanalyse bei einer Sitzung plötzlich umgeschaut ... und ihren Therapeuten bei der Lektüre eines Krimis überrascht! Sie war jedoch inzwischen so abhängig von ihren Sitzungen, daß nicht einmal das sie davon abhalten konnte, ihren Analytiker auch weiterhin aufzusuchen. Da es also an wirkungsvollen professionellen Kontrollmechanismen fehlt, hängt alles von der Ehrlichkeit der Person ab.

Ich war wie wohl jeder andere auch fasziniert, während ich das Stadium der Angst längst hinter mir gelassen hatte. Das trieb mich auch dazu – nach über einem Jahr der Depression war ich zu allem bereit –, hartnäckig auf meinen neuen behandelnden Psychiater einzureden, damit er trotz seines Widerwillens mit mir eine Analyse durchführte. *»Auf Ihre Verantwortung«,* warnte er mich. Ich hätte auf ihn hören sollen. Nur wenige Sitzungen später ... fand ich mich im Hôtel-Dieu wieder.

Ich hatte diesen Psychiater gewählt, weil er zum einen nicht allzu teuer war (ich war nicht krankenversichert), und zum anderen an Tetraplegie litt (eine Lähmung aller vier Extremitäten). Ich dachte, da er selbst zu leiden hatte, wäre er empfänglicher für das Leid anderer. Wie naiv ich doch war ...

Gleich nach ihrer Heimkehr aus dem Krankenhaus rief meine Mutter ihn an, als wäre er der Messias. Er erklärte ihr, er sei auf dem Sprung, in Urlaub zu fahren (es war Anfang August), er könne mir also keinen Termin geben. Schließlich ist er doch bereit, uns zu empfangen, »fünf Minuten«.

Kaum waren wir dort, verlangte er als erstes die Bezahlung der Sitzungen des vergangenen Monats. Ich erinnerte ihn daran, daß ich ihn lange im voraus darauf hingewiesen hatte, daß ich im Juli »Urlaub« machen und nicht zu den Sitzungen kommen würde. Es war mir so schlecht gegangen, daß meine Schwester mich nicht hatte allein lassen wollen und mich eingeladen hatte, zusammen mit ihr und ihrer Familie einen Monat in der Auvergne zu verbringen. Mein Analytiker wußte nur zu gut, daß ich nicht in der Lage war zu arbeiten und daß ich auch kein Arbeitslosengeld bezog, so daß meine finanziellen Möglichkeiten sehr begrenzt waren. Wäre ich allein gewesen, hätte ich die Praxis sofort verlassen und die Tür hinter mir zugeknallt, aber meine Mutter, der immer schon sehr wichtig war, zu tun, was sich gehörte, zückte sogleich ihr Scheckbuch.

Das Prinzip, das immer wieder angeführt wird, um die hohen Kosten für die Sitzungen zu rechtfertigen, ist stets dasselbe: Damit die Therapie funktioniert, muß der Patient sie aus eigener Tasche bezahlen, sie muß ihn buchstäblich etwas kosten. Manche bestehen sogar darauf, in bar bezahlt zu werden, nicht etwa, um dem Finanzamt ein Schnippchen zu schlagen, wie man vielleicht meinen könnte, sondern weil die Symbolik des Bezahlens dann noch deutlicher wird. Aber ja! Was meinen Therapeuten nicht daran hinderte, den Scheck kommentarlos einzustecken, obgleich Freud sich nicht dazu geäußert hat, ob das Geld eines nahen Angehörigen den gleichen symbolischen Wert hat ... In ihrem Zustand fiel meiner Mutter dieses Detail gar nicht auf. Sie brannte nur darauf, endlich die Frage loszuwerden, die sie quälte: Was sollte sie jetzt tun? Ein wenig enerviert von ihrer Eindringlichkeit, deutete er mit dem Kinn auf seine Koffer, um noch einmal darauf hinzuweisen, daß er auf dem Sprung war. Dann meinte er fast beiläufig, in der Salpêtrière würde man sehr erfolgreich Elektroschocktherapien durchführen.

»Berufen Sie sich auf mich, dann wird man Sie aufnehmen.«

»Aber Doktor, könnten Sie nicht gleich dort anrufen oder eine Überweisung schreiben?« fragte meine Mutter stockend.

»Sie sehen doch, daß ich wegfahren möchte! Auf Wiedersehen, meine Damen.«

Feierabend. Sagen wir einfach, ich hatte kein Glück.

Ich hätte es vorgezogen, einen Therapeuten zu haben wie Édouard Zarifian, der mir bei einem Gespräch über seinen Beruf einen Eindruck davon vermittelte, was es bedeuten konnte, ein »guter Therapeut« zu sein. »*Um Psychiater zu sein, muß man erst einmal andere Menschen mögen. Heilen ist eine wechselseitige Beziehung. Wenn man den Patienten respektiert, wenn man ihm vertraut und ihn nicht einengt, kann man in unglaublich kurzer Zeit tolle Resultate erzielen.*« Das kann ich mir vorstellen.

»*Ich persönlich schließe ein Abkommen mit dem Patienten. Als erstes gebe ich ihm ein Versprechen. Ich sage zu ihm: ›Ich werde Sie niemals im Stich lassen, egal, was auch passiert.‹*

Hinterher schlage ich ihm dann das vor, was ich als ›Allianz mit einem Dritten‹ bezeichne. Er wählt in seinem Umfeld eine Person, der er rückhaltlos vertraut. Wir entscheiden gemeinsam, wieviel wir dieser Person erzählen. Es darf nicht sein, daß ein Dritter etwas über den Patienten weiß, ohne daß dieser hierüber informiert ist. Wir lassen diese Person kommen, und ich sage zu ihr: ›Dieser Mensch, den Sie lieben, durchlebt gerade ein Drama, das sich Depression nennt. Um ihm zu helfen, müssen Sie verstehen, was das bedeutet.‹ Gewöhnlich benutze ich dann die Metapher von der Blende des Fotoapparats: Das Gehirn hat eine Blende, die es uns ermöglicht, mit unserer Umwelt zu kommunizieren, indem sie all das herausfiltert, was für unser Leben wichtig ist. Wenn wir deprimiert sind, schließt sich diese Blende. An diesem Punkt ist es zwecklos, mit dem Kranken zu sprechen wie mit einem normalen Menschen (›Du hast doch alles, um glücklich zu sein, reiß dich zusammen‹), weil das nur seine Schuldgefühle verstärkt. Anschließend lege ich dann meinen Schlachtplan dar: ›Ich werde Ihnen eine unverzichtbare medikamentöse Behandlung verordnen, an die ich fest glaube und die diese und jene Wirkungen und Nebenwirkungen hat. Indem das Mittel einige Ihrer Symptome beseitigt, ermöglicht es Ihnen, wieder mit der Außenwelt zu kommunizieren und sich wieder zu artikulieren. Parallel dazu biete ich Ihnen meine psychologische Hilfe an, eine Therapie, die ebenso unverzichtbar ist wie die Medikamente.‹«

Auch wenn ich manche Praktiken und Haltungen anfechtbar finde, erkenne ich gerne an, daß eine gut geführte Analyse bei einem »guten Therapeuten« ein Leben verändern kann. Das war auch bei Marie der Fall, die dank eines dieser Wunder der Psychoanalyse von ihrer furchtbaren und endlosen Depression »geheilt« wurde. In Kapitel 3 hat sie die schrecklichen Symptome geschildert. Wenn man folgendes liest, wird leichter verständlich, wie es soweit kommen konnte.

Eine – erstaunlich jung aussehende – 48jährige Frau mit rundem, unglaublich glattem, faltenlosem Gesicht ohne einen Hauch von Make-up und mit voller, rotblonder Lokkenpracht öffnete mir an jenem Frühlingstag, an dem ich sie aufsuchte, um sie zu interviewen. Nur der müde Blick und die ausdruckslose, ein wenig zu sanfte Stimme verraten, daß ihr Leben nicht gar so einfach war. Als Tochter italienischer Eltern in Tunesien geboren, vereint sie in sich den ganzen Charme ihrer beiden Vaterländer.

Marie leidet seit ihrer Kindheit an einer latenten Depression, die scheinbar dauerhaft besteht, jedoch ohne selbstzerstörerische Tendenzen. In fünf Jahren Analyse hat sie zweimal und in zwei Sprachen die traumatisierende Erinnerung träumen können, die aus einer Phase ihres Lebens stammt, aus der man in der Regel keine Erinnerung zurückbehält (18 Monate) und in der sie den Ursprung ihrer

Depression sieht: Sie hat einer Abtreibung ihrer Mutter beigewohnt. Diese war ungewollt schwanger geworden, und während sie das Kind behalten wollte, war ihr Mann strikt dagegen. Die kleine Marie hatte die zahlreichen Auseinandersetzungen zu diesem Thema miterlebt. Da Abtreibungen gesetzwidrig waren, hatte die Mutter darauf zurückgegriffen, sich eine Sonde legen zu lassen. Die Abstoßung ließ auf sich warten, und als es dann endlich soweit war, befand Marie sich unglücklicherweise im Zimmer. In der ganzen Aufregung bemerkte niemand sie. Sie hatte alles gesehen, alles gehört: das Blut, die Schmerzen, die Schreie, den Fötus, der auf den Boden geklatscht war, und die Großmutter, die ihn ergriffen hatte, um ihn in der Toilette herunterzuspülen. Das alles sah sie mit den Augen eines kleinen Mädchens von anderthalb Jahren und somit überdeutlich. Es war schlimmer als ein Horrorfilm. Sie erinnerte sich an alles, sogar an Farbe und Stil des Rocks, den ihre Mutter an jenem Tag trug. Darauf angesprochen bestätigte diese fassungslos und erschüttert den Traum ihrer Tochter.

Marie erklärt, wie es zu dieser »Offenbarung« kam: *»Es war Ende August 1995. Ich hatte gerade drei Monate in einer psychiatrischen Klinik hinter mir, und mein Arzt hatte mir erklärt, wenn ich immer noch so stark litt, müßte sich während meiner sogenannten frühkindlichen Phase, also in meinen ersten drei Lebensjahren, etwas Traumatisierendes ereignet haben. Die einzige Möglichkeit, mich daran zu erinnern, bestand darin, das Ereignis zu träumen. Ich habe mich also darauf hin konditioniert. Ich hatte keine Wahl: Erinnerung oder Tod. Und so träumte ich eines Nachts, daß wir in Tunis wären, meiner Geburtsstadt, in einer dieser engen Gäßchen des arabischen Viertels, wo ich aufge-*

wachsen bin. Es war ein traumhaft schöner Tag; der Himmel war so blau, wie er es nur über Afrika sein kann. Unten auf der Straße gab es zwei Stände, die Brot verkauften, Dutzende und Aberdutzende von großen, goldenen, dicken, runden Laiben. Meine beste Freundin war da und betrachtete hungrig die Brote. Plötzlich sah sie, als sie die Augen hob, einen Wickelrock aus Brot, der gen Himmel aufstieg. Sie folgte ihm mit den Blicken, bis er in dem strahlenden Blau des Himmels verschwand. Und da verspürte sie eine gewaltige Trauer. Der Himmel wurde ganz grau, trist und kalt.

Als ich aufwachte, war ich überzeugt davon, daß die Pforten zu meinem Unterbewußtsein sich geöffnet hatten. Ich wußte, daß dieser Traum wichtig war, aber egal, wie sehr ich die Einzelheiten auch drehte und wendete, es ergab einfach keinen Sinn. Das einzige, was ich mit Gewißheit sagen konnte, war, daß diese Freundin ich selbst war. Ich habe mir den ganzen Abend den Kopf zerbrochen. Dieser Rock aus Brot ... der hatte mich irgendwie an eine Seele erinnert, die in den Himmel aufsteigt. Als ich an diesem Abend einschlief, waren meine Gedanken ganz mit Brot beschäftigt.

In der Nacht hatte ich einen zweiten Traum. Da waren drei kleine Mädchen von anderthalb, vier und zwölf Jahren. Ich wußte, daß ich das war. Das jüngste war von Kopf bis Fuß mit Exkrementen bedeckt, das zweite war noch ein wenig beschmiert, aber schon deutlich weniger, und das dritte hatte nur noch einen dicken Klecks auf der Nase, auf dem rechten Nasenflügel, um genau zu sein (Freud zufolge ist die rechte Seite die väterliche Seite). Die Mädchen befanden sich in einem großen Saal voller Menschen, sie wirkten völlig verloren und verängstigt; das älteste der drei Kinder versuchte, die beiden anderen zu trösten. Plötzlich tauchte mein Vater in der Tür auf. Sein Gesicht war zu einer furchtbaren Fratze verzerrt. Von ihm ging eine negative Entschlossenheit aus. Unter dem linken Arm trug er einen riesigen Brotlaib – es war derselbe wie in meinem ersten Traum. Mit der rechten Hand stieß er ein Messer mit sehr langer, dünner Klinge in das Brot und stocherte wild darin herum. Die drei Mädchen sahen ihm wie gebannt dabei zu.

Ich war gerade aufgewacht, und in dieser kurzen Phase, in der ich halb schlief, halb wachte, wiederholte ich leise immer wieder das Wort ›Brot‹ ... solange, bis ich es schließlich in meiner Muttersprache sagte, pane, pane, PAS NÉ! (Französisch für ›nicht geboren‹, Anm. d. Ü.). Es traf mich wie ein Blitz. Ich war schlagartig hellwach, das Herz schlug mir bis zum Hals, und in meinen Ohren hallten die Worte wieder: nicht geboren, nicht geboren. Ich brauchte nicht darüber nachzudenken; die Bedeutung war mir sofort klar. Es war keine Vision, sondern vielmehr eine Gewißheit tief in meinem Inneren. Bis an mein Lebensende werde ich mich an den 3. September 1996 erinnern, exakt fünf Jahre nach Beginn meiner Psychotherapie. Der Ausdruck ›der Schleier lüftete sich‹ trifft es genau. Plötzlich wußte ich ganz genau, hundertprozentig, aus erster Hand, was geschehen war. Ich habe zwei Tage lang geweint. Aus Freude, aus einem Gefühl der Befreiung heraus. Ich habe in diesen zwei Tagen weder gegessen noch geschlafen. Ich wiederholte nur immer wieder: ›Es ist vorbei, es ist vorbei, der Alptraum hat ein Ende, jetzt kann ich endlich leben.‹ Ich lernte dieses wunderbare, strahlende, gewaltige Gefühl kennen, das man Hoffnung nennt. Es kam mir vor, als wäre ich wie durch ein Wunder geheilt worden. Ich glaube nicht, daß ich jemals wieder etwas so Intensives fühlen werde wie an jenem Tag. Drei Wochen lang hielt der Glückstaumel an. Ich gierte nach dem Leben, wollte sehen, fühlen, singen, mich schön machen, lieben. Ich fühlte mich wie neu geboren. Und ich dankte Gott dafür, daß mein Leidensweg endlich ein Ende hatte.

Aber nach einigen himmlischen Wochen der Euphorie kehrte an einem schwarzen Morgen, dem, da er so unerwartet kam, schwärzesten von allen, das ganze Elend zurück: die Blase, die Bestie ... Nach himmelhoch jauchzend kam buchstäblich zu Tode betrübt. Ich wollte nur noch sterben. Warum ich mich nicht umgebracht habe? Weil es mich Energie gekostet hätte, den Abschiedsbrief an meinen Sohn, meinen Lichtblick, zu schreiben, und die hatte ich nicht. Ich war am Boden zerstört. Ich war so kraftlos, daß ich nur alles mit mir geschehen lassen konnte, als mein Psychiater mich erneut in die Klinik einwies ...«

Maries Geschichte ist ein Paradebeispiel und in dieser Hinsicht relativ ungewöhnlich. Aber auch wenn sie durch die Psychoanalyse der Ursache ihres Leids auf den Grund kam ist, erfolgte eine Linderung nur sehr langsam (sie mußte sich vier Jahre gedulden, ehe sie die Antidepressiva absetzen konnte). Im allgemeinen wird kein Psychiater einem Depressiven, der gerade in einer akuten Krise steckt, eine Psychoanalyse empfehlen. Die Suche nach den der Krankheit zugrundeliegenden Kindheitstraumata könnte dazu führen, daß der Patient diese noch einmal durchlebt, und das wäre für jemanden, der ohnehin eine einzige offene Wunde ist, nur schwer oder gar nicht zu verkraften. So sagt auch der amerikanische Psychiater Francis Mondimore: *»Man kann die Situation noch verschärfen, wenn man den*

Patienten zu sehr mit der Verantwortung für seine eigene Genesung belastet.«

Aber es sind nicht die therapeutischen Ansätze, an denen es mangelt. Und wie so oft lohnt es sich, zu beobachten, was anderswo geschieht. Und da stellt sich bald heraus, daß auch unsere Schwäche für die Psychoanalyse offenbar eine »französische Ausnahme« darstellt. So nimmt diese beispielsweise im angelsächsischen Leben keinen besonderen Rang mehr ein. Freuds Theorien werden dort sogar als historische Kuriositäten betrachtet. Zwar gibt es Psychoanalytiker, aber bei unseren Nachbarn ordnet man ihre Dienste dem Bereich »persönliche Entwicklung« oder »Selbstfindung« zu. Wenn es aber ums Heilen geht, hält man sich lieber an Methoden mit vernünftigerem Preis-Leistungs-Verhältnis, die schneller ein konkreteres Ergebnis hervorbringen, wie beispielsweise die Familientherapie, die Ericksonsche Hypnose, Verhaltenstherapien und kognitive Therapien, Kurzzeittherapien etc. Sie räumen der Heilung der Symptome Vorrang ein, ehe sie sich mit den tiefergehenden Ursachen befassen, und sind bei der Behandlung von leichten Depressionen und ihrer Folgeerscheinungen sowie bei der Rückfallprävention in der Regel sehr wirkungsvoll.

Meine Suche nach einem Spezialisten für kognitive Therapien führte mich zu Christoph André am Sainte-Anne-Krankenhaus. Er ist sehr groß, dunkelhaarig und sanftmütig; ein junger Mann von 40 Jahren. Das genaue Gegenteil eines Wichtigtuers. Warum hat er sich für Kurzzeittherapien entschieden? Nach dem Studium ist ihm das erdrückende Übergewicht der Psychoanalyse und ihrer Auswüchse bewußt geworden. Und bei seiner Suche nach anderen, ebenso wirkungsvollen Methoden ist er auf diese gestoßen.

Die kognitive und verhaltensbezogene Therapie betrachtet die Depression als das Ergebnis einer negativen Einstellung und einer verzerrten Sicht auf die Welt. Sie möchte dem Patienten helfen, sich dies bewußt zu machen und sein aktuelles Verhalten zu ändern. Im Falle einer Depression geht man von einer simplen Feststellung aus: Depressive neigen dazu, erst dann zu handeln, wenn sie Lust dazu verspüren. Also muß man ihnen begreiflich machen, daß ihre Krankheit ihnen eben diese Lust sowie jedes Vergnügen raubt. Erst wenn sie wieder handeln, werden sie auch wieder etwas fühlen. *»Man muß sehr systematisch vorgehen«*, erklärt Christophe André, *»eine Liste aller Aufgaben erstellen, zu denen der Patient sich nicht mehr in der Lage sieht, und ihm einen Plan vorschlagen, nach dem er seine Aktivitäten nach und nach wieder aufnehmen kann, wobei man ihm Übungen aufträgt, die er von einer Therapiesitzung zur nächsten durchführen soll. Anders als ein Psychoanalytiker greift man aktiv ein, gibt konkrete Anweisungen.«* Aber er bleibt realistisch: *»Wenn nach etwa 50 Sitzungen noch keine Besserung eingetreten ist, muß man aufhören. Dann hat entweder die Methode versagt oder der Therapeut.«*

Diese kognitive und verhaltensorientierte Therapie hat sich bei neurotisch geprägten Depressionen als sehr nützlich erwiesen, das heißt, in Fällen, in denen der Patient sich im Laufe der Jahre so sehr an seine Depression gewöhnt hat, daß er nicht mehr in der Lage ist, zur Normalität zurückzufinden, auch wenn der depressive Schub »technisch gesehen« längst vorbei ist. *»Hat eine psychische Krankheit sich erst eingenistet, entwickelt sie ein Eigenleben«*, erklärt Christophe André. (Das ist vermutlich auch die Erklärung dafür, daß Maries Depression auch nach der »Offenbarung« noch so lange angehalten hat.)

Er vermutet, daß diese Form der Therapie grundsätzlich auch bei starken Depressionen anwendbar wäre, es hierzu allerdings eines sehr erfahrenen Therapeuten sowie langer und häufiger Sitzungen bedürfen würde. *»In Frankreich wäre von den zehn Therapeuten, die alle Voraussetzungen erfüllen, kein einziger in der Lage, den zeitlichen Aufwand zu tragen«,* schätzt er.

Es gibt Dutzende verschiedener Arten von Psychotherapien; selbstverständlich habe ich sie nicht alle ausprobiert. Die unterstützende Psychotherapie ist am weitesten verbreitet. Sämtliche Psychiater, die ich im Laufe meiner Depression konsultierte, rieten mir dazu, vermutlich deshalb, weil sie nicht »gefährlich« ist und dem Therapeuten keine speziellen Kenntnisse abverlangt. Sie besteht darin, den Patienten seine Probleme und sein Leid in Worte fassen zu lassen und ihm anschließend Trost und Rat zu spenden, wie es ein guter Freund täte. Das kann nützlich sein, vorausgesetzt, daß zwischen Patient und Therapeut Empathie besteht, vor allem dann, wenn der Patient völlig isoliert ist.

Ich werde Ihnen später von meiner persönlichen Erfahrung mit der Ericksonschen Hypnose berichten. Das Besondere an dieser Technik ist, daß es sich um eine schmerzfreie und vor allem schnelle Methode handelt. Mit ihrer Hilfe lassen sich vor allem psychosomatische Krankheiten (wie Asthma, Ekzeme, Dickdarmentzündung) heilen, Schmerzen sowie manche geistigen Störungen – darunter Depressionen – und ihre Folgeerscheinungen (Schlaflosigkeit, Angstzustände, Phobien etc.). Man versucht nicht, das eigentliche Problem des Patienten zu lösen, und man befaßt sich auch weder mit seiner Vergangenheit noch mit den Ereignissen, die möglicherweise seiner Krankheit zugrunde liegen. Statt dessen konzentriert man sich vorzugsweise auf Gegenwart und Zukunft. Die Vergangenheit wird von der aktuellen Situation ausgehend betrachtet.

Ich habe auch erfahren, daß eine Psychotherapie durchaus nicht immer in einem Behandlungszimmer stattfinden muß. Auch manche Sätze, die zu einem ganz bestimmten Zeitpunkt ausgesprochen werden, können auf therapeutischer Ebene eine entscheidende Rolle spielen. Das habe ich in Argentinien erlebt.

Antonieta Marquez, Gynäkologin und Homöopathin, wohnte ganz in meiner Nähe. Nachdem sie mich von diversen chronischen Leiden befreit hatte, die mein Leben vergiftet hatten, hatte sich zwischen uns eine sehr freundschaftliche Beziehung entwickelt. Sie war eine recht kleine Blondine, ziemlich bestimmend, sehr rege, außergewöhnlich intelligent, und sie verstand es, ihre Leidenschaft – die Homöopathie – überzeugend zu »verkaufen«.

Damals litt ich (zwölf Jahre nach dem Ereignis) immer noch unter dem Tod meines Vaters: Ich konnte mich einfach nicht von der Vorstellung lösen, daß er, wenn er während seines Todeskampfes nicht stumm gewesen wäre, sich vielleicht bei mir entschuldigt hätte oder sogar mehr. Ich hatte Alpträume, die meinen ohnehin schon schlechten Schlaf noch zusätzlich störten. Als ich bei einer Konsultation zum dritten Mal davon anfing, sah Antonieta mir fest in die Augen und sagte mit fester Stimme: »*Catherine, dein Vater hat dich mißhandelt und nicht so geliebt, wie ein Vater sein Kind lieben sollte; vermutlich war er schlicht unfähig, überhaupt jemanden richtig zu lieben, und wenn er nicht gestorben wäre, hätte er dir sicher nie etwas Besseres zu bieten gehabt. Vergiß ihn also; du hast all die Jahre ohne ihn überlebt, du brauchst ihn nicht.«*

Ich war wie vor den Kopf geschlagen. Im ersten Moment fand ich sie grausam, und beinahe wäre ich wütend geworden. Aber schon am nächsten Morgen fühlte ich mich befreit – das Kapitel war endgültig abgeschlossen; mein Vater hat mich nie wieder belastet.

Am Anfang dieses Buches habe ich Gérard Tixier erwähnt, den Notfallpsychiater, der mich mit Marie bekannt gemacht hat. Ich war auf einen Artikel über ihn gestoßen, der mit einem Foto illustriert war, das ihn auf seinem Motorrad zeigte – wie einen Zorro der Psychiatrie, bereit, den Depressiven zur Hilfe zu eilen. Die Idee war mir genial erschienen. Ich weiß nur zu gut, daß Selbstmordversuche sehr oft bei akuten Schmerz- und Angstschüben unternommen werden. Und in solchen Augenblicken kann die Gegenwart eines Menschen, egal ob die Beziehung zu ihm freundschaftlicher oder auch nur professioneller Natur ist, den entscheidenden Unterschied machen.

Aber Gérard Tixier agiert nicht allein, sondern gehört einer gemeinnützigen Organisation namens **Urgences Psychiatrie** an, die 1983 von Dr. Maunier, einem Psychiater an der Klinik von Garches, gegründet wurde. Ziel der Einrichtung war es, Selbstmordversuche zu vereiteln, aber auch willkürliche oder böswillige Einweisungen vor allem von älteren Menschen zu verhindern.

Die ursprüngliche Idee war die, sofort einen Psychiater zu der Person in Not zu schicken, gewissermaßen als Notarzt für die Psyche.

In der Praxis erwies sich schnell, daß ein Hausbesuch nicht immer notwendig war, da viele Probleme sich bereits am Telefon lösen ließen. 1986 wurde dann in denselben Räumen eine zweite, ergänzende Organisation gegründet: **SOS Dépression**. Diese sollte die weniger akuten Fälle übernehmen, ebenfalls mit dem Ziel, Selbstmorde oder Gewaltausbrüche zu vermeiden.

Urgences Psychiatrie und SOS Dépression arbeiten eng mit der Feuerwehr, SOS Médecins (Allgemeinärzte sind preiswerter als Psychiater), den medizinischen Notdiensten, den medizinisch-psychologischen Einrichtungen und Krankenhäusern zusammen. Anders als SOS Suicide befürworten die Mitarbeiter eine Intervention: *»Wenn die Leute keine Intervention wollten, würden sie uns nicht Namen und Adresse nennen.«*

Auf jeden Fall kann man von beiden Organisationen sagen, daß sie ihre Geldmittel nicht für Luxus verschwenden. Ihre Büros liegen am Ende eines Hinterhofes in einem heruntergekommenen Gebäude der Avenue de Clichy im XVII. Arrondissement von Paris und bestehen aus zwei winzigen, schäbigen Zimmern voller Telefone, die ohne Unterlaß klingeln, Schreibtischen, Motorradhelmen und alten Butterbroten, die in irgendwelchen Ecken vor sich hin gammeln. Hier wird gearbeitet, und das sieht man. Ein Team aus 40 Psychologen und 15 Psychiatern nimmt monatlich 800 Anrufe bei Urgences Psychiatrie entgegen und etwa 2 000 bei SOS Dépression, und das rund um die Uhr, 24 Stunden am Tag. Und auch wenn ein Viertel der Mitarbeiter ehrenamtlich tätig ist, besitzen alle zumindest eine Licence (akademischer Grad in Frankreich) in Psychologie und müssen, bevor sie ans Telefon dürfen, eine 20 Stunden umfassende, spezielle Ausbildung absolvieren. Danach werden ihre Kenntnisse mit Hilfe monatlicher Kurse, die die Psychiater der Vereinigung abhalten, vervollständigt und abgerundet. Sämtliche Mitarbeiter nehmen im Zwei-Wochen-Rhythmus an Diskussionsrunden teil, bei denen über konkrete Fälle diskutiert wird, die einzelnen Helfer sich mit ihren eigenen Reaktionen auseinandersetzen und alle schlicht versuchen, ihre innere Anspannung rauszulassen.

An diesem Dezemberabend öffnet mir Gérard Tixier. Ich hatte erst irrtümlich gegenüber geklingelt; der Name der Organisation steht nicht mal an der Tür. Er ist knapp 50, hat mittellanges, graues, gewelltes Haar, trägt Jeans und Rollkragenpullover und am kleinen Finger einen exotischen Ring, entspricht also alles in allem nicht dem klassischen Bild, das man sich von einem Psychiater macht. Und doch ist er es, der kommt, um Ihnen die Hand zu halten, Ihnen Medikamente zu verordnen oder Sie ins Krankenhaus zu begleiten, wenn Schmerz und Angst unerträglich werden.

Er macht mich mit dem Leiter der Einsatzstelle bekannt, einem freundlich lächelnden 25jährigen mit Pferdeschwanz und Lederjacke. Xavier Boizard war vor zweieinhalb Jahren, als er ein Praktikum bei der Vereinigung absolvierte, noch Psychologiestudent. *»Ich habe hier viel gelernt«,* stellt er nüchtern fest, als Erklärung, warum er heute in Vollzeit dort arbeitet, während er noch an seiner Diplomarbeit schreibt. Er koordiniert die Arbeit der »Regulatoren«, wie man hier die »Zuhörer« nennt, und der Ärzte.

An diesem Abend haben zwei Praktikantinnen Telefondienst. Sie sind höchstens 20. Ich denke an meine Tochter; ich würde nicht wollen, daß sie mit dem konfrontiert wird, was dort abläuft. Und dann höre ich, wie Marion – blond, Pferdeschwanz, blaue Augen, ungeschminkt, ein »Mädchen von nebenan« – sehr professionell mit einer 32jährigen Frau von den Antillen spricht (nennen wir sie Hélène), die erst seit kurzem in Paris ist, ohne Arbeit, ohne Familie und ohne Freunde, und die darum bittet, ihr zu helfen, »das tiefe Tal zu durchqueren«. Eine halbe Stunde später weiß Marion, daß Hélène in der Heimat eine psychopathische Mutter zurückgelassen hat, zu der sie jeglichen Kontakt abgebrochen hat, daß sie große Angst davor hat, ebenfalls verrückt zu werden, daß sie kürzlich erst erfahren hat, daß sie in ihrer Kindheit mißhandelt und als Heranwachsende vergewaltigt worden ist. Sie studiert im ersten Jahr Psychologie, was ihr zwar half, ihr Problem zu begreifen (sie ist einfach unfähig, sich einem Dritten anzuvertrauen, auch nicht einem Therapeuten), leider jedoch nicht, es zu lösen. Und dabei ist ihr bewußt, daß sie unbedingt damit zu Rande kommen muß. Sie hat darunter gelitten, ein frühreifes (sogar überdurchschnittlich begabtes) Kind zu sein, dessen Fähigkeiten nicht erkannt geschweige, denn gefördert wurden. Als Grund, warum sie eine Therapie ablehnt, führt sie den Umstand an, daß es nur sehr wenige Spezialisten auf diesem Gebiet gäbe.

Mit viel Geduld und Einfühlungsvermögen macht Marion ihr schließlich klar, daß das nur ein Vorwand ist, und es gelingt ihr, die verzweifelte Frau davon zu überzeugen, sich von professioneller Seite helfen zu lassen. Diesmal gibt es also ein *Happy-End*. Marion ist sichtlich stolz auf sich.

Aber der nächste Anruf ist von ganz anderem Kaliber:
»Hallo!« (Die Stimme eines jungen Mannes, zögernd, vielleicht unter Alkoholeinwirkung). »Ich rufe an, weil ich gerade eine Frau vergewaltigt habe ...«

Marion erbleicht. Es folgt eine lange Pause. Sie versucht, Fragen zu stellen, aber man spürt deutlich, daß es nicht gut läuft.

Der Mann am anderen Ende der Leitung antwortet einsilbig (*»Ich bin zu allein«, »Ich weiß, daß das nicht in Ordnung war«*). Wieder Stille. Man sieht, was ihr durch den Kopf geht ... Gedanken, die die meinen widerspiegeln. Schließlich gibt sie auf und bittet Dr. Tixier, den Anrufer zu übernehmen. Als er die männliche Stimme hört, hängt der Mann ein.

»Ich kann nicht mit einem Vergewaltiger sprechen«, entschuldigt sich Marion nüchtern.

Dabei belassen wir es für diesen Abend. Die Telefone laufen heiß; es ist keine Zeit, einem einzigen Anruf lange nachzuhängen. Und manchmal ist es auch besser so.

Gérard Tixier erzählt mir, daß die Mädchen am Vorabend einen Perversen in der Leitung hatten, der behauptete, Arzt zu sein, und ihnen erzählte, seine ganze Familie sei tot. Natürlich hatten sie Mitleid und versuchten, ihn zu trösten.

Am Ende hatte er ihnen an den Kopf geworfen: *»Mir fehlten noch drei Gründe, um mich umzubringen, und die habt ihr mir gerade geliefert. Vielen Dank.«*

Darauf hatte er eingehängt.

Wenn es Abend wird, wächst die Angst. Die Anrufe werden mit jeder Stunde heftiger. Morgens rufen vorwiegend Menschen wegen irgendeines Angehörigen an.

Den Statistiken der beiden Organisationen zufolge sind die meisten Anrufer Frauen (64 %). Das Durchschnittsalter der Anrufer liegt zwischen 30 und 40 Jahren. 61 % von ihnen waren bereits in Behandlung (55 % bei einem Psychiater und 15 % bei einem Psychologen) und 53 % machen eine medikamentöse Therapie. 63 % leben allein und 54 % sind arbeitslos.

Der Auslöser für den Anruf ist häufig Angst (in 56 % der Fälle), gefolgt von Konflikten (18 %), Trennungen (15 %), Selbstmorden (7,2 %) und traumatischen Ereignissen wie Gewalt, Kündigung etc. (4 %).

Suicide Écoute ist eine weitere Vereinigung (unpolitisch und konfessionsunabhängig), die es sich zur Aufgabe gemacht hat, rund um die Uhr Anrufe von Menschen entgegenzunehmen, die mit dem Gedanken spielen, ihrem Leben ein Ende zu setzen. Die Organisation ist Mitglied von Befriending International, der internationalen Organisation der englischen Samaritans, und praktiziert deren Grundprinzipien: Niemals ein moralisches Urteil fällen, keine Ratschläge oder Weisungen erteilen, humanitär sein, solidarisch, neutral und anonym. Die 58 ehrenamtlichen Mitarbeiter am Telefon sind keine Psychologen, wenngleich sie von der Vereinigung selbst geschult werden und auch regelmäßig an Fortbildungskursen teilnehmen müssen. Sie verpflichten sich dazu, mindestens vier Stunden wöchentlich tagsüber anwesend zu sein sowie einmal monatlich auch nachts. Der Leiter der Vereinigung, Pierre Satet, ein sehr herzlicher Pensionär, bedauert nur, daß ihr kleines Budget (150 000 Francs im Jahr) ihnen keine größeren Rekrutierungskampagnen ermöglicht. *»Ein ehrenamtlicher Helfer bleibt uns durchschnittlich zweieinhalb Jahre erhalten«,* erklärt er. *»Das liegt nicht etwa daran, daß sie die Arbeit bei uns leid würden, aber ihr Leben ändert sich: Es kommt ein weiteres Kind hinzu, eine berufliche Versetzung, eine Krankheit ... Wenn wir zahlreicher wären, könnten wir alle 40 000 Anrufe entgegennehmen, die jedes Jahr bei uns* *eingehen. Im Augenblick können wir uns leider nur um 14 000 Hilfesuchende kümmern.«*

Denise ist eine ehemalige Krankengymnastin. Sie ist groß, dunkelhaarig, elegant und hat eine sehr sanfte Stimme. Man ist ganz verblüfft, wenn man sieht, wie sie ihren weißen Stock zusammenfaltet. Sie hat beschlossen, ihr Leben im Ruhestand dem Kampf gegen den Selbstmord zu widmen. Für sie hat sich die Erfahrung als Bereicherung erwiesen, obgleich sie ihr auch viel abverlangt. Sie erinnert sich noch gut daran, wie sie, als sie ihre Schulung noch nicht abgeschlossen hatte, den Anruf einer jungen Frau entgegennahm, die beschlossen hatte zu sterben und während ihres Todeskampfes mit jemandem sprechen wollte. Die goldene Regel der Befrienders lautet, daß die Mitarbeiter niemals gegen den Wunsch des Anrufers eingreifen sollen, was im übrigen bereits durch die Anonymität gewährleistet wird. Denise wußte, daß die Medikamente, die die junge Frau geschluckt hatte (diese hatte ihr die Zusammensetzung des tödlichen Cocktails verraten), sie unweigerlich töten würden. Sie blieb bis zuletzt dran – und das war lang. Bei Suicide Écoute liegt der Schwerpunkt eben beim »écoute«, beim Zuhören.

Ich habe es bereits mehrfach angesprochen, daß es einem Depressiven sehr schwer fällt, sich mitzuteilen. Diese Krankheit isoliert, da die, die noch nie an ihr gelitten haben, sie nicht verstehen und sich schwertun, sie zu ertragen. Darum ist es manchmal erholsam, unter seinesgleichen zu sein. Es wurden mehrere Organisationen ins Leben gerufen, die den Kranken die Möglichkeit verschaffen sollen, unter sich zu sein. Darüber hinaus werden ihnen dort Informationen sowie auf ihre Krankheit abgestimmte Aktivitäten geboten.

France Dépression ist eine solche Vereinigung. Sie ist in den Räumen des medizinisch-psychologischen Zentrums des XV. Arrondissements untergebracht, ganz in der Nähe des Sainte-Anne-Krankenhauses. Die Organisation, die heute etwa 250 Mitglieder zählt, wurde 1992 auf Initiative mehrerer Patienten und Ärzte gegründet, mit dem Ziel, Patienten und ihre Angehörigen über die Krankheit zu informieren, über die Behandlungsmöglichkeiten, den wissenschaftlichen Fortschritt etc. sowie, um den Betroffenen einen gewissen Halt zu geben. Patricia Karen James, die in diesem Buch bereits mehrfach zitiert wurde, gehörte zu den Gründungsmitgliedern und war erste Vorsitzende der Vereinigung. Anders als bei anderen Patientenvereinigungen bietet France Dépression dank der Mitwirkung zahlreicher Ärzte und Pfleger sowie des wissenschaftlichen Komitees umfassende medizinische Aufklärung, vor allem in Form von drei oder vier Vorträgen pro Jahr im großen Hörsaal des Sainte-Anne. Außerdem gibt die Vereinigung ein eigenes Informationsblatt heraus.

Einmal im Monat finden in den Räumen der Organisation Patientenversammlungen statt, die von einem Psychologen oder Arzt betreut werden. Ich bin eines Abends in Begleitung von Marie hingegangen, um mir einen Eindruck von der Atmosphäre dort zu verschaffen. Dr. Attar-Lévy, Psychiaterin am Sainte-Anne und Gründungsmitglied, sollte das Treffen moderieren, verspätete sich aber. Es waren Schulferien, und es waren nur fünf oder sechs Personen anwesend, die meisten Senioren. Wir saßen alle an einem großen Tisch im Konferenzsaal. Die Anwesenden begannen, sich von ihren jeweiligen Krankheitsbildern zu erzählen, und ich bemerkte, daß Marie anfing, schwer zu atmen – das Ganze hatte etwas von einem Veteranentreffen. Mit der Ankunft von Dr. Attar-Lévy änderte sich die Stimmung schlagartig. Diese hübsche, zierliche, dunkelhaarige, elegante Frau war gleichzeitig herzlich und kompetent und darüber hinaus bereit, all unsere Fragen (auch die persönlichsten) ehrlich zu beantworten. Sie war wie ein Sonnenstrahl im Dunkel. Sofort kam Leben in die Gesprächsrunde, an der alle aktiv teilhatten; Marie und ich fühlten uns hinterher richtig gestärkt.

Alle Psychotherapien, gleich welcher Art, haben dem Depressiven etwas zu geben. Allerdings ist es weniger schwierig, die richtige Therapie zu finden als den richtigen Therapeuten. Diese Suche ist ein Lotteriespiel, an dem der Betroffene leider nicht vorbeikommt.

Isolation ist das Los des Depressiven und fördert seine Krankheit. Dabei ist Kommunikation das, was er am dringendsten braucht. Er glaubt, häufig nicht ganz unbegründet, daß ihn niemand versteht, ist aber auch nicht in der Lage, zu erklären, was mit ihm geschieht. Deshalb spielen die Hilfsorganisationen eine so einzigartige Rolle. Glauben Sie nicht, daß Depressive, die sich zusammenfinden, sich gegenseitig deprimieren. Im Gegenteil. Im Kreis von ihresgleichen finden sie endlich die Sprache wieder, wohl wissend, daß man sie versteht, auch wenn sie nicht alles ausformulieren. Und ein Depressiver, der sich artikuliert, ist auf jeden Fall auf dem richtigen Weg.

11. KAPITEL

IN MORPHEUS' ARMEN

Das mit der Hypnose und mir ist eine lange Geschichte. Jahrelang habe ich alles versucht, um mich hypnotisieren zu lassen – erfolglos. Nicht, daß ich nicht hypnotisierbar gewesen wäre, nein, es war viel schlimmer: Niemand war bereit, mich zu hypnotisieren. Natürlich verstärkten die Zurückweisungen nur meinen Wunsch. Zumal es mir selbst so vorkam, als hinge mein inneres Gleichgewicht davon ab. Weshalb?

Ich hatte mehrfach sogenannte Flashbacks gehabt (flüchtige Bilder oder Sequenzen, die einem zu kurz durch den Kopf schießen, als daß man sie entziffern könnte, die einen aber dennoch richtiggehend erschüttern), und ich war der Überzeugung, daß mein Unterbewußtsein mir ihre Bedeutung nur auf einer anderen Bewußtseinsebene offenbaren würde. Vielleicht lag der Schlüssel zu meiner Schlaflosigkeit ja in diesen verschwommenen Erinnerungen begraben? Und so suchte ich mit dem erklärten Ziel, diese Erinnerungen ans Licht zu holen, diverse Psychiater auf, die auch Hypnose praktizierten. Jedesmal endete es damit, daß der Psychiater mir nach zwei oder drei »Vorgesprächen« mitteilte, in meinem Fall wäre eine Analyse angebracht. Und da ich weder Lust hatte, mich auf ein so langwieriges Unterfangen einzulassen, noch über die dazu notwendigen finanziellen Mittel verfügte, zog ich jedesmal wütend und enttäuscht von dannen. Ich sagte mir, niemand hätte das Recht, sich als jemand zu präsentieren, der Hypnose praktiziert, wenn er sich dann doch weigerte, sie anzuwenden. Irgendwann war ich den Spießrutenlauf leid gewesen und hatte es, wenn auch widerwillig, aufgegeben.

Bis mir dann im Rahmen meiner Recherchen einer meiner Informanten eröffnete, daß Hypnose zuweilen auch bei der Behandlung von Depressionen eingesetzt werde. Ich wurde an einen gewissen Victor Simon in Lille verwiesen: *»Sie werden sehen, er ist ein mehr oder weniger umgeschulter Gastroenterologe. Er ist gut.«*

Das mindeste, was man über Hypnose sagen kann, ist, daß sie einen nicht kalt läßt. Man fürchtet oder man liebt sie, aber faszinierend ist sie allemal. Wie kommt es, daß einfache Jahrmarktshypnotiseure in der Lage sind, Zuschauer aus dem Publikum mit einem schlichten »Ich will, daß Sie einschlafen!« in so tiefe Trance zu versetzen, daß diese alles tun, was man von ihnen verlangt? Bei den französischen Vertretern der Psy-Berufe steht die Hypnose allerdings weniger hoch im Kurs. Hat Freud, unter dem Vorwand, ihre Ergebnisse wären nicht von Dauer, sie nicht bedingungslos verurteilt, ohne sie je selbst angewandt zu haben? Bis vor kurzem konnte man die Ärzte, die sie anwandten, noch an einer Hand abzählen; die bekanntesten unter ihnen Léon Chertok, ein Original (und somit ein Außenseiter), und François Roustang, ein Schüler von Lacan, der sich mit seinem Meister verkracht hatte (und somit als Abtrünniger galt) ...

Victor Simon entspricht mit seiner weichen Stimme, den durchdringenden schwarzen Augen und der tadellosen Erscheinung exakt dem Bild, das man sich von einem perfekten Hypnotiseur macht. Ich hatte schon einen Scharlatan befürchtet, der sich des Deckmäntelchens der Medizin bediente, um seine Patienten zu mißbrauchen. Ich war also entsprechend auf der Hut. Er gewann sofort mein Vertrauen, in dem er mit dem Finger auf seine medizinischen Geräte zeigt. »*Die meisten Leute, die mich aufsuchen, leiden gar nicht an einer organischen Krankheit. Gegen chronische Koliken beispielsweise können Tabletten oft nicht viel ausrichten. Ich bin bei der Suche nach einer Möglichkeit, meinen Patienten mit solchen psychosomatischen Beschwerden Linderung zu verschaffen, auf die Ericksonsche Hypnose gestoßen. Und da die Ergebnisse spektakulär sind, wird meine Untersuchungsliege bald zum Verkauf stehen*«, erklärt er mir mit einem schalkhaften Lächeln.

»Ericksonsche Hypnose?«

»Diese Form der Hypnose hat nicht das geringste mit der Jahrmarktshypnose zu tun, die im Grunde nicht mehr ist als schlichte Suggestion. Und da etwa 30 % der Menschen suggestibel sind, kann, sofern Sie dazugehören, ein Hypnotiseur Sie in Schlaf fallen lassen, auch wenn Sie unter Schlaflosigkeit leiden. Allerdings wird der Effekt nicht lange anhalten.«

Und dann fragte er geradeheraus: »Wollen Sie wissen, ob Sie es sind?«

»Warum nicht?« entgegnete ich hinterlistig, überzeugt davon, nicht zu diesen 30 % zu gehören.

Und so fand ich mich mit hängenden Armen vor ihm stehend wieder.

»Richten Sie den Blick auf meine Stirn und schließen Sie die Augen dann langsam, wobei sie gleichzeitig ganz ruhig ein und ausatmen. Wiederholen Sie das mehrere Male hintereinander. Irgendwann werden Sie das Gefühl haben, zu fallen, aber keine Angst, ich halte Sie!«

Fünf Sekunden später fing er mich auf ...

Die Hypnosetrance ist eine veränderte Bewußtseinsebene, und anders, als gemeinhin angenommen, handelt es sich nicht um einen Schlaf-, sondern um einen Wachzustand (wie EEG belegen). Dr. Gérard Salem erklärt in seinem Buch *Soigner par hypnose* (Heilen durch Hypnose), daß es sich um einen ganz besonderen Wachzustand handelt, da das Bewußtsein auf seltsame Art »geschrumpft« ist (durch Fokussierung der Aufmerksamkeit, also extreme Konzentration) und gleichzeitig »erweitert« (durch eine Art Offenheit gegenüber sich selbst und der Umwelt). Die äußeren Anzeichen einer Hypnose sind ein Gefühl der Leichtigkeit und des Schwebens, eine Entspannung der Muskulatur, wie sie sonst nur im Schlaf auftritt, eine Verlangsamung von Atmung und Puls und eine Senkung des Blutdrucks. Die osteotendinösen Reflexe sind (anders als im Schlaf) noch vorhanden, die bewußten Bewegungen sind stark eingeschränkt, der Schluckreflex ist reduziert oder gar ausgeschaltet. Außerdem kann es aufgrund der Entspannung und stärkeren Durchblutung der Gesichtsmuskeln zu Rötungen kommen. Die Trance kann oberflächlich, mittel oder tief sein, was jedoch für die Wirksamkeit eine Therapie unerheblich ist.

Ein Charakteristikum des Hypnosezustandes ist die **Dissoziation**, das heißt die Gleichzeitigkeit einer bewußten und einer unbewußten mentalen Aktivität. Eine weitere Eigenart ist die **selektive Aufmerksamkeit**, also die Fähigkeit, seine Aufmerksamkeit auf einen Teil eines Versuchs zu fokussieren, während die anderen Bestandteile gar nicht wahrgenommen werden, wie wenn man gleichzeitig Zeitung liest und Radio hört und plötzlich eine bestimmte Melodie unsere Aufmerksamkeit erregt. Diese beiden Eigenschaften sind Wegbereiter einer gesteigerten Reaktionsfähigkeit für die

Suggestionen des Therapeuten – was keinesfalls bedeutet, daß der Patient jegliche Kontrolle verliert und nicht anders kann, als den Befehlen des Hypnotiseurs Folge zu leisten. Im Gegenteil: Da er sich in Trance »sieht«, kann er jederzeit eingreifen. Daran ist nichts Magisches. Im übrigen hat Milton Erickson, der amerikanische Psychologe, dem das Wiederaufleben der Hypnose in den 50er Jahren zu verdanken ist, behauptet, alle normalen Menschen seien hypnotisierbar. Der Ericksonsche Therapeut führt den Patienten zu seinen inneren Ressourcen; er hilft ihm, Problemlösungen in sich selbst zu finden; keinesfalls schreibt er ihm diese vor. Darum ist es auch so wichtig, daß der Funke überspringt; man kann auf diese Weise niemanden heilen, der sich dagegen sperrt. Um diesen Gedanken zu verdeutlichen, erzählte Erickson eine Anekdote aus seinem Leben: Als er noch klein war, sah er eines Tages ein Pferd ohne Brandzeichen, dessen Besitzer ihm unbekannt war, auf den elterlichen Hof traben. Sein Vater war ärgerlich, weil er nicht wußte, wem er das Tier zurückgeben sollte, und fürchtete, des Diebstahls beschuldigt zu werden. Das Kind erbot sich, das Problem zu lösen, und schwang sich auf den Rücken des Pferdes. Eine Stunde später war er zurück und erklärte, das Tier sei wieder bei seinem rechtmäßigen Besitzer. Wie das? Ganz einfach: Er hatte das Pferd lediglich die Straße entlanggeführt, und das Tier hatte ganz allein nach Hause gefunden.

Victor Simon zufolge rühren unsere Probleme oft von unserer Erziehung her, die sich ausschließlich auf die linke Hirnhälfte stützt, das bewußte Gehirn, das Hirn der Vernunft, der Wissenschaft und Technik. Sie ignoriert die rechte Hälfte, die die Emotionen, die Sensibilität, die Künste und Träume steuert, die Hälfte, in der wir unsere Erfahrungen speichern und die auch bei der hypnotischen Trance ins Spiel kommt. Depressionen, Schlaflosigkeit, Schmerzen und psychosomatische Beschwerden sind gewöhnlich Verbündete, die uns auf ein Problem im Bereich unseres Unterbewußtseins aufmerksam machen sollen. Wenn man die Symptome mit Hilfe von Antidepressiva, Schlaf- oder Schmerzmitteln unterdrückt, wird man die Ursache nie finden, und die Symptome kehren zurück. In der Hypnose befaßt sich der Therapeut mit dem Sinn des Symptoms. Wenn beispielsweise jemand nicht mehr schlafen kann, dann hält ihn etwas wach. Es geht darum, herauszufinden, was das ist. Dann spricht er darüber, versucht, dieses »Etwas« mit Hilfe einer Technik, die man als Hypnosesprache bezeichnet, einzukreisen.

»Ich ziehe Hypnose der Verhaltenstherapie vor, weil sie weniger schmerzhaft und auch endgültiger ist. Wenn ich jemanden mit einer Fahrstuhlphobie mit einer Verhaltenstherapie behandle, bedeutet das, ihn vor einen Fahrstuhl zu führen, dafür zu sorgen, daß er sich entspannt etc. Das ist hart für den Patienten. Nach der Hypnose aber wird er den Fahrstuhl nehmen, ohne darüber nachzudenken, ganz selbstverständlich.«

Ich war beeindruckt – die Schnelligkeit und das beinahe Wundersame der Heilungen verdiente eine Überprüfung. Ich war zwar auch skeptisch, aber wie heißt es so schön? Wenn man nicht Lotto spielt, kann man auch nicht gewinnen. Er behauptete, Schlaflosigkeit heilen zu können? Ich nahm ihn beim Wort.

Ich muß an dieser Stelle anmerken, daß ich, als ich mit der Arbeit an diesem Buch anfing, versucht hatte, mich von den Schlaftabletten zu lösen, die ich seit sieben Jahren schluckte. Ich mußte mein Gedächtnis wiederfinden, und die Benzodiazepine in den Tabletten haben die Eigenart, sich negativ auf dieses auszuwirken, vor allem auf das Kurzzeitgedächtnis. Ihre Wirkung hatte mich letztlich massiv in der Ausübung meines Berufs behindert. Außerdem haben Benzodiazepine eine stark anxiolytische Wirkung, die eine zusätzliche Abhängigkeit schafft.

Ich hätte mich niemals allein in dieses Abenteuer stürzen dürfen. Ich dachte, es würde ebenso gut verlaufen wie beim Absetzen der Antidepressiva. Und so wandte ich die gleiche Taktik an und reduzierte die Dosis nach und nach. Aber sobald ich die Einnahme völlig stoppte, waren die Folgen furchtbar, fast wie beim Entzug harter Drogen: Schmerzen im ganzen Körper, anfangs völlige Schlaflosigkeit, ja sogar Halluzinationen und Angstzustände, die mich fürchten ließen, ich würde wieder in Depressionen versinken: Am sechsten Tag saß ich auf meinem Bett und sah, wie die weiße Wand meines Zimmers sich langsam wieder grau färbte. In Panik schleppte ich mich zu einem praktischen Arzt. Er rügte meine Leichtfertigkeit, beruhigte mich hinsichtlich meines Zustands und verordnete mir andere Schlaftabletten, die die ablösen sollten, von denen ich mich trennen wollte. Aber sie verschafften mir nur wenige Stunden Schlaf. Ich wechselte mehrfach erfolglos das Präparat. Langsam ließen die Schmerzen nach – technisch gesehen war ich »clean«, aber schlafen konnte ich immer noch nicht. Ich versuchte es also mit allen mir bekannten Methoden: Akupunktur, Homöopathie, pflanzlichen Mitteln, Yoga ... Ich war sogar im Schlafzentrum des Hôtel-Dieu, wo man mir Entspannungsübungen verordnete – vergebens. Ich hielt drei Monate durch und schnappte in dieser Zeit sämtliche Infektionskrankheiten auf, die in jenem Winter grassierten. Hinzu kam anhaltende Verzweiflung gepaart mit Angstzuständen. Schließlich kapitulierte ich und griff todtraurig wieder zu meinen Benzodiazepinen.

Ich erzählte Victor Simon von meinen zahlreichen Selbstmordversuchen, ohne ihm auch nur das geringste Detail zu ersparen. Um so größer war meine Bewunderung (30 Jahre völlige oder partielle Schlaflosigkeit plus sieben Jahre Schlafmittelabhängigkeit sind schon was) und Dankbarkeit, als er ohne großes Brimborium erklärte, einen Versuch starten zu wollen, statt mir Jahre der Psychoanalyse aufbürden zu wollen wie seine Kollegen. Wir vereinbarten einen Termin.

Am Tag X bin ich wieder in Lille. Ein bißchen nervös, wie ich zugeben muß – was, wenn es tatsächlich funktioniert? Er empfängt mich in seiner Praxis, wirkt ganz entspannt. Ich nehme auf demselben Stuhl Platz wie am Tag des Interviews, rechts von seinem Schreibtisch. Die gleiche gedämpfte Atmosphäre, das gleiche Ticken der Uhr, das ich unbewußt wahrgenommen hatte. Er setzt sich auf einen Stuhl zu meiner Rechten und fordert mich auf, die Augen zu schließen, sobald ich bereit bin. »*Atmen Sie ganz langsam, lassen Sie sich von Ihrer Atmung wiegen. Können Sie unter Ihren Handflächen Ihre Körpertemperatur fühlen, die Wärme oder Hitze Ihrer Schenkel unter dem Stoff Ihrer Hose?*« Ich bin weder ruhig, noch gelingt es mir, mich auf diesen Strand zu konzentrieren, an den ich mich immer flüchte, wenn man mich auffordert, mich zu entspannen. Ich sage mir, daß das Ganze reine Zeitverschwendung ist, wenn ich nicht einmal entspannen kann, schlafe ich ganz bestimmt nicht ein. Andererseits hat ja auch niemand gesagt, ich müßte schlafen. Ich hätte mich vor meinem Besuch erkundigen sollen. Ich rege mich innerlich auf, werde wütend, erst auf mich, dann auf ihn, der ganz sicher nur ein weiterer Scharlatan ist ... Dann denke ich an die 500 Francs, die mich das alles kostet und die sich rentieren müssen. Also, Konzentration.

»*Taucht ein Bild vor Ihnen auf, fühlen Sie etwas?*« Ich zwinge mich, an etwas zu denken. Das Meer. Wasser. Assoziation, Assoziation. Eine Kindheitserinnerung kommt mir in den Sinn (oder ist es etwas, was man mir erzählt hat?): die große Badewanne Marke Jacob & Delafon im Badezimmer meiner Großeltern in dem Haus, in dem wir alle gemeinsam lebten. Sie ist voll Wasser. Mein Vater zieht mich aus, um mich zu baden, weil meine Mutter im Krankenhaus ist. Ich bin noch ganz klein, vielleicht zwei oder drei, denn ich trage noch diese orthopädischen Schuhe, die man früher sehr kleinen Kindern angezogen hat. Ich bin nackt. Er hebt mich hoch, um mich in die Wanne zu setzen, aber er hat die Schuhe vergessen. Ich versuche, ihn darauf aufmerksam zu machen ... zu spät. Das Wasser dringt in die Schuhe ein.

»Was ist das für ein Gefühl?«

»Selbstverständlich ist es nicht gerade angenehm!«

»Wie hält er Sie?« (Er umfaßt meine Schultern).

»Nein, so nicht. Unter den Armen.« (Seine Hände schieben sich unter meine Achseln).

»Was fühlen Sie dabei?«

»Nichts.«

Ich habe mehr und mehr das Gefühl, meine Zeit zu verschwenden, was mich immer nervöser macht und meiner Konzentrationsfähigkeit nicht eben zuträglich ist. Er bleibt unerschütterlich ruhig.

»Sehr gut. Können Sie weitermachen? Fällt Ihnen sonst noch etwas ein?«

Ich finde seine Hartnäckigkeit ebenso bewundernswert

wie sinnlos. Ich muß mich konzentrieren. Also gut. Ich denke wieder an Wasser. Als ich klein war, hatte ich Angst, mit dem Kopf voran unterzutauchen. Mein Vater fand das unmöglich. Im Schwimmbad stieß er mich kopfüber ins Becken und verspottete mich, wenn ich Wasser schluckte. Ich muß sechs oder sieben gewesen sein, als er bei der Rückkehr aus den Ferien beschloß, mich auf seine Art umzuprogrammieren: Als er am Abend von der Arbeit nach Hause kam, füllte er eine Plastikwanne mit Wasser, befahl mir, mich vorzubeugen, und drückte meinen Kopf unter Wasser, bis ich glaubte zu ersticken. Das Ganze wiederholte er mehrmals hintereinander, wobei er auf die Uhr sah und meinen Kopf jedesmal ein wenig länger unter Wasser hielt.

(Ich habe diese Folter nie vergessen; ich weiß auch nicht, warum ich ihm jetzt davon erzähle.)

Plötzlich springe ich auf und schreie: »Fassen Sie mich nicht an! Ich verbiete es Ihnen!« (Er ist nur ganz knapp an einer Ohrfeige vorbeigeschlittert.)

»Ich habe sie nicht angefaßt«, entgegnet er mit einem freundlichen Lächeln. »Ich habe nur die Hand Ihrem Nakken genähert.«

Ich breche in Tränen aus.

»Genau da hat mein Vater mich runtergedrückt!«

Er übt leichten Druck auf den Muskel unterhalb der Schlüsselbeine aus, auf die Brust, rechts und links (was seltsam schmerzt), dann unterhalb des Brustbeins (eine osteopathische Behandlungszone, erklärt er mir). Es wirkt sofort beruhigend. Dann, unerschütterlich: »Weiter, Sie machen das gut!«

»Seit der Geburt meiner Tochter beobachte ich sie neidisch im Schlaf, weil sie mit offenem Mund schläft, was mir unmöglich ist. Das ist sehr störend, wissen Sie. Schon ein leichter Schnupfen hindert mich am Einschlafen; meine Nase verstopft, ich bekomme keine Luft mehr und wache auf – ich schaffe es einfach nicht, im Schlaf den Mund zu öffnen!«

»Natürlich nicht! Wenn Sie den Mund aufmachen, dringt das Wasser ein!«

Des Rätsels Lösung. Ich bin sprachlos. Nach kurzem Schweigen fährt er fort.

»Nehmen Sie Verbindung zu der kleinen Catherine auf und versuchen Sie, sie zu trösten. Sagen Sie ihr, daß sie sehr mutig und tapfer gewesen ist, das alles auszuhalten.«

Ich versuche es mit aller Kraft, aber irgend etwas hält mich zurück. Ich sehe die Tränen, die auf meine Hose tropfen, und dabei habe ich gar nicht das Gefühl zu weinen. Abrupt stehe ich auf und rufe verzweifelt: »Ich kann es nicht. Wenn ich sie tröste, verliere ich meine Kraft. Schluß damit, beenden wir die Sitzung.«

»Wie Sie wollen«, entgegnet er sanft, »aber wissen Sie, ich bitte Sie nicht, sie zu bemitleiden ... Eines Tages wird es Ihnen gelingen, dann werden Sie in der Lage sein, ihr Mut zu machen und sie zu trösten.«

Als ich meine Jacke anziehe, denke ich laut:

»Ich verstehe nicht, weshalb ich mich so aufrege; so schlimm war es auch wieder nicht.«

»O nein«, entgegnet er verschmitzt. »Es ist nur genau das, was Pinochet mit seinen politischen Widersachern gemacht hat!«

Ich muß lachen. Das befreit, aber ich bin trotzdem irgendwie durcheinander.

»Warum der Nacken?« fragte ich, als mir ein Licht aufging.

»Reine Intuition. Wissen Sie, ich stand auch unter Hypnose.«

Der Freitagabendzug, mit dem ich nach Paris zurückfahre, ist proppenvoll. Ich versuche zu lesen, bin aber mit den Gedanken ganz woanders. Ich weiß nicht mehr, was ich denken soll. Im Grunde war es vielleicht gar keine richtige Hypnose; immerhin war ich wach, und wir haben uns unterhalten. Es war, als hätte mein Körper mich verraten, indem er ein solches Theater um eine Erinnerung machte, die ich noch nicht einmal vergessen hatte. Und überhaupt, wer sagt denn, daß es etwas bewirkt? Und was sollte es überhaupt bewirken?

Am Morgen hatte ich eine Patientin von Dr. Simon interviewt. Sie hatte mir erzählt, daß sie ihn aufgesucht hatte, weil sie abnehmen wollte (sie war überhaupt nicht zu dick), und er hatte ihr beigebracht, ihr Leben zu ändern. *»Durch ihn bin ich wiedergeboren«,* hatte sie abschließend gesagt.

Ich versuchte, mich an die Einzelheiten unseres Gesprächs zu erinnern, aber es wurde von dem überlagert, was ich vorhin erst erlebt hatte. An diesem Abend ging ich entgegen meiner ursprünglichen Pläne nicht aus. Ich fühlte mich gerädert. Ich legte mich um zehn vor dem Fernseher auf die Couch und schlief ein. Eine Sekunde später weckte mich mein Unterbewußtsein, um mich daran zu erinnern, meine Schlaftablette zu nehmen!

Ich wollte Gewißheit haben, also nahm ich am nächsten Tag eine Vierteltablette, also praktisch eine homöopathische Dosis, und ich habe tatsächlich geschlafen! Ich konnte es nicht fassen. Wie um mich selbst davon zu überzeugen, daß ich mir das alles nicht einbildete, rief ich am nächsten

Tag alle meine Freunde an, um ihnen die Neuigkeit mitzuteilen. Es dauerte nicht lange, und ich fühlte mich besser, war morgens ausgeruht und hatte einen klareren Kopf. Ich war so glücklich, daß ich nach einer Woche die Vierteltablette noch einmal halbierte. Ich mußte das Krümelchen mit der Pinzette fassen! Was für ein Glück!

Natürlich kehrten die Entzugserscheinungen zurück. Wie schon beim erstenmal, aber weniger stark: leichte Schmerzen, Übelkeit, Schwindel. Ich rief Victor Simon an, der mir erklärte, es würde mehrere Monate dauern, bis mein Körper vollständig entgiftet sein würde. Also nahm ich wieder meine Vierteltablette – vorübergehend.

Ich habe zwei Monate gebraucht, ehe ich ohne Schlaftablette schlafen konnte, und insgesamt acht Wochen, um meinen Schlaf in den Griff zu bekommen. Ich mußte das Schlafen neu lernen – da steckt einige Technik dahinter. Die goldenen Regeln lauten: Nicht schlafen gehen, wenn man nicht müde ist, und sich vor dem Schlafengehen nicht streiten.

Ich werde vermutlich nie schlafen wie ein Murmeltier – Sorgen, Lärm, Licht, die kleinste Kleinigkeit wirkt sich auch heute noch störend auf meinen Schlaf aus. Aber ich kann dennoch sagen, daß ich heute nicht mehr unter Schlaflosigkeit leide, und für mich ist das, als hätte ich mich damit endlich wieder in die Welt der Menschen eingegliedert.

EPILOG

Vor zwei Jahren habe ich den Mann kennengelernt, mit dem ich heute mein Leben teile. Damals hatte ich noch solche Schlafprobleme, daß ich ihm von Anfang an erklärte, ich könnte nicht mit ihm in einem Bett schlafen – trotz der Schlaftabletten hätte das leiseste Geräusch, die geringste Bewegung mich geweckt. Etwa verlegen hatte ich ihm dargelegt, daß ich an den Folgen einer schweren Erkrankung litt, die ich zwar vor ein paar Jahren überstanden, die meine Gesundheit jedoch unwiderruflich angegriffen hatte. Das war in gewisser Weise auch ein Test.

Als unsere Beziehung ernst wurde, erzählte ich ihm, was ich durchgemacht hatte, ohne etwas auszulassen ... Er war ebenso schockiert wie erschrocken – nie hätte er sich vorstellen können, daß eine Depression etwas derart Schlimmes sein kann.

Nachdem er mich darauf hingewiesen hatte, daß es praktisch keine schriftlichen Erfahrungsberichte von Betroffenen gab, während Fachbücher von Experten reichlich vorhanden waren, setzte er sich in den Kopf, mich zu überreden, meine Geschichte niederzuschreiben. Zuerst weigerte ich mich. Ich verspürte nicht die geringste Lust, das, was ich durchlitten hatte, noch einmal zu erleben, sei es auch nur auf geistiger Ebene. Im Laufe zahlreicher Gespräche ließ ich mich überzeugen, vor allem, als die Idee aufkam, zu recherchieren, wie Depressionen in Frankreich heute behandelt werden. Vor allem die Vorstellung, als »Betroffene« Experten zu befragen, erschien mir verlokkend. In meiner Doppelrolle als Journalistin und »Überlebende« der Krankheit würde es mir möglich sein, die Menschen zum Reden zu bringen.

Sieben Jahre waren vergangen, und ich sagte mir, ich hätte alles verarbeitet – und dann brach alles wieder über mich herein, als wäre es erst gestern gewesen. Sobald die Erinnerungen aufstiegen, kehrten Angst und Alpträume zurück ... Ich begriff schnell, daß man sich von dieser Krankheit nur erholen kann, wenn man sie vergißt, zumindest in der ersten Zeit. Das ist vermutlich der Grund, warum es so wenige Erlebnisberichte von Betroffenen gibt. Die Hölle läßt sich nicht mitteilen. Wenn die Werke der Experten mir oft distanziert, klinisch und kalt erschienen, dann deshalb, weil die Autoren das Leid nicht am eigenen Leib erfahren haben. Natürlich, werden Sie sagen, ein Onkologe muß keinen Krebs haben, um ihn zu heilen, ein Lungenfacharzt muß keine Lungenentzündung überstanden haben, um sie zu kurieren etc., denn dann wären die Krankenhäuser voll mit kranken Ärzten, und damit wäre auch niemandem geholfen. Und doch scheinen psychische Krankheiten es an sich zu haben, daß sie jenen, die nicht von ihnen befallen sind (einschließlich der Ärzte), das Recht einräumen, Patienten mit Herablassung, Mißtrauen und sogar Aggressivität zu begegnen.

Ich habe stellenweise ebenso sehr unter der Krankheit gelitten wie unter den Behandlungsmethoden. Die meisten Psychiater, mit denen ich zu tun hatte, haben mich belogen, verachtet und gedemütigt. Ich bin gegen meinen Willen in

Krankenhäuser eingesperrt worden, wo man mich mißhandelt hat und mich leiden ließ, statt mir zu helfen. Bei keiner einzigen »organischen« Krankheit wäre ein solches Verhalten vorstellbar.

Bei der Arbeit an diesem Buch habe ich dies und noch vieles mehr verstanden, das ich ertrug, ohne es auszusprechen. Der Depressive, der mehr als jeder andere Verständnis, Aufmerksamkeit und Wärme braucht, muß nicht nur eine der schmerzhaftesten Krankheiten überhaupt ertragen, sondern diese gleichzeitig verbergen, wenn er nicht bestraft oder von der Gesellschaft ausgegrenzt werden will.

Wie aber soll diese Gesellschaft ihn verstehen, wenn, wie ich im Laufe meiner Recherchen feststellte, sogar die, die sie heilen sollen, in den meisten Fällen hilflos dastehen? Sie versuchen mehr schlecht als recht, dem Kranken mit Hilfe von Medikamenten, Elektroschocks oder Psychotherapien jedwede Art Linderung zu verschaffen, wissen jedoch meist nicht, wie diese Methoden genau funktionieren und warum sie nicht immer wirken. Vor allem aber sind ihnen die Mechanismen der eigentlichen Krankheit nach wie vor ein Rätsel.

Ich sagte mir, daß es zu meinem Fach gehört (und vielleicht auch so etwas wie eine Pflicht ist), zu versuchen, all jenen, die vielleicht eines Tages mehr oder weniger direkt von dieser Krankheit betroffen ist, auf möglichst leichtverständliche Art zu erklären, was eine Depression ist. Diese potentiell Betroffenen dürften eine ziemlich große Gruppe sein, da mehr als ein Zehntel der Bevölkerung zu irgendeinem Zeitpunkt ihres Lebens von Depressionen betroffen sind, und das heißt, daß es viele Angehörige, Kollegen und Freunde trifft. Nur wenn wir ihr den Nimbus des Unbekannten nehmen, wenn wir erklären und beraten, können wir erreichen, daß die Depression zu einer Krankheit wird wie jede andere.

In meinem Fall hat die Aufklärung bereits Früchte getragen. Nachdem die ersten Augenblicke der Panik vorüber waren, hat dieses Buch mir nicht nur den Schlaf zurückgegeben, sondern mir zu einer Art innerer Ruhe verholfen. Dadurch, daß ich um jeden Preis »vergessen« wollte, was mir widerfahren war (man vergißt nie wirklich), bewahrte ich in mir die lähmende Furcht vor einem Rückfall. Heute fühle ich mich gewappnet, um zurückzuschlagen.

Es stimmt, daß ich mir ein neues Leben aufgebaut und ein neues Gleichgewicht gefunden habe. Trotzdem gelingt es mir nicht, meine Depression als positive Lebenserfahrung zu betrachten, so wie manche Psychiater es mir einreden wollten. Nur zu gern würde ich dem Grauen etwas Positives abgewinnen, und ich will auch gar nicht abstreiten, daß eine Phase leichter Depression durchaus Anlaß geben kann, sich gewisse Fragen zu stellen und seine Prioritäten neu zu ordnen. Aber es gibt Spiele, die ihren Einsatz nicht wert sind – der Preis ist einfach zu hoch. Diese Depression hat mich nur gelehrt, wie man sie bekämpft und wie man anderen helfen kann, die von ihr betroffen sind. Sie hat mich weder glücklicher, noch zu einem besseren Menschen gemacht. Ich habe durch sie, durch das Wissen um die Existenz dieses Grauens meine Unbeschwertheit verloren. Es gibt Verletzungen, die so tief sind, daß auch die Narben noch für immer schmerzen. Die, die der Hölle entronnen sind, tragen diese in sich. Man braucht nur Überlebenden aus Konzentrationslagern zuzuhören, um sich davon zu überzeugen.

Meine Wertvorstellungen haben sich verändert, soviel steht fest. Ich habe keine Zeit mehr zu verlieren; ich rede nicht mehr um den heißen Brei herum, sondern komme auf den Punkt. Ich habe keine Geduld mehr mit oberflächlichen Menschen oder Aktivitäten, wenngleich ich dem Menschen an sich heute mit mehr Toleranz begegne.

Und auch mein Leben hat einen neuen Stellenwert. Einen höheren.

RATSCHLÄGE

Wie sollen Sie reagieren, wenn Sie das Gefühl haben, daß Sie selbst oder ein Angehöriger in eine Depression verfällt?

Als erstes sollten Sie sich nicht scheuen, sich einzumischen. Die Depression ist eine potentiell tödliche Erkrankung, man sollte also keine Zeit verschwenden. Man muß lernen, die Symptome zu erkennen, um frühzeitig reagieren zu können, da es immer schwierig ist, eine Krankheit zu heilen, wenn diese sich erst richtig festgesetzt hat. Meine persönlichen Erfahrungen sowie die Recherchen zu diesem Buch haben mich gelehrt, meine Symptome zu erkennen. Aber nicht alle Depressionen sind gleich. Manche Menschen funktionieren langsamer als sonst, andere sind plötzlich extrem nervös, manche leiden unter Angstzuständen, andere legen Gleichgültigkeit gegenüber allem und jedem an den Tag. Die Wissenschaft gibt keinerlei Aufschluß über die Ursachen für diese Unterschiede; ich nehme an, daß jeder seinen Schmerz und seine Sorgen auf ganz individuelle Art zum Ausdruck bringt. Natürlich kann man sich auf die Kriterien des DSM-IV stützen, die ich in Kapitel 3 aufgeführt habe, aber sie sind nur ein Indiz; wenn man einen Menschen gut kennt, sollte man sich auf sein Gespür verlassen. Jede unverständliche, negative, tiefgreifende und anhaltende Veränderung im Verhalten sollte als Hinweis gedeutet werden.

Außerdem ist es unbedingt erforderlich, sich zu informieren. Wie sehr habe ich während meiner Depression unter meiner Unwissenheit und der meines Umfeldes gelitten. Wenn ich doch nur Bescheid gewußt hätte! Wenn man an einer Depression leidet, gibt es Dinge, die man tun muß und andere, die man vermeiden sollte, Behandlungsmethoden, die man ausprobieren, andere, um die man einen Bogen machen sollte, und wie bei jeder anderen Krankheit gibt es auch hier gute und schlechte Ärzte.

Was tun, wenn ein Angehöriger unter Depressionen leidet?

- Sie sollten ihm unbedingt zureden, sich behandeln zu lassen, gegebenenfalls sogar die Dinge selbst in die Hand nehmen, einen Termin für ihn vereinbaren und ihn zum Arzt begleiten, wenn es sein muß. Die Natur der Krankheit (Gefühl der Unzulänglichkeit, wirres Denken etc.) erschwert dem Betroffenen diese Schritte erheblich. Fürchten Sie sich nicht vor Zurückweisung, in den allermeisten Fällen wird der Kranke Ihnen für Ihre Hilfe dankbar sein.
- Ganz allgemein sollten Sie den Betroffenen von allen materiellen Verpflichtungen befreien, die ihm unüberwindbar erscheinen, seine Rechnungen begleichen, seinen Papierkram erledigen etc. Des weiteren sollten Sie dafür sorgen, daß er Dinge, die mit Streß verbunden sind (Gespräche mit Steuerbeamten, Prüfungen), bis auf weiteres meidet.

- Versuchen Sie, die eigene Abwertung und das mangelnde Selbstvertrauen des Betroffenen im Alltag dadurch auszugleichen, indem Sie ihn ermutigen, seine Gedächtnislücken und Irrtümer banalisieren und ihm Ihre Zuneigung und Unterstützung möglichst deutlich zeigen. Sein erster Reflex wird der sein, sich in sein Schneckenhaus zurückzuziehen – Sie dürfen den Kontakt unter keinen Umständen abreißen lassen. Und lassen Sie sich nicht entmutigen und seien Sie auch nicht beleidigt, wenn Ihre lieben Worte und Komplimente scheinbar auf taube Ohren stoßen. Vergessen Sie nicht, daß die Reaktionen des Kranken vermindert, seine Sensibilität jedoch gesteigert ist – er nimmt sehr wohl wahr, was Sie sagen und tun.
- Machen Sie ihm immer wieder klar, daß der Alptraum unweigerlich ein Ende haben wird. Man kann nicht oft genug wiederholen, daß die Dauer einer depressiven Phase in der Regel zwischen sechs Monaten und zwei Jahren beträgt. Depressive haben kein Zeitgefühl und sind von Natur aus pessimistisch. Gleichen Sie das aus.
- Vermeiden Sie unbedingt, den Betroffenen zu kritisieren oder ihn mit Schuldgefühlen zu belasten.
- Lassen Sie ihn während einer akuten Krise nicht allein (auch wenn er darauf beharrt).
- Ermutigen Sie ihn zu Aktivitäten, die ihn zwingen, seine Wohnung zu verlassen (sofern er noch dazu in der Lage ist). Sport, Licht, Veränderungen im Alltag und Reisen können eine positive Wende herbeiführen.
- Scheuen Sie sich nicht, das Thema Selbstmord anzusprechen. Fürchten Sie vor allem nicht, den Betroffenen auf dumme Gedanken zu bringen; er hat aller Wahrscheinlichkeit schon daran gedacht und wird erleichtert sein, darüber sprechen zu können.

- Wenn Sie feststellen, daß der Betroffene nicht mehr in der Lage ist zu kommunizieren, raten Sie ihm, sich an eine Hilfsorganisation zu wenden. Vielleicht fällt es ihm leichter, mit anderen Depressiven zu sprechen, als mit Ihnen. Selbsthilfegruppen gibt es in zahlreichen Städten.

ADRESSEN

Im deutschsprachigen Raum können Sie sich an folgende Organisationen wenden:

Aktion Psychisch Kranke (APK)
Brungsgasse 4-6
53117 Bonn
Telefon: 0228/67 67-40 oder -41
Fax: 0228/67 67-42
E-Mail: apk@psychiatrie.de

Bundesverband der Angehörigen psychisch Kranker (BApK)
Thomas-Mann-Straße 41a
53011 Bonn
Telefon: 0228/63 26 46
Fax: 0228/65 80 63
E-Mail: bapk@psychiatrie.de
Der Verband ist in Landesverbänden organisiert, deren Adressen und Ansprechpartner Sie beim Bundesverband erfahren.

Dachverband Psychosozialer Hilfsvereine
Thomas-Mann-Straße 41a
53011 Bonn
Telefon: 0228/63 26 46
Fax: 0228/65 80 63
E-Mail: dachverband@psychiatrie.de

Psychosoziale Dienste in Wien
Psychosoziale Information (PSI)
Fuchsthaller Gasse 18/2
A-1090 Wien
Telefon: 0043/1/310 25 73

Schweizerische Stiftung Pro Mente Sana
Rotbuchstr. 32
Postfach
CH-8042 Zürich
Telefon: 0041/0848/80 08 58

Im Internet finden Sie unter http://psychiatrie.de das Psychiatrienetz, das Ihnen Zugang zu zahlreichen Informationsquellen, Hilfsangeboten etc. bietet.

NACHWORT

Bei meinen Recherchen über Einweisungen in psychiatrische Krankenhäuser war ich verblüfft, wieviel Mißbrauch es auf diesem Gebiet gibt. Natürlich kann ich in diesem Buch nicht alle Fälle anführen – sie würden ein eigenes Buch füllen. Und doch liegt es mir am Herzen, zwei solche Fälle darzulegen.

Ich nahm an einem europäischen Seminar der Vereinigung Advocacy-France teil (eine Organisation, die sich für die Rechte von Geisteskranken einsetzt), als Madame Guyen den Saal betrat, um von ihrem Fall zu erzählen. Sie war gegen ihren Willen in einem psychiatrischen Sanatorium untergebracht und hatte Freigang.

Diese großgewachsene 56jährige Frau mit dem vollen Gesicht, dem grauen, zu einem Zopf geflochtenen Haar und der klaren Stimme hatte ein Martyrium hinter sich. Sie lebte bei ihrer Schwester – die früher Ärztin war und in Folge schwerwiegender privater Probleme psychotisch wurde – in einem Haus, in dem auch mehrere Polizisten wohnten. Da diese sich daran störten, mit einem andersartigen Menschen Tür an Tür leben zu müssen, legten sie beim Kommissariat Beschwerde ein und beschuldigten die beiden Frauen, die Hausordnung zu stören.

»*Eines Morgens, als meine Schwester und ich noch*

schliefen, brach die Polizei um 8 Uhr die Wohnungstür auf und stürmte herein. Der Kommissar, ein großgewachsener Typ mit Weinfahne, der nicht einmal seinen Dienstausweis bei sich hatte, blies mir den Rauch seiner Pfeife ins Gesicht, bevor er sechs jungen uniformierten Beamten befahl, sich auf mich zu stürzen. Ich bin 56 Jahre alt, und es ist nicht besonders schwer, mich zu überwältigen. Sie legten mir Handschellen an, und ich verlor das Bewußtsein. Erst im Einsatzwagen kam ich wieder zu mir. Er brachte meine Schwester und mich zum Krankenhaus Saint-Antoine, wo das erste für eine Zwangseinweisung erforderliche Dokument ausgestellt wurde. Ich war mit Blutergüssen übersät, die Polizisten hatten mich die Treppe heruntergeschleift. Von dort aus fuhren wir zum Sainte-Anne-Krankenhaus, um das zweite Dokument einzuholen. Dort war ich ein Jahr, bevor ich in das psychiatrische Sanatorium verlegt wurde, in dem ich heute untergebracht bin.«

Im Sainte-Anne wurden Madame Guyen unter dem Vorwand, ihre vehementen Proteste seien auf ein Delirium zurückzuführen, sofort Neuroleptika verordnet. Sie sollte Medikamente fünf verschiedener Fabrikate einnehmen, trotz des Unwohlseins, das diese ihr bereiteten. Eine seltene, aber mögliche Nebenwirkung dieser Medikamente ist eine Form der Parkinsonschen Krankheit, die sich allerdings glücklicherweise bei Abbruch der Medikamenteneinnahme zurückbildet. Bei ihr kam es zu dieser Komplikation. *»Sechs Monate lang waren sämtliche Muskeln und Nerven betroffen, ich konnte weder gehen, noch mich waschen oder mein Fleisch schneiden. Es war furchtbar.«*

Im Mai, als es ihr langsam besser ging, wurde sie auf eine offene Station verlegt – der Arzt, der sie wegen ihrer Parkinsonschen Krankheit behandelte, hatte ihr frische

Luft und Bewegung verordnet. Dank einer Bäderkur und regelmäßiger Spaziergänge im Krankenhausgarten erholten sich ihre Muskeln. Aber im Juli verlegte der Direktor des Krankenhauses, Professor O., der scheinbar ihre Vorwürfe und ihre Weigerung, ihre Medikamente einzunehmen, leid war, sie wieder auf die geschlossene Abteilung – gegen den Rat des behandelnden Arztes. »*Ich habe einen grauenhaften Sommer hinter mir, ohne Ausgang, ohne Telefon und ohne Besuche.*« Mit Hilfe des Pflegepersonals (einige der Angestellten sind Mitglieder bei Advocacy) gelang es ihr, sich in das Sanatorium in Epernay verlegen zu lassen und so dem von Neuroleptika besessenen Chefarzt zu entkommen.

Heute ist ihr Parkinson fast geheilt, und sie würde gern nach Hause zurückkehren. Als Eigentümerin mehrerer Wohnungen in Paris und in der Provinz könnte sie sehr gut von ihren Einkünften leben, aber während ihres Krankenhausaufenthalts hat ein Arzt ihre Entmündigung beantragt, so daß sie weder über ihr Geld, noch über die eigenen Wohnungsschlüssel verfügen kann.

Madame Guyen kann sich als ehemalige Juristin nicht vorstellen, gegen das Gesetz zu verstoßen, aber wie soll sie sich gegen Institutionen zur Wehr setzen, die sie nicht respektieren?

Ich war tief beeindruckt von der Persönlichkeit dieser Frau. Ganz allein gegen den Rest der Welt – da sie keine anderen Angehörigen hatte als ihre kranke Schwester – hätte sie allen Grund gehabt, sich von soviel Ungerechtigkeit und Leid unterkriegen zu lassen. Aber da stand sie, kämpferisch, nicht einmal deprimiert, klar im Kopf und bereit, den Kampf aufzunehmen.

Um so schockierter war ich von der Reaktion im Saal.

Alle Anwesenden hatten in irgendeiner Weise mit geistigen Erkrankungen zu tun, als Patienten oder als Pfleger und Ärzte. Und doch beglückwünschte niemand sie zu ihrer »Aussage« oder ermutigte sie. Nachdem sie sich beim Publikum für seine Aufmerksamkeit bedankt hatte, verließ sie den Saal, begleitet von Totenstille. Ich, die ich nur als »Zuschauerin« anwesend war, fragte, ob ich vielleicht etwas über ihren Gesundheitszustand nicht wüßte, da es sich meinem Empfinden nach um einen Fall für die Justiz handelte. Obgleich niemand etwas gegen sie vorbringen konnte, gaben sich doch alle mißtrauisch. *»Vielleicht ist sie kränker, als sie vorgibt?«*

»Entmündigung kann in manchen Fällen sehr sinnvoll sein!« Ich war erschüttert. Nur ein Engländer meinte, daß wir dort wären, um die Patienten zu unterstützen und nicht, um über sie zu urteilen.

An diesem Beispiel läßt sich das tiefgreifende und unauslöschliche Unrecht ablesen, das die psychiatrische Einweisung, sei sie nun gerechtfertigt oder nicht, einem Patienten zufügen kann. Die Reaktion auch der informierten Öffentlichkeit ist immer die gleiche: »Kein Rauch ohne Feuer.« Alles, was Madame Guyen sagt oder tut, wird gegen sie verwendet. Klagt sie das Komplott der Polizisten an, beschuldigt man sie, an Verfolgungswahn zu leiden; lehnt sie sich gegen die ungerechtfertigte Zwangseinweisung auf, wirft man ihr Aggressivität und unverhältnismäßige Erregbarkeit vor. Was sie auch tut, ihr Scheitern ist vorprogrammiert.

Sie denken, Madame Guyen ist nur eine einsame, alternde Frau? Ihnen kann so etwas nicht passieren? Sie irren sich. So etwas kann jedem widerfahren. Laurent Wetzel war Bürgermeister von Sartrouville und Mitglied des

Conseil Général von Yvelines bei Paris, als er am 18. Juni 1995, als er gegen Mitternacht heimkehrte, vom Polizeikommissar seiner Stadt festgenommen wurde (einen Tag vor den Kommunalwahlen, bei denen er sich zur Wiederwahl gestellt hatte). Er wurde in einem Krankenwagen nach Sainte-Anne gebracht, wo er gesetzwidrig zwölf Tage lang festgehalten wurde – keine einzige für eine Verhaftung oder Zwangseinweisung erforderliche Formalität war erfüllt worden (er erzählt seine Geschichte in *Un internement sous la Cinquième République* (Eine Zwangseinweisung während der 5. Republik – 1958 bis heute, erschienen bei Odilon Media, 1997).

Nur eine durch Verfügung der Gemeindeverwaltung oder Präfektur angeordnete Zwangseinweisung kann die Verhaftung eines Kranken durch die Polizei rechtfertigen. Einen solchen Beschluß hatte Kommissar Affres nicht, als er in Begleitung von fünf Kripobeamten Laurent Wetzel befahl, ihm zu folgen. Zur Rechtfertigung einer solchen Maßnahme muß vorab die Gefährlichkeit des Betroffenen nachgewiesen werden. Aufgrund des allseits bekannten aufbrausenden Charakters Wetzels hatte man sich einen raffinierten Plan ausgedacht, die Verhaftung quasi nachträglich zu rechtfertigen: Man wollte ihn durch allerlei Provokationen (beispielsweise verbot man ihm, seinen Anwalt oder seine Frau anzurufen) dazu bringen, noch vor Abfahrt des Krankenwagens in Wut zu geraten oder aber während der Fahrt einen Fluchtversuch zu unternehmen. Aber Monsieur Wetzel durchschaute das böse Spiel und blieb gelassen – was seine Zwangseinweisung allerdings nicht verhindert.

Im Sainte-Anne hätte der diensthabende Psychiater Wetzel gar nicht untersuchen dürfen, da weder eine amtliche

Anordnung für eine Zwangseinweisung vorlag noch ein Dritter einen Antrag auf Einweisung gestellt hatte, keine ärztliche Weisung vorlag und auch kein Angehöriger anwesend war, der eine Einweisung forderte. Trotzdem wurde Wetzel untersucht. Man kam zu dem Schluß, daß der Patient völlig gesund war, beschloß dennoch, ihn bis zum nächsten Morgen dazubehalten, damit ihn noch ein Kollege untersuchte. Nach nur fünfminütiger Untersuchung stellte dieser fest, daß Wetzel »im Rahmen einer Präventivmaßnahme« behandelt werden sollte, und unterzeichnete seine Zwangseinweisung! Später wurde dann – vergeblich – alles versucht, die Zwangseinweisung zu rechtfertigen, indem man eine dubiose Diagnose anführte, eine »Paranoia-Psychose«.

Wie plausibel die Gründe seiner politischen Gegner innerhalb der Rechten (seiner eigenen Partei) auch gewesen sein mögen, ihn auszuschalten – ihm wurde Rassismus vorgeworfen, und es hieß, er wolle der Front National den Weg ebnen, in einer Zeit, da diese von den rechten Parteien noch abgelehnt wurde –, verschlagen die gewählten Methoden einem doch die Sprache. Nur die Ungeniertheit, die Augenwischerei und das Fehlen jeglicher Kontrolle auf psychiatrischer Ebene haben einen so eklatanten Verstoß gegen die Bürgerrechte möglich gemacht, noch dazu gegen einen gewählten Volksvertreter. Man muß sich fragen, wie es um *unsere* Rechte steht, wenn es möglich ist, die einer so prominenten Persönlichkeit mit Füßen zu treten.

DANKSAGUNGEN

Ohne die Unterstützung meines Mannes wäre es mir nicht möglich gewesen, dieses Buch zu schreiben. Er hatte die Idee, und er hat es verstanden, mich zu überzeugen und aufzubauen, wenn ich depressiv wurde. Er half mir durch die schlaflosen Nächte während meines Entzugs, trieb mich an, als ich aufgeben wollte, und stand mir beratend zur Seite, als ich mich in den Windungen meiner viel zu komplizierten Pläne verstrickte. Außerdem lektorierte er als erster mein Werk. Für das alles danke ich ihm ebenso wie für die Liebe, mit der er mich umgibt und die mich fühlen läßt, daß ich mich jeden Tag mehr von dem Alptraum entferne.

Außerdem möchte ich allen Zeugen, die bereit waren, sich mir anzuvertrauen, meinen Dank aussprechen, insbesondere Marie, die mich bis zum Schluß begleitete.

Auch ohne die Psychiater und anderen Therapeuten, die sich meinen Fragen stellten und mich bei meinen Recherchen unterstützten, würde es dieses Buch nicht geben. Ich denke da ganz besonders an Jean-Claude Pénochet, der in seinem Krankenhaus in Montpellier den Traum jedes Depressiven realisiert und es so gut versteht, seinen Enthusiasmus für seine Arbeit und sein Interesse für seine Patienten zu vermitteln.

Ich denke auch an Édouard Zarifian und danke ihm für die Dinge, die ich mit seiner Hilfe in diesem Buch erklären konnte. Mein Dank geht außerdem an Gérard Tixier für seine großartige und einzigartige Arbeit als Psychiater im Notdienst, aber auch für seine gute Idee, mich mit Marie bekannt zu machen. Danke an Sylvie Angel, die mir in der Person von Victor Simon »meinen Erlöser« vorstellte, und natürlich Victor Simon selbst, zum einen dafür, daß er mir meinen Schlaf zurückgab, zum anderen aber auch für seine ungewöhnlich offene Auffassung der Medizin sowie für seine Gabe, die er in den Dienst seiner Patienten stellt. Dank an Philippe Bernardet dafür, daß er das tut, was er tut, aber auch an die Doktoren Raffaitin, Jouvent, Poirier, Lôo, de Carvalho, Bélivier, Pelissolo, Attar-Lévy, Feingold, Roelandt, André, Massé, Debesse, Mann, Jenkins Widlöcher etc.

Ganz besonders danke ich Marie-Claude Char für ihre Ermutigungen und ihre wertvollen Ratschläge, sowie Nicole Lattès für ihre außergewöhnliche Fähigkeit zuzuhören und für das Vertrauen, das sie mir spontan entgegengebracht hat.

Jean-Louis Martin war so freundlich, mein Manuskript vom wissenschaftlichen Standpunkt aus zu lektorieren; unsere freundschaftlichen Diskussionen im Laufe des Jahres, in dem ich an der Fertigstellung des Buches gearbeitet habe, waren mir ebenso nützlich wie tröstlich.

Auch in den schlimmsten Momenten meiner Depression stand Marie-Christine mir zur Seite – ohne sie gäbe es mich heute vielleicht gar nicht mehr. Ironischerweise hat sie, die so sehr unter Gedächtnislücken leidet, beim Verfassen dieses Buches meinem Gedächtnis auf die Sprünge geholfen. Sie ist meine beste Freundin, und ich kann gar nicht in Worte fassen, wieviel mir das bedeutet.

Meiner Tochter Fanny bin ich unendlich dankbar, daß sie es auf sich nahm, das Buch zu lesen, bevor es lektoriert wurde. Trotz der schlimmen Erinnerungen, die es bei ihr geweckt haben muß, ermutigte sie mich, es zu veröffentlichen, und brachte mir zu jeder Zeit das Vertrauen und die Zuneigung entgegen, derer ich bedurfte.

GLOSSAR

Agitiertheit, agitiert: körperliche Unruhe, Erregtheit

Amnesie: Gedächtnisschwund, Ausfall des Erinnerungsvermögens

ANEAS: Agence Nationale d'Accréditation et d'Évaluation en Santé, entspricht in seiner Funktion in etwa dem deutschen Amtsarzt

Antidepressiva: Gruppe stimmungsaufhellender Medikamente, die zur Behandlung von Depressionen eingesetzt wird; man unterscheidet zwischen *tryziklischen Antidepressiva*, *Serotoninwiederaufnahmehemmern* (SAH) und *Monoaminoxydasehemmern* (MAOH)

Asyl: historischer Ausdruck für Irrenanstalt, Psychiatrie (veraltet)

Anxiolytika, anxiolytisch: nervöse Unruhe und Angst lösende Medikamente

Benzodiazepine: Gruppe von Arzneimitteln gegen Angst- und Spannungszustände, Schlafstörungen und psychosomatische Störungen sowie Depressionen

CHR: Centre de Hospitalier Régional, örtl. Krankenhaus

CRF: Cortisone Releasing Factor, dt. CRH: Kortikotropin-releasing-Hormon, Hormon der Hypophyse, das die Bildung von *Kortikotropin* steuert

Delirium: schwere Bewußtseinstrübung, die sich u. a.

in erheblicher Verwirrtheit und in Wahnvorstellungen äußert

Dementia praecox: »Jugendirresein«, Sammelbezeichnung für verschiedene, während oder nach der Pubertät auftretende, psychogene Geistesstörungen (veraltet)

Down-Syndrom: Mongolismus (= Trisomie 21)

DSM-IV: Diagnostic and Statistic Manual (of the American Psychiatric Organisation; Diagnostisch-statistisches Handbuch der Amerikanischen Psychiatrischen Gesellschaft, erste Auflage 1952, 4. Auflage 1994

Duchenne Myopathie: Muskelerkrankung

endogen: im Körper selbst entstehend, von innen kommend (endogene Depression, Gegenteil: *reaktiv*)

Epidemiologie: Wissenschaft von der Entstehung, Verbreitung und Bekämpfung und den sozialen Folgen von Epidemien, zeittypischen Massenerkrankungen und Zivilisationsschäden

GIA: Groupe Information Asiles, Informationsgemeinschaft Anstalten

Heredität: Vererbbarkeit von Krankheiten oder Krankheitsanlagen (von Eltern auf Kinder)

INSERM: Institut National pour la Santé et la Recherche Médicale, Staatliches Institut für das Gesundheitswesen und medizinische Forschung

Katatonie, katatonisch: Spannungsirresein, eine Form der *Schizophrenie* mit Krampfzuständen der Muskulatur und Wahnideen, bei Depressionen Bezeichnung für »versteinerte«, apathische, scheinbar völlig regungslose Phasen, die mit *agitierten* Phasen abwechseln

Kortikotropin: Hormon, das im Vorderlappen der Hirnanhangsdrüse gebildet wird und die Funktion der Nebennierenrinde reguliert kortikotrop: auf die Nebennierenrinde einwirkend

Manie: Phase des manisch-depressiven Irreseins, abnorm heiterer und erregter Gemütszustand, durch Enthemmung, Triebsteigerung und Selbstüberschätzung gekennzeichnet

manisch-depressives Irresein: periodisches Irresein, charakterisiert durch manische und depressive Phasen, die einander in mehr oder weniger raschem Wechsel ablösen

Monoaminoxydasehmmer: MAOH bzw. MAO-Hemmer, Substanzen, die den Abbau des Enzyms Monoaminoxydase hemmen und als Antidepressivum eingesetzt werden. Der erste MAOH war Iproniazid, ein Antibiotikum, dessen antidepressive Wirkung Ende der 50er Jahre durch Zufall entdeckt wurde.

Morbidität: 1. Krankenstand, zahlenmäßiges Verhältnis zwischen erkrankten und gesunden Personen einer Bevölkerung; 2. das Vorliegen einer Erkrankung während eines bestimmten Zeitabschnitts

Mortalität: Sterberate, Verhältnis der Zahl der Todesfälle (bei einer bestimmten Krankheit, während eines bestimmten Zeitabschnitts) zur Gesamtzahl der statistisch berücksichtigten (erkrankten und gesunden) Personen

Mukoviszidose: chronische Bauchspeicheldrüsenerkrankung mit Gewebsveränderungen und Auftreten von Zysten bei gleichzeitiger Störung aller schleimabsondernden Drüsen (bes. der Bronchialdrüsen)

Narzißmus, narzißtisch: Der Begriff geht auf Narziß, den schönen Jüngling in der griechischen Mythologie zurück, der sich beim Anblick seines Spiegelbilds in einer Quelle in sich selbst verliebt. Narzißmus bezeichnet heute besonders in der Psychoanalyse die Selbstliebe bzw. die Wendung der Liebe auf das eigene Selbst. Sie entwickelt sich bereits in der Kindheit und verläuft von unreifen Formen, in denen andere Menschen unbedingt gebraucht werden, um das narzißtische Gleichgewicht zu erhalten (Abhängigkeit) zu reiferen Formen.

Neuroleptikum: Bezeichnung für zur Behandlung von *Psychosen* angewandte Medikamente, die den zentralnervösen Grundtonus herabsetzen, die motorische Aktivität hemmen, bedingte Reflexe abschwächen und das vegetative Nervensystem beeinflussen.

Neuromodulator: körpereigene Substanz, die die Erregungsbereitschaft der *Neuronen* erhöhen oder herabsetzen kann

Neuron: Nerveneinheit, Nervenzelle mit Fortsätzen

Neurose, neurotisch: Störung des Erlebens und Verhaltens, bei der im Gegensatz zur *Psychose* die Einsicht erhalten bleibt, daß eine solche Störung vorhanden ist. Die krankhaften, aber »verlernbaren« Verhaltensanomalien treten in Verbindung mit seelischen Ausnahmezuständen und verschiedenen körperlichen Funktionsstörungen ohne organische Ursache auf (Angstneurose, hysterische Neurose, Zwangsneurose, Phobien)

Neurotransmitter: neurogen gebildete Substanzen (Monoamine), die bei der Erregungsübertragung in den Synapsen der *Neuronen* freigesetzt werden. Zu ihnen zählen Serotonin, Noradrenalin und Dopamin. Ein Mangel an Neurotransmittern soll die Ursache für Depressionen sein.

OMS: Organisation Mondiale de Santé, WHO, dt. Weltgesundheitsorganisation

Osteopathie: Knochenleiden, Knochenkrankheit

osteotendinöse Reflexe: Eigenreflexe am Übergang von Knochen zu Sehnen (z. B. der bekannte Kniereflex)

pathogen: krankmachend

Pathologie: 1. Lehre von den Krankheiten, 2. Abstrakte Bezeichnung einer bestimmten Krankheit, z. B. der Depression

Pharmakotherapie: medikamentöse Therapie, bei Depressionen alternativ oder ergänzend zur Psychotherapie

Phobie: krankhafte Angst, z. B. vor bestimmten Gegenständen, Situationen, Krankheiten (wie etwa Platzangst)

Prädisposition: besonders ausgeprägte Anfälligkeit für eine bestimmte Krankheit

Prävention: vorbeugende Maßnahmen zur Verhütung oder Früherkennung von Krankheiten durch Ausschalten schädlicher Faktoren oder durch eine möglichst frühzeitige Behandlung einer Krankheit

Proband: Test-, Versuchsperson

Psychose, psychotisch: Geisteserkrankung, bei der der Erkrankte im Gegensatz zur *Neurose* die Beziehung zur Wirklichkeit seiner selbst und seiner Mitmenschen verliert *(Schizophrenie, Paranoia)*

psychotrope Medikamente: auf die Psyche einwirkend, psychische Prozesse beeinflussend

reaktiv: als Reaktion auf einen Reiz auftretend, reaktive Depression: durch außergewöhnliche, unüberwindlich erscheinende Lebensschwierigkeiten, Schicksalsschläge, Krankheit ausgelöste Depression, Gegenteil *endogen*

Schizophrenie: Spaltungsirresein; der Ausdruck wird in verschiedenen Lehren der Nervenheilkunde sehr unterschiedlich verwendet. Kennzeichnend ist das Erleben, daß die eigenen Gefühle, Gedanken oder Handlungen anderen Menschen bekannt oder von diesen gemacht seien. Häufig verbunden mit Wahnvorstellungen, Halluzinationen, Sprechen und Gedankenablauf sind oft erheblich gestört. Man unterscheidet zwischen paranoider Schizophrenie, Hebephrenie (Jugendirresein) und *Katatonie*. Über ihre Ursache gibt es verschiedene Theorien. Offensichtlich kommt es im Zusammenspiel von ererbter Anlage und Umweltfaktoren zum Ausbruch der Krankheit.

Sedativum: Beruhigungsmittel

Serotoninwiederaufnahmehemmer: SAH, Antidepressiva der zweiten Generation, die den Serotoninanstieg im Körper hemmen und weniger Nebenwirkungen zeigen als ihre Vorgänger, die *trizyklischen Antidepressiva* und *MAO-Hemmer*

Sklerodermie: krankhafte Quellung des Bindegewebes, die mit Verhärtung und Verdünnung der Haut endet

Tetraplegie: gleichzeitige Lähmung aller vier Gliedmaßen

Trauma: seelischer Schock, starke seelische Erschütterung, die unter Umständen einen Komplex bewirken kann

trizyklische Antidepressiva: Das erste trizyklische Antidepressivum hieß Imipramin und wurde Ende der 50er Jahre entdeckt. Der Name »trizyklisch« beruht auf dem Grundgerüst aus drei (Benzol-)Ringen. Zusammen mit den MAO-Hemmern gehören die trizyklischen Antidepressiva aufgrund der starken Nebenwirkungen zur »alten« Generation und werden nur noch bei schweren Depressionen verschrieben.

Trisomie 21: Chromosomenanomalie, die Mongolismus hervorruft (= Down-Syndrom)

Voluntarismus: Weltanschauung, die den Willen als Grundprinzip der Existenz ansieht

BIBLIOGRAPHIE

Al Alvarez, *The Savage God*, London 1990 (dt.: *Der grausame Gott, Eine Studie über den Selbstmord*, Hamburg 1999)

Samuel H. Barondes, *Mood Genes*, New York 1998

Philippe Bernardet, *Les Dossiers noirs de l'internement psychiatrique*, o.O. 1989

Monique Brémond et Alain Gérard, *Vrais déprimés, fausses dépressions*, Paris 1998

Leon Cytryn and Donald McKnew, *Growing up Sad*, New York 1996

Colette Dowling, *Rien ne sert de souffrir.* Paris 1993 (dt.: *Befreite Gefühle, Neue Wege aus Depression, Angst und Abhängigkeit*, Frankfurt/M. 1994)

Alain Ehrenberg, *La Fatigue d'être soi*, Paris 1998

David G. Fassler und Lynne S. Dumas, *Help me, I'm Sad*, New York 1997

Erving Goffman, *Asiles*, Paris 1968 (dt.: *Asyle, Über die soziale Situation psychiatrischer Patienten und anderer Insassen*, Frankfurt/M. 1993)

Martha Manning, *Undercurrents*, New York 1996 (dt.: *Am eigenen Leibe*, München 1996)

Anne Perrier-Durand, *Je me tue à vous le dire*, Toulouse 1998

Sylvia Plath, Die Glasglocke, Neuübersetzung von Reinhard Kaiser, Frankfurt/M. 1997 (engl. Original: *The Bell Jar*, 1963)

Frédéric Raffaitin, *Le Livre blanc de la dépression*, Toulouse 1997

Géard Salem, *Soigner par hypnose*, Paris 1999

Elliot S. Valenstein, *Blaming the Brain*, New York 1999

Daniel Widlöcher, *Les Logiques de la dépression*, Paris 1983 (dt.: *Die Depression, Logik eines Leidens*, Frankfurt/Main 1992)

Manfred Wolfersdorf, *Krankheit Depression, Erkennen, verstehen, behandeln*, Bonn 2000

Lewis Wolpert, *Malignant Sadness*, London 1999

Édouard Zarifian, *Des paradis plein la tête*, Paris 1994

Édouard Zarifian, *Le Prix du bien-être*, Paris 1996

Édouard Zarifian, *Les Jardiniers de la folie*, Paris 1988 (dt.: *Gärtner der Seele, Psychiatrie heute – eine kritische Bilanz*, München 1996)

Wenn Eltern vom Autismus ihres Kindes – einer Unfähigkeit zum menschlichen Kontakt – erfahren, stehen sie zumeist unvermittelt vor einer scheinbar ausweglosen Situation.

Anders Barry Neil Kaufman und seine Frau Suzi: Sie wehren sich gegen dieses Urteil und beschließen, ihr Wunschkind Raun in seinem Anderssein bedingungslos anzunehmen. Da ihr autistisches Kind unfähig ist, eine Beziehung zu ihnen herzustellen, versuchen sie selbst, einen Zugang zu seiner Welt zu finden. Rauns Vater zeichnet diesen langen, mühevollen Weg auf. Seine Geschichte von der Vollbringung des Unmöglichen ist bewegend und fesselnd zugleich. Ein faszinierendes Buch und eine Quelle der Ermutigung für alle Eltern.

ISBN 3-404-61255-8

Sally Friedman

Erfahrungen

HERZSEE

Marathon-Schwimmen war für Sally schon immer etwas ganz Besonderes. Aber dann kommt ihr Mann, der sie immer in einem Kanu begleitet hat, durch einen Unfall ums Leben. Sally erstarrt vor Schmerz und Einsamkeit – und es scheint, als könne sie sich nie wieder davon lösen ...

Seit Sally Friedman schwimmen gelernt hat, ist das Wasser ihr Element. Sie liebt die Empfindung von Schwerelosigkeit und die Überwindung von Widerständen, wenn sie stundenlang in ruhigen Seen schwimmt. Auch möchte sie sich einmal der furchterregenden Stärke des Meeres stellen.
Als sie Paul, ihre große Liebe trifft, wird er zu ihrem Schutzengel und ihrem Begleiter, der sie ermutigt und tröstet und stets im Kanu an ihrer Seite ist, wenn sie das Wasser durchstreift. Sie beschließt, mit ihm zusammen das »Unmögliche« zu wagen: die Durchquerung des Ärmelkanals.
Doch am Tag der geplanten Abreise wird Paul Opfer eines Verkehrsunfalls. Nach seinem Tod glaubt Sally zunächst, auch ihr eigenes Leben sei vorbei. Nur allmählich überwindet sie ihre Trauer und kehrt zurück ins Land der Lebenden ...

ISBN 3-404-61443-7